DAS BESONDERE TASCHENBUCH

Charles Baudelaire
Intime
Tagebücher
und Essays

WILHELM
HEYNE VERLAG
MÜNCHEN

Copyright © by Gregor Müller Verlag, Schaffhausen/Schweiz
Printed in Germany 1978
Umschlaggestaltung und Innenausstattung: Christian Diener, München
Gesamtherstellung: Ebner, Ulm

ISBN 3-453-43039-5

Inhalt

INTIME
TAGEBÜCHER

Übersetzung aus dem Französischen
von Rudolf Palester

Vorwort des Übersetzers

Die ›Intimen Tagebücher‹ Baudelaires erschienen zum ersten
Male im Jahre 1887 bei *Quantin* in Paris, also zwanzig Jahre
nach dem Tode des Dichters. Bereits vier Jahre vorher wurden
sie von Octave Uzanne in Nr. 57 des *Livre* erwähnt und es wurden auch einige Bruchstücke der Öffentlichkeit zugänglich gemacht, allerdings in mehr als unvollständiger Form, da Uzanne
selbst erklärt, er hätte sich einen Teil der Aufzeichnungen nur
›subreptivement‹ durch heimliches Abschreiben gelegentlich
eines Aufenthaltes im Arbeitszimmer Poulet-Malassis' be-
schaffen können. Die von Eugène Crépet, der die nachgelasse-
nen Manuskripte 1878 nach dem Tode Poulet-Malassis' um
sechshundert Francs ersteigert hatte, vorgenommene erstmalige vollständige Veröffentlichung der ›Intimen Tagebücher‹
kann eigentlich nur als nahezu komplett bezeichnet werden, da
die Rücksicht auf verschiedene damals noch lebende Personen,
sowie andere nicht immer ganz verständliche Gründe den Herausgeber veranlaßten, einige im Wesen jedoch unbedeutende
Kürzungen vorzunehmen. Als Übersetzer möchte ich es unterlassen, eine eigene und persönliche Kritik und Würdigung des
Werkes abzugeben und mich zum besseren Verständnis und des
historischen Interesses halber darauf beschränken, auszugs-
weise einige Stellen aus den Einführungen und Kommentaren
früherer französischer Ausgaben wiederzugeben. So schreibt
Eugène Crépet in seiner Ausgabe von 1887:
›Im folgenden veröffentlichen wir den vielleicht wertvollsten
Teil der bisher unbekannten Manuskripte.

Diese beiden Tagebücher, die Poulet-Malassis bis zu seinem
Tode eifersüchtig gehütet hat, jedoch mit der Absicht, sie früher oder später zu veröffentlichen, bilden auf den ersten Blick
nichts weiter als eine lose Folge von Fall zu Fall gemachter Notizen, die zu einander scheinbar keine andere Beziehung haben
als den Titel der Sammlung, für die der Autor sie bestimmte.

Bei näherer Betrachtung ergeben jedoch diese so kurz und flüchtig hingeworfenen Notizen nichts Geringeres als eine Zusammenfassung des geistigen und sittlichen Lebens des Dichters, der sie geschrieben hat.

In der nahezu vollkommenen Vereinsamung, in die er sich immer mehr und mehr zurückzog, hatte Baudelaire, der sich früher so gern in Gesprächen ergangen hatte, das Bedürfnis empfunden, sich einen Vertrauten zu nehmen, der weder durch ungebetenen Rat, noch durch den Ausdruck einer Sympathie lästig werden konnte, die er auf alle Fälle zurückgewiesen hätte, und sei es einzig und allein aus Dandytum. Nur das Papier konnte dieser Vertraute sein; so kam es, daß er eine Spur der rückhaltlosen Beichte hinterließ, die er vor sich selbst ablegte.‹

In der weiteren Folge heißt es dann:

›Nach dem Tode Baudelaires gelangte Poulet-Malassis in seiner doppelten Eigenschaft als Verleger und Gläubiger in den Besitz der Papiere seines Freundes und nahm sich die Mühe, diese losen Blätter auf solche größeren Formates aufzukleben. Indem er jedoch dem Beispiel des Meisters folgte, der, wie es ihm einfiel, auf dieselbe Seite die verschiedensten Gedanken hinwarf, ohne sie auch nur durch einen Federstrich zu trennen, versuchte auch Poulet-Malassis es nicht, eine Scheidung der Stoffe vorzunehmen, die ohnehin nur gezwungen und zwecklos gewesen wäre. Daraus folgt ein Durcheinander, das im Geiste dessen, der diese intimen Tagebücher nur durchblättert, Verwirrung anrichtet. Für den aufmerksamen Leser stellt sich jedoch bald Klarheit ein, und die hauptsächlichsten Ketten von Gedanken und Fragen ordnen sich unter seinen Augen rasch zu bestimmten Gruppen.‹

Unserer Übersetzung liegt die im Jahre 1920 bei G. Grès & Cie, Paris, von Ad. van Bever redigierte Ausgabe zugrunde, welche sich der absoluten Vollständigkeit rühmen kann. Ihr liegen die beiden Originalmanuskripte zugrunde, und zwar.

1. *Fusées,* Lichtblitze, bestehend aus 15 Blättern, enthaltend 22 Teilstücke, die ebenso wie die Seiten mit roter Tinte numeriert sind. Geschrieben sind sie mit geringen Ausnahmen mit Tinte, dennoch machen sie durchaus den Eindruck eines ersten Entwurfes.

2. *Mon Coeur mis à nu,* Mein Herz ohne alle Hüllen, 91 Blät-

ter enthaltend 94 Teilstücke, Numerierung und äußere Form wie oben. Die Idee zu diesem Titel stammt von Edgar Allan Poe, mit dem sich Baudelaire bekanntlich sein Leben lang beschäftigt und dessen Werke er zum Teil meisterhaft ins Französische übertragen hat. Wir finden in *Marginalia* eine Stelle, in der Poe schreibt:

›Idee zu einem Titel: ›Herz ohne alle Hüllen‹. – Wenn irgendeinem Ehrgeizigen die Laune kommen sollte, die ganze Welt der menschlichen Gedanken, der menschlichen Meinung und des menschlichen Gefühls zu revolutionieren, so hat er die Gelegenheit dazu – der Weg zu unsterblichem Ruhm liegt frei und offen vor ihm. Alles, was er zu tun hat, wäre, ein ganz kleines Büchlein zu schreiben und zu veröffentlichen. Der Titel wäre einfach – einige klare Worte –, ›Mein Herz ohne alle Hüllen‹. Das Büchlein müßte seinem Titel aber auch *wirklich Ehre machen.*‹[1]

Während die *Fusées* auf mindestens zehn Jahre vor Baudelaires Tod zurückreichen – Nr. XXI legt sogar die Vermutung nahe, daß sie 1851 geschrieben ist, da Baudelaire 1821 geboren wurde – stammen die Aufzeichnungen zu *Mon coeur mis à nu* aus seinen letzten Lebensjahren, die bereits unter dem Schatten der Todeskrankheit standen. Eine erstmalige Erwähnung findet sich in einem Briefe an seine Mutter, Madame Aupick, vom 1. April 1861. Dort schreibt der Dichter:

›Was mich vor allem vor dem Selbstmord gerettet hat, sind zwei Ideen, die beide recht kindisch erscheinen mögen. Die erste, daß es meine Pflicht wäre, genaue Angaben für die Bezahlung meiner Schulden zu machen . . . Die zweite, wenn ich gestehen soll, daß es sehr hart wäre, Schluß zu machen, bevor ich nicht wenigstens meine kritischen Werke veröffentlicht hätte, wenn ich schon auf die Dramen, die Romane und schließlich auf ein großes Werk verzichtete, von dem ich seit zwei Jahren träume: *Mon Coeur mis à nu,* in dem ich allen meinen Zorn aufstapeln wollte. Oh, wenn es jemals das Licht des Tages sehen

---

[1] – Suggested Title: ›Heart Laid Bare‹ – If any ambitious man have a fancy to revolutionnise at one effort the universal world of human thought, human opinion, and human sentiment, the opportunity is his own – the road to immortal renown lies open and unencumbered before him. All that he has to do is to write and publish a very little book. Its title should be simple – a few plain words – ›My Heart Laid Bare‹. But this little book must be *true to its title.*

könnte, dann würden die *Confessions* von J. J. dagegen blaß erscheinen . . .‹

Und in einem Brief vom 5. Juni 1863 findet sich folgende, auf das gleiche Thema bezügliche Stelle:

›Ja, dieses Buch wird ein Buch des Hasses sein. Sicher, meine Mutter und mein Stiefvater bleiben darin verschont. Indem ich jedoch meine Erziehung schildere, die Art und Weise, wie sich meine Gedanken und Gefühle formten, will ich ohne Unterlaß fühlen lassen, daß ich mich als Fremder in dieser Welt mit ihren Kulten fühle. Ich will mein echtes Talent zur Unverschämtheit gegen ganz Frankreich richten. Ich brauche die Rache so nötig, wie ein müder Mensch ein Bad nötig hat. Ich werde *Mon Coeur mis à nu* auf alle Fälle veröffentlichen, wenn mein Vermögen groß genug ist, um mir Sicherheit zu gewähren, wenn nötig außerhalb Frankreichs.‹

Abschließend sei dem Übersetzer noch gestattet, einige Worte in eigener Sache zu sagen. Da es sich um ›intime‹, somit nicht zur Veröffentlichung bestimmte Aufzeichnungen handelt, noch dazu eines leicht irritierbaren und seelisch und körperlich leidenden Menschen, war die Arbeit an sich schon eine äußerst heikle, da verschiedene Stellen, wenn man sie nicht überhaupt als unverständlich bezeichnen will, zum mindesten mehrfache Deutung zulassen. Hierzu kommen als erschwerend gewisse Eigenheiten der französischen Sprache, die dort, wo die deutsche verschiedene Begriffsnuancen besitzt, nur einen einzigen Begriff kennt. Welches die absolut richtige Übersetzung manches Wortes, manchmal sogar manches Satzes ist, das zu entscheiden gäbe es nur einen, den ›einsamen Dichter‹ selbst, der nicht mehr unter den Lebenden weilt.

R. P.

Lichtblitze

I

Auch wenn es Gott nicht gäbe, wäre die Religion noch heilig und göttlich.

Gott ist das einzige Wesen, das selbst dann herrschte, wenn es gar nicht vorhanden wäre.

Was vom Geist erschaffen ist, ist lebendiger als die Materie.

Die Liebe besteht im Vergnügen an schamloser Preisgabe. Ja es gibt überhaupt keine edle Lust, die sich nicht auf schamlose Preisgabe zurückführen ließe.

Bei einem Schauspiel, auf einem Ball genießt jeder alle.

Was ist Kunst? Schamlose Preisgabe.

Die Freude am Leben drückt sich bei den Massen in geheimnisvoller Weise durch den Genuß an der Vervielfältigung der Zahl aus.

Alles ist Zahl. Die Zahl ist in *allem*. Die Zahl ist im Einzelwesen. Die Trunkenheit ist eine Zahl.

Die Neigung zu produktiver Konzentration soll bei einem reifen Manne an Stelle der Neigung zur Verminderung treten.

Die Liebe kann von einem freigebigen Gefühl herrühren: dem Vergnügen an der schamlosen Preisgabe; doch wird es bald durch das Vergnügen am Eigentum verdorben.

Die Liebe will aus sich heraus, sich mit ihrem Opfer vereinen, wie der Sieger mit dem Besiegten, und doch Erobererrechte bewahren.

Die Genüsse des Zuhälters haben gleichzeitig etwas vom Engel wie vom Besitzer. Nächstenliebe und Grausamkeit. Sie sind sogar unabhängig vom Geschlecht, von der Schönheit und der Gattung des Lebewesens.

Das grüne Dunkel an den feuchten Abenden der schönen Jahreszeit.

Unermeßliche Tiefe des Gedankens in den Redensarten des Volkes, Löcher, die von Generationen von Ameisen gehöhlt wurden.

Die Anekdote vom Jäger, welche mit der engen Verbundenheit von Grausamkeit und Liebe zusammenhängt.

II

Lichtblitze. – Über den weiblichen Charakter der Kirche als Grund für ihre Allmacht.

Über die violette Farbe (verhaltene, geheimnisvolle, verschleierte Liebe, Farbe der Stiftsdame).

Der Priester ist wie etwas Gewaltiges, weil er eine Menschenmenge dazu bringt, daß sie erstaunliche Dinge glaubt.

Daß die Kirche alles machen und alles sein will, ist ein Gesetz des menschlichen Geistes.

Die Völker beten die Autoritäten an.

Die Priester sind die Diener und die Sektierer der Einbildungskraft.

Der Thron und der Altar, revolutionäre Maxime.

E. G. oder die verführerische Abenteurerin.

Religiöser Rausch der großen Städte.

Pantheismus. Ich, das sind alle; alle, das bin ich.

Wirbelwind.

III

Lichtblitze. – Ich glaube, in meinen Notizen bereits geschrieben zu haben, daß die Liebe sehr einer Folterung oder einer chirurgischen Operation gleiche. Diese Idee kann jedoch auf die bitterste Art und Weise entwickelt werden. Selbst wenn die beiden Liebenden sehr verliebt wären und einander sehr begehren sollten, wird immer der eine von beiden ruhiger und weniger besessen als der andere sein. Letzterer oder letztere ist der operierende Arzt oder der Henkersknecht; der andere ist der leidende Teil, das Opfer. Hört ihr diese Seufzer, Vorspiel einer Tragödie der Ehrlosigkeit, dieses Stöhnen, Aufschreien, Röcheln? Wer hat sie nicht ausgestoßen, wer (hat) sie nicht widerstandslos erzwungen? Und ist etwa die von sorgsamen Folterknechten angewandte peinliche Frage schlimmer? Die gewaltsam verdrehten Augen des Schlafwandlers, die Glieder, deren Muskeln unter der Einwirkung einer galvanischen Säure austreten und steif werden, die Trunkenheit, das Delirium, das Opium in ihren entsetzlichen Folgen werden euch sicherlich keine so schrecklichen, so merkwürdigen Beispiele abgeben. Und das menschliche Gesicht, von dem Ovid glaubte, daß es geschaffen sei, die Sterne widerzuspiegeln, siehe, es gibt nur einen Ausdruck von irrer Grausamkeit wieder, oder es erschlafft in einer Art von Tod. Denn wahrlich, ich würde glauben einen Frevel zu begehen, wenn ich das Wort ›Ekstase‹ auf diese Art von Verwesung anwendete.

– Furchtbares Spiel, bei dem der eine Spieler die Herrschaft über sich selbst verlieren muß.

Einmal wurde in meiner Gegenwart die Frage gestellt, worin die höchste Lust der Liebe bestünde. Jemand antwortete natürlich: Im Empfangen, und ein anderer: Im sich Verschenken. – Dieser sagte: die Lust des Stolzes; – und jener: Wonne der Erniedrigung. Alle diese Schmierfinken sprachen, als wollten sie *Jesus Christus nachbeten.* – Schließlich fand sich ein schamloser Utopist, welcher behauptete, die höchste Lust der Liebe sei, Bürger für das Vaterland zu verfertigen.

Ich jedoch, ich sage: die einzige und höchste Wonne der Liebe liegt in der Gewißheit das *Böse* zu tun. Und dem Mann, sowie der Frau ist das Wissen angeboren, daß im Bösen alle Lust zu finden ist.

IV

Pläne. Lichtblitze. Vorsätze. – Die Comédie am Silvesterabend. Barbora und der Hammel.

Chenavard hat eine übermenschliche Figur geschaffen.

Mein Glückwunsch an Levaillant.

Vorwort, Mischung aus Mystizismus und Lustigkeit.

Träume und Theorie vom Traume im Sinne Swedenborgs.

Der Gedanke Campbells *(The conduct of Life).*

Konzentration.

Macht der fixen Idee.
Die absolute Offenheit, Mittel für Originalität.
Komische Sachen mit Pomp erzählen . . .

<h1 style="text-align:center">V</h1>

Lichtblitze, Anregungen. –
Wenn einer sich zu Bett legt, hegen fast alle seine Freunde
den geheimen Wunsch, ihn sterben zu sehen; die einen, um festzustellen, daß seine Gesundheit schwächer als die ihre war; die
andern in der uneigennützigen Hoffnung, einen Todeskampf
studieren zu können.

Das Arabeskenmuster ist das spiritualistischste von allen
Mustern.

<h1 style="text-align:center">VI</h1>

Lichtblitze. Anregungen. – Der Literat setzt Kapitalien in Bewegung und versteht es, den Geschmack an individueller Gym-
nastik zu erwecken.

Das Arabeskenmuster ist das idealste von allen.

Wir lieben die Frauen desto mehr, je fremder sie uns sind. In-
telligente Frauen zu lieben ist ein Päderastenvergnügen. Somit
schließt Bestialität Päderastie aus.

Possenreißerischer Geist muß nicht unbedingt Christenliebe
ausschließen, der Fall ist jedoch selten.

Begeisterung, die sich auf anderes als auf Abstraktes richtet,
ist ein Anzeichen von Schwäche oder Krankheit.

Magerkeit ist nackter, unschicklicher als Fett.

<h1 style="text-align:center">VII</h1>

Tragischer Himmel. – Benennung abstrakter Art angewandt
auf ein stoffliches Wesen.

Der Mensch trinkt das Licht mit der Atmosphäre. Somit
hat das Volk recht, die Nachtluft sei für die Arbeit unge-
sund.

Das Volk ist der geborene Feueranbeter.

Feuerwerk, Brände, Brandstifter.

Wenn man sich einen geborenen Feueranbeter, einen geborenen Parsen ausdenkt, hat man den Stoff für eine Novelle . . .

VIII

Die Fehlurteile, denen Gesichter unterliegen, sind die Folge einer Sinnestäuschung, hervorgerufen durch die Verfinsterung des wirklichen Bildes.

Kenne somit die Freuden eines harten Lebens und bete, bete ohne Unterlaß. Im Gebet liegt die Kraft aufgespeichert. *(Altar des Willens. – Sittliche Dynamik. – Zauberkraft der Sakramente. – Hygiene der Seele.)*

Die Musik vertieft den Himmel.

Jean-Jacques sagte, er beträte ein Café stets nur in einer gewissen Erregung. Für eine furchtsame Natur ist die Kontrolle im Theater ungefähr dasselbe wie das Gericht in der Unterwelt.

Das Leben besitzt nur einen wahren Reiz: den Reiz des *Spiels.* Was aber, wenn es uns gleichgültig ist, zu gewinnen oder zu verlieren?

IX

Anregungen. Lichtblitze. – Die Nationen haben große Persönlichkeiten nur gegen ihren eigenen Willen – wie die Familien. Sie machen Anstrengungen, um keine solchen zu haben. Und somit muß der große Mann, um leben zu können, eine Angriffskraft besitzen, die größer ist als die Kraft des Widerstandes, der von Millionen von Lebewesen geleistet wird.

Um vom Schlaf zu sprechen, diesem unheimlichen allabendlichen Abenteuer, so kann man sagen, daß die Menschen täglich mit einem Wagemut einschlafen, der unverständlich wäre, wüßten wir nicht, daß sie ihn der Unkenntnis der Gefahr verdanken.

X

Es gibt so dicke Felle, daß bei ihnen Verachtung keine Rache mehr ist.

Viele Freunde, viele Handschuhe. Diejenigen, die mich geliebt haben, waren verachtete Menschen, ja ich sagte sogar verächtlich, läge mir daran, den anständigen Menschen zu schmeicheln.

Girardin lateinisch sprechen! *Pecudesque locutae!*

Nur eine Gesellschaft ohne Glauben konnte einen Robert Houdin zu den Arabern senden, um sie vom Glauben an Wunder zu bekehren.

XI

Diese schönen und großen Schiffe, die sich unmerklich auf dem stillen Gewässer schaukeln (wiegen), diese festen Schiffe, die so müßig und sehnsuchtsvoll aussehen, sagen sie uns nicht in einer stummen Sprache: Wann fahren wir ins Glück?

Nicht vergessen im Drama die wunderbare Seite, die Zauberei und das Fabelhafte.

Die Umgebungen, die Stimmungen, von denen eine Erzählung ganz erfüllt sein muß. (Siehe *Usher,* und darin die tiefen Empfindungen beim Haschisch und Opium erwähnen.)

XII

Gibt es mathematische Verrücktheiten und Verrückte, die glauben, daß zwei und zwei drei ist? Oder anders ausgedrückt, kann sich, falls diese Worte nicht aufschreien (daß man sie miteinander verbindet), die Sinnestäuschung der Gegenstände reiner Überlegung bemächtigen? Wenn sich ein Mensch die Faulheit, die Träumerei, den Müßiggang so sehr zur Gewohnheit gemacht hat, daß er ständig alles, was wichtig ist, auf den andern Tag verschiebt, und wenn ihn dann eines Morgens ein anderer Mensch mit tüchtigen Peitschenhieben weckte und ihn erbarmungslos so lange peitschte, bis er, der aus Vergnügen nicht arbeiten kann, aus Furcht arbeitete, wäre dann dieser Mann, der

Peitscher, nicht sein Freund, sein Wohltäter? Außerdem kann man behaupten, daß sich das Vergnügen nachträglich einstellen würde, und zwar mit viel mehr Recht, als man sagt: die Liebe kommt nach der Hochzeit.

Ebenso ist in der Politik der wahre Heilige derjenige, der das Volk peitscht und tötet, zum Wohle des Volkes.

Dienstag, den 13. Mai 1856

Exemplare von Michel holen.

an Moun schreiben,

an Urriès

an Maria Clemm

zu Frau Dumay schicken, um zu erfahren, ob Mirès . . .

Was nicht leicht entstellt ist, entgeht der Wahrnehmung; woraus folgt, daß die Unregelmäßigkeit, das heißt das Unerwartete, die Überraschung, das Erstaunen ein wesentlicher und charakteristischer Teil der Schönheit sind.

XIII

Notizen. Lichtblitze. – Théodore de Banville ist kein ausgesprochener Materialist; er ist lichtvoll.

Seine Poesie schildert die glücklichen Stunden.

Antwortet auf jeden Brief eines Gläubigers mit fünfzig Zeilen über ein ganz besonders irdisches Thema und ihr seid gerettet.

Seliges Lächeln in dem schönen Gesicht eines Riesen.

XIV

Über den Selbstmord und die Selbstmord-Krankheit betrachtet in ihren Beziehungen zur Statistik, der Medizin und der Philosophie.

BRIÈRE DE BOISMONT.

Die Stelle suchen:»*Mit einem Wesen leben, das für einen nur Abneigung hat . . .*«

Das Porträt des Serenus von Seneca. Das des Stagirus vom Heiligen Johannes Chrysostomus. *Acedia* die Krankheit der Mönche.

Das *Taedium vitae.*

XV

Lichtblitze. – Übersetzung und Kommentar zu *Die Leidenschaft bezieht alles auf sich.*

Geistige und körperliche Genüsse, die durch das Gewitter, die Elektrizität und den Blitz verursacht werden, Sturmglocke der verliebten, dunkeln Erinnerungen früherer Jahre.

XVI

Lichtblitze. – Ich habe die Definition des Schönen, meines Schönen gefunden.

Es ist etwas Leidenschaftliches und etwas Trauriges, etwas ein wenig Unbestimmtes, das der Vorstellung freien Lauf läßt. Wenn man es wünscht, werde ich meine Ideen an einem empfindlichen Gegenstand darlegen, an einem wie dazu geschaffenen Gegenstand, dem interessantesten in der ganzen Gesellschaft, an einem Frauenantlitz. Ein verführerischer und schöner Kopf, ein Frauenkopf, will ich sagen, und zwar ein Kopf, der einen gleichzeitig – jedoch verworren – von Wollust und Traurigkeit träumen läßt; der die Idee von Melancholie, von Müdigkeit, ja selbst von Sattheit mit sich bringt, – also eine Idee voll Widerspruch, das heißt, Leidenschaft, Verlangen nach Leben vereint mit dagegen ankämpfender Bitterkeit, so als rührte sie von Entbehrung oder von Verzweiflung her – Geheimnis und Kummer sind auch Charakterzüge des Schönen.

Ein schöner Männerkopf muß nicht unbedingt, in den Augen eines Mannes wohlverstanden, – nicht aber, vielleicht, in den Augen einer Frau, – diese Idee von Wollust mit sich bringen, die in einem Frauenantlitz schon deshalb anziehendere Herausforderung bildet, weil es schon im Allgemeinen als Antlitz melancholischer wirkt. Aber auch dieser Kopf wird etwas Leidenschaftliches und Trauriges enthalten, – unbefriedigte geistige Bedürfnisse, – ins Dunkel verbannte hochfliegende Wünsche, – die Idee von brodelnder und ungenützter Kraft, – bisweilen die Idee von strafender Gefühllosigkeit (denn der Typus des Dandy ist bei diesem Thema nicht zu vernachlässigen), bisweilen auch, – und dies ist einer der interessantesten Charakterzüge der Schönheit – das Geheimnis, und schließlich (um den Mut auf-

20

zubringen, zu gestehen, wie ganz modern ich in Sachen der Ästhetik fühle), das Unglück. Ich behaupte nicht, daß sich die
Freude nicht zur Schönheit gesellen könne, ich behaupte aber,
daß die Freude nur eine ihrer gewöhnlichsten schmückenden
Beigaben ist, wogegen die Melancholie sozusagen vornehmste
Begleitung darstellt, und zwar derart, daß ich mir (sollte mein
Hirn ein verzauberter Spiegel sein?) wahre Schönheit ohne
etwas Unglück dabei gar nicht vorstellen kann. Fußend auf –
andere sagten wohl: besessen von – solchen Ideen, muß es
mir, wie man begreifen wird, schwerfallen, daraus einen andern Schluß zu ziehen als den, daß der vollkommenste Typus der männlichen Schönheit *Satan* ist – ganz im Sinne
Miltons.

XVII

Lichtblitze. – Selbstvergötterung. / Poetische Harmonie des
Charakters. / Eurythmie des Charakters und der Fähigkeiten. /
Alle Fähigkeiten bewahren. / Alle Fähigkeiten steigern.
   Ein Kult (Magierkult, beschwörende Zauberkunst).
   Das Opfer und das Gelübde sind höchste Ausdrucksformen
und versinnbildlichen einen Tausch.
   Zwei grundlegende literarische Eigenschaften: Übernatura-
lismus und Ironie. Individueller Augenschein, Licht, in dem die
Dinge dem Schriftsteller erscheinen, hierauf Umstellung des
Geistes auf das Teuflische. Unter das Übernaturalistische fallen
Farbe im allgemeinen und Ton, das heißt die innere Kraft, der
Klang, die Durchsichtigkeit, das Mitschwingen, die Tiefe und
der Wiederhall in Raum und Zeit.
   Es gibt Augenblicke im Dasein, wo Zeit und Weite tiefer sind
und das Gefühl des Seins sich unermeßlich steigert.
   Anwendung der Magie, zur Heraufbeschwörung der großen
Toten und zur Wiederherstellung und zur Vervollkommnung
der Gesundheit.
   Die Erleuchtung kommt immer, wenn der Mensch es *will*,
aber sie geht nicht immer, wenn er es will.
   Die Sprache und die Schrift als magische Handlungen ge-
nommen, beschwörende Zauberei.
   Die Miene beim Weibe.

Die reizenden Mienen, welche den Eindruck von Schönheit geben, sind:

Die blasierte Miene
Die gelangweilte Miene,
Die leichtsinnige Miene,
Die schamlose Miene,
Die kalte Miene,
Die in sich gekehrte Miene,
Die herrschsüchtige Miene,
Die wollende Miene,
Die böse Miene,
Die leidende Miene,
Die katzenhafte Miene, Mischung von kindischem Wesen, Sorglosigkeit und Mutwillen.

*

Bei gewissen, fast übernatürlichen Seelenzuständen enthüllt sich die Tiefe des Lebens in voller Gänze in dem Augenblick, den man gerade vor Augen hat, mag er noch so gewöhnlich sein. Er wird zum Symbol.

*

Als ich den Boulevard überquerte und meine Schritte etwas beschleunigte, um den Wagen auszuweichen, löste sich meine Aureole ab und fiel in den Schmutz des Straßenpflasters. Glücklicherweise hatte ich Zeit sie aufzuheben; gleich darauf befiel jedoch meinen Geist die unglückselige Idee, daß dies ein böses Vorzeichen wäre, und von da an wollte mich diese Idee nicht mehr loslassen; den ganzen Tag ließ sie mir keine Ruhe mehr.

*

Über den Kult der eigenen Person in der Liebe, betrachtet vom Standpunkt der Gesundheit, der Hygiene, der Kleidung, der geistigen Vornehmheit und der Beredsamkeit aus.

Self- purification and anti-humanity.

Im Liebesakt liegt eine große Ähnlichkeit mit der Folter und mit einer chirurgischen Operation.

Im Gebet liegt ein magischer Vorgang. Das Gebet ist eine der großen Kräfte der intellektuellen Dynamik. Dabei ist etwas wie ein elektrischer Gegenstrom.

Der Rosenkranz ist ein Vermittler, ein Leiter; er ist das Gebet, zu dem alle Zutritt haben.

Die Arbeit, progressive und akkumulative Kraft, welche Zinsen trägt wie das Kapital, in den Fähigkeiten ebenso wie in den Resultaten.

Das Spiel, selbst wissenschaftlich gelenkt eine intermittierende Kraft, wird, mag es noch so erfolgreich sein, durch die Arbeit, mag sie noch so gering sein, übertroffen werden.

Wenn ein Dichter vom Staate das Recht verlangte, sich einige Spießbürger im Stalle zu halten, wäre man hocherstaunt, wogegen man es ganz natürlich fände, wenn ein Spießbürger einen gebratenen Dichter verlangte.

Das wird meinen Frauen, meinen Töchtern, sowie meinen Schwestern kein Ärgernis bereiten können.

*

Alsbald bat er sie um die Erlaubnis, ihr das Bein küssen zu dürfen, und er machte sich den Umstand zu Nutze, dieses Bein in einer solchen Stellung zu küssen, daß sich dessen Konturen klar und deutlich gegen die untergehende Sonne abzeichneten.

»Kätzchen, Katzi, Katzili, meine Katze, mein Bär, mein Äffchen, mein großer Affe, Schlange, mein kleines trauriges Äffchen.«

Derartige zu oft wiederholte Verschrobenheiten der Sprache, zu häufige Verwendung von Tiernamen zeugen von einer satanischen Seite der Liebe. Besitzen die Teufel etwa nicht Tiergestalt? Das Kamel Cazottes, – Kamel, Teufel und Weib.

*

Ein Mann geht in Begleitung seiner Frau zum Pistolenschießen. Er stellt sich eine Puppe zurecht und sagt zu seiner Frau: Ich stelle mir vor, das bist Du. – Er schließt die Augen und schießt die Puppe nieder. – Hierauf küßt er seiner Gefährtin die Hand und sagt: Teurer Engel, wie dankbar bin ich Dir für meine Geschicklichkeit!

Wenn ich einmal der ganzen Welt Ekel und Abscheu eingeflößt haben werde, dann habe ich die Einsamkeit erobert.

Dieses Buch ist nicht für meine Frauen, meine Töchter und meine Schwestern bestimmt. – Ich besitze wenig von diesen Dingen.

Es gibt dicke Felle, bei denen die Verachtung kein Vergnügen mehr ist.

– Viele Freunde, viele Handschuhe, – aus Angst vor der Krätze.

– Diejenigen, welche mich geliebt haben, waren verachtete Menschen, ich würde sogar verächtlich sagen, läge mir daran, *den anständigen Leuten* zu schmeicheln.

Gott ist ein Ärgernis –, ein einträgliches Ärgernis.

XVIII

Lichtblitze. – Verachtet niemandes Empfindlichkeit. Jedermanns Empfindlichkeit ist sein Schutzgeist.

Es gibt nur zwei Orte, wo man bezahlt, um dabei das Recht zu haben herzugeben: die öffentlichen Bedürfnisanstalten und die Frauen.

Durch ein leidenschaftliches Konkubinat lassen sich die Freuden eines jungen Haushaltes ahnen.

Der frühreife Geschmack an Frauen. Ich verwechselte den Geruch des Pelzes mit dem Geruch der Frau. Ich erinnere mich . . . Kurz ich liebte meine Mutter wegen ihrer Eleganz. Ich war also ein frühreifer Dandy.

Meine Ahnen, Idioten oder Verrückte, in großartigen Wohnungen, alle die Opfer schrecklicher Leidenschaften.

Den protestantischen Ländern fehlen zwei Elemente, die für das Glück eines wohlerzogenen Mannes unerläßlich sind, die Galanterie und die Verehrung.

Die Mischung des Grotesken mit dem Tragischen ist für den Geist angenehm, wie Mißklänge für blasierte Ohren.

Was beim schlechten Geschmack berauschend ist, das ist das aristokratische Vergnügen zu mißfallen.

Deutschland drückt das Träumerische durch die Linie aus, so wie England es durch die Perspektive tut.

Bei der Zeugung jedes erhabenen Gedankens ergibt sich eine nervöse Erschütterung, die sich im Gehirn fühlbar macht.

Spanien bringt in der Religion die natürliche Grausamkeit der Liebe zum Ausdruck.

Stil. – Die Note von Ewigkeit, der Stil von Ewigkeit und Weltbürgertum. Chateaubriand, Alph. Rabbe, Edgar Poe.

XIX

Lichtblitze. Anregungen. – Warum die Demokraten die Katzen nicht lieben, ist leicht zu erraten. Die Katze ist schön, sie verrät Ideen von Luxus, von Sauberkeit, von Genuß, usw.

XX

Ein wenig Arbeit, dreihundertfünfundsechzig Male wiederholt, bringt dreihundertfünfundsechzig Male ein wenig Geld ein, das heißt eine gewaltige Summe. *Gleichzeitig erwirbt man Ruhm.*

(Nebenbei bemerkt). Ebenso ergeben eine Menge kleiner Freuden das Glück.

Einen Gemeinplatz erfinden, bedeutet Genie. Ich muß einen Gemeinplatz erfinden.

Das Concetto ist ein Meisterwerk.

Die Tonart ›Alphonse Rabbe‹.

Die Tonart ›ausgehaltenes Mädchen‹. *(Meine Schönste Du! Flatterhaftes Geschlecht!)*

Die ewige Tonart.

Kolorit grell, Zeichnung feinstens ausgearbeitet.

Die Primadonna und der Fleischerbursche.

Meine Mutter ist fantastisch; man muß sie fürchten und ihr gefallen.

Der stolze Hildebrand.

Cäsarismus Napoleons III. (Brief an Edgar Ney.) Papst und Kaiser.

Lichtblitze. Anregungen. – Sich Satan hingeben, was bedeutet das?

Was gibt es Unsinnigeres als den Fortschritt, wo doch der Mensch, wie dies durch alltägliche Vorkommnisse bewiesen wird, dem Menschen immer ganz und gar gleichbleibt, das heißt immer im Zustand der Wildheit! Was sind die Gefahren des Waldes und der Steppe gegen die täglichen Erschütterungen und Zusammenstöße der Zivilisation? Ob nun der Mensch seinen Gimpel am Boulevard fängt oder seine Beute in unbekannten Wäldern erlegt, bleibt er nicht der ewige Mensch, das vollkommene Raubtier?

Man sagt, ich sei dreißig Jahre alt, wenn ich aber drei Minuten in einer gelebt habe . . ., bin ich dann nicht neunzig alt?

. . . Die Arbeit, ist sie nicht das Salz, das die Mumienseelen konserviert?

Anfang eines Romans, einen Stoff gleichgültig wo beginnen und, um das Verlangen zu haben, ihn zu beenden, im Anfang sehr schöne Redewendungen gebrauchen.

Lichtblitze. – Ich glaube, daß der unendliche und geheimnisvolle Zauber, der in der Betrachtung eines Schiffes liegt, und vornehmlich eines Schiffes in Bewegung, in erster Linie von der Regelmäßigkeit und Symmetrie herrührt, die zu den grundlegenden Bedürfnissen des menschlichen Geistes gehören, in gleichem Maße wie die Kompliziertheit und die Harmonie; – und in zweiter Linie von der immerwiederkehrenden Vielfalt und der eingebildeten Vorstellung all der Kurven und Figuren, welche durch die tatsächlichen Grundelemente des Gegenstandes im Raume entstehen.

Der poetische Gedanke, der durch diesen Vorgang der Bewegung in den Linien ausgelöst wird, ist die Vorstellung eines ungeheuren, unermeßlichen, komplizierten, jedoch ebenmäßigen Wesens, eines von Geist erfüllten Lebewesens, welches leidet und alle Seufzer und Verlangen der Menschheit zum Ausdruck bringt.

Zivilisierte Völker, die ihr immer so töricht von den *Wilden* und *Barbaren* sprecht, bald werdet ihr, wie Aurevilly sagt, nicht einmal so viel taugen, um Götzendiener zu sein.

Der Stoizismus, eine Religion, welche nur ein Sakrament besitzt: den Selbstmord!

Den Stoff für eine lyrische oder Feenposse ersinnen, für eine *Pantomime,* und dies in einen ernsten Roman umwandeln. Das Ganze in eine ungewöhnliche und traumhafte Atmosphäre tauchen, – die Atmosphäre der *großen Tage.* Es müßte etwas Einwiegendes – und selbst noch in der Leidenschaft Heiteres sein. – Regionen der reinen Poesie.

*

Bewegt bei der Berührung mit dieser Sinnenlust, die wie eine Erinnerung erschien, weich gestimmt durch den Gedanken an eine schlecht ausgefüllte Vergangenheit, an so viele Fehler, so viele Streitigkeiten, so Vieles, das man sich gegenseitig zu verbergen hatte, begann er zu weinen; und seine heißen Tränen flossen im Dunkel auf die nackte Schulter seiner geliebten und immer noch anziehenden Freundin. Sie zitterte, auch sie fühlte sich gerührt und bewegt. Die Dunkelheit verlieh ihrer Eitelkeit und ihrem Dandytum der kalten Frau ein Gefühl von Sicherheit. Mochten diese beiden Geschöpfe auch tief gefallen sein, sie litten doch unter den Resten von Edlem, die ihnen noch verblieben waren, und so überließen sie sich in jäher Aufwallung vereint dem Strom von Tränen und Küssen, der Traurigkeit um ihre Vergangenheit und auch ein wenig ihren ungewissen Hoffnungen auf die Zukunft. Vermutlich war für sie die Sinnenlust nie so süß wie in dieser Nacht der Melancholie und Nächstenliebe; – eine von Schmerz und Gewissensbissen erfüllte Sinnenlust.

Durch die Schwärze der Nacht hatte er in die Tiefe der Jahre zurückgeblickt, dann hatte er sich in die Arme seiner schuldigen Freundin geworfen, um hier die Verzeihung zu finden, die sie ihm gewährte.

*

Hugo denkt oft an Prometheus. Er setzt sich einen eingebildeten Geier auf eine Brust, auf der er eigentlich nur den stechenden Schmerz von Schröpfköpfen fühlt. Wenn dann die Sinnestäuschung verworren wird und sich verändert, immer jedoch gemäß dem fortschreitenden Verlauf, den die Medizin angibt, dann glaubt er, daß zufolge eines *Fiat* der Vorsehung Sankt-Helena den Platz von Jersey eingenommen habe.

Dieser Mann ist so wenig elegisch veranlagt, so wenig ätherisch, daß er sogar einem Notar Abscheu einflößen könnte.

Hugo, in seinem Priestertum, hat stets die Stirn gesenkt, – zu sehr gesenkt, als daß er etwas anderes sehen könnte als seinen Nabel.

. . . Was gibt es heute, was nicht Priestertum wäre? Die Jugend selbst ist ein Priestertum, – nach dem, was die Jugend sagt.

Und was gibt es, das nicht Gebet wäre? Sch . . . ist ein Gebet, nach dem, was die Demokraten sagen, wenn sie sch . . .

Monsieur de Pontmartin, – ein Mann, der immer aussieht, als käme er eben aus seiner Provinz.

Der Mensch, was soviel heißt wie jedermann, ist so *von Natur aus* verdorben, daß er weniger unter dem allgemeinen Niedergang leidet als unter der Errichtung einer vernünftigen Hierarchie.

Die Welt wird aufhören zu bestehen. Der einzige Grund, weshalb sie dauern könnte, ist der, daß sie besteht. Wie schwach ist dieser Grund im Vergleich mit allen denen, welche das Gegenteil ankündigen, vor allem aber mit diesem: Was hat die Welt noch weiter unter dem Himmel zu schaffen? – Denn sogar angenommen, sie bestände tatsächlich weiter, wäre diese Existenz würdig des Namens und des historischen Diktionärs? Nicht etwa, daß ich sagen möchte, die Welt würde in die Verhältnisse und die possenhafte Unordnung der südamerikanischen Republiken zurückversetzt werden, ja daß wir vielleicht sogar zum Zustand der Wilden zurückkehren und mitten durch die graswachsenen Ruinen unserer Zivilisation, die Flinte in der Hand, unser Futter suchen gehen würden. Nein, denn solche Abenteuer setzten noch eine gewisse Lebensenergie voraus, ein Echo der ersten Zeitalter. Als neues Beispiel und als neue Opfer der unerbittlichen sittlichen Gesetze werden wir an dem zugrundegehen, worin wir zu leben glaubten. Die Technik wird uns so amerikanisiert, der Fortschritt so gründlich den Nachteil des Geistes in uns verkümmert haben, daß keiner von den blut-triefenden, verruchten und widernatürlichen Träumen der Utopisten sich mit ihrem wirklichen Ergebnis vergleichen las-sen wird. Ich frage jeden denkenden Menschen, er zeige mir, was vom Leben noch vorhanden ist. Was die Religion betrifft, so halte ich es für zwecklos, von ihr zu sprechen und nach ihren Überresten zu suchen, da es bloß eine Lästerung bedeuten wür-de, wollte man es versuchen, in derartigen Dingen Gott zu leug-nen. Das Eigentum war praktisch bereits mit der Aufhebung des Rechtes der Erstgeburt verschwunden; doch kommt die Zeit, wo die Menschheit wie ein rächender Oger ihr letztes Stück denen entreißen wird, welche glauben, die Revolutionen rechtmäßig ererbt zu haben. Und das wäre nicht das schlimmste Übel.

Die menschliche Einbildungskraft kann sich ohne allzu große Mühe Republiken oder andere einiges Ruhmes würdige güter-gemeinschaftliche Staatsformen ausdenken, wenn diese von ehrwürdigen Männern gelenkt werden, von zuverlässigen Ari-stokraten. Doch werden es im besondern nicht politische Ein-richtungen sein, durch die der allgemeine Verfall zutage treten wird, oder der allgemeine Fortschritt; denn der Name hat wenig zu besagen. Er wird infolge von Verrohung der Herzen eintre-ten. Brauche ich es erst zu sagen, daß das Wenige, das von der Politik übrigbleiben wird, kläglich in der Umklammerung einer allgemeinen Animalität zappeln wird und daß die Regierungen, um sich zu halten und einen Schein von Ordnung zu schaffen, gezwungen sein werden, zu Mitteln zu greifen, die unsere heuti-ge, gewiß hartgesottene Menschheit erzittern ließen? – Dann wird der Sohn die Familie nicht erst mit achtzehn Jahren verlas-sen, sondern mit zwölf, mündig erklärt von seiner eigenen be-gehrlichen Frühreife; er wird davonlaufen, nicht um heroische Abenteuer zu suchen, nicht um eine in einem Turm gefangen-gehaltene Schönheit zu befreien, nicht um eine Dachkammer durch erhabene Gedanken unsterblich zu machen, sondern um einen Handel zu gründen, um sich zu bereichern und seinem ehrlosen Papa Konkurrenz zu machen, dem Gründer und Ak-tionär einer Zeitung, welche Licht verbreiten und bewirken wird, daß man das *Jahrhundert* jener Epoche für eine Ausge-burt des Aberglaubens halten wird. – Dann werden die verirr-ten, die deklassierten Frauen, diejenigen, welche ein paar Liebhaber gehabt haben und die man bisweilen Engel nennt, zufolge und dank ihrem Leichtsinn, der, ein Licht des Zufalls in ihrem logischen Dasein, hell wie das Böse glänzt, – dann werden, wie gesagt, diese Frauen nur mehr die unnachsichtliche Bravheit in Person sein, eine Bravheit, die alles verdammt, bis aufs Geld, alles, selbst die *Irrtümer der Sinne!* Dann wird alles, was mit der Tugend eine Ähnlichkeit, was sage ich, alles, was nicht ein einziges Streben nach Reichtum ist, als unendlich lächerlich gelten. Die Gerechtigkeit, wenn es in dieser glücklichen Zeit noch eine Gerechtigkeit geben kann, wird alle Bürger abschaffen, die es nicht verstehen werden, Geld zu machen. Deine Gattin, o Spießbürger! Deine keusche bessere Hälfte, deren Legitimität für dich die Poesie ausmacht, wird, indem sie künftighin in die Rechtmäßigkeit das gemeine Motiv der Untadelhaftigkeit einführt, als wachsame und liebende Hüterin deines Geldschrankes, nur mehr das vollkommene Ideal der ausgehaltenen Frau sein. Deine Tochter, bereits im Kindesalter heiratsfähig, wird in der Wiege träumen, daß sie mit einer Million zu Verkauf stehe, und du selbst, o Spießbürger, – dann noch weniger Dichter als du es heute bist, – wirst nichts dagegen einzuwenden haben; du wirst nichts bedauern. Denn es gibt Dinge im Menschen, die im gleichen Maße kräftiger werden und gedeihen, wie andere schwächer werden und verkümmern; und dank dem Fortschritt dieser Zeiten werden dir von deinen Eingeweiden nur mehr die Gedärme übrigbleiben! Vielleicht sind diese Zeiten schon sehr nah; ja wer weiß denn, ob sie nicht gar schon da sind und ob nicht die Dickfelligkeit unserer Natur das einzige Hemmnis ist, das uns hindert, die Umgebung, in der wir atmen, richtig einzuschätzen.

Was mich betrifft, der ich manchmal in mir das Lächerliche eines Propheten verspüre, so weiß ich, daß ich dabei nie die Nächstenliebe des Arztes aufbringen werde. Verloren in dieser abscheulichen Welt, herumgestoßen von den Mengen, will ich wie ein Ermüdeter, dessen Auge rückwärts in die Tiefe der Jahre gewandt nur Enttäuschung und Bitterkeit erschaut, und vor sich nur ein Gewitter, das nichts Neues enthält, weder Belehrung noch Schmerz. An dem Abend, an dem dieser Mann dem Schicksal einige Stunden des Vergnügens gestohlen hat, eingewiegt in seine Verdauung, vergessen – so weit als möglich – der Vergangenheit, zufrieden mit der Gegenwart und ergeben in die Zukunft, berauscht von seiner Kaltblütigkeit und seinem Dandytum, stolz, nicht so niedrig zu sein, wie die, welche vorübergehen, da betrachtet er den Rauch seiner Zigarre und sagt sich: Was kümmert es mich, woraus diese sich ein Gewissen machen.

Ich glaube, ich bin in etwas hineingeglitten, was die Leute vom Fach ein Hors d'Oeuvre nennen. Ich will indessen diese Seiten stehen lassen – weil ich meinen Zorn mit einem Datum versehen möchte.

Mein Herz ohne alle Hüllen

XXIII

Verflüchtigung und Versammlung des *Ich*. Darin liegt alles.

Ein gewisser sinnlicher Genuß in der Gesellschaft des Überspannten.

(Ich gedenke *Mein Herz ohne alle Hüllen* irgendwo, irgendwie zu beginnen und es aufs Geratewohl je nach der Eingebung des Tages und der Gelegenheit fortzusetzen, vorausgesetzt, daß die Eingebung lebendig ist.)

XXIV

Jeder Hergelaufene, er muß es nur verstehen zu unterhalten, hat das Recht, von sich selbst zu sprechen.

XXV

Ich kann es verstehen, daß man eine Sache im Stiche läßt, um zu wissen, was man empfindet, wenn man einer andern dient.

XXVI

Dummheiten Girardins:

›Unsere Gewohnheit ist es, den Stier bei den Hörner zu packen. Packen wir somit die Rede bei ihrem Ende an.‹

(7. November 1863)

Girardin glaubt also, daß die Stiere die Hörner am Hinterteil aufgesetzt haben. Er verwechselt die Hörner mit dem Schwanz.

›Bevor sie die Ptolemäusse des französischen Journalismus nachahmen, mögen sich die belgischen Journalisten die Mühe geben, über die Frage nachzudenken, die ich seit dreißig Jahren von allen Seiten studiere, wie ein Band beweisen wird, der demnächst unter dem Titel Pressefragen *erscheint; sie mögen sich nicht beeilen, eine Meinung als im höchsten Maße lächerlich[1] zu bezeichnen, die so wahr ist, wie es wahr ist, daß die Erde sich dreht und die Sonne nicht.‹*

Emile de Girardin

XXVII

Die Frau ist das Gegenteil vom Dandy. Folglich muß sie Abscheu einflößen.

Hat die Frau Hunger, will sie essen; Durst, will sie trinken.

Ist sie brünstig, will sie ge . . . werden.

Welch ein Verdienst!

Außerdem ist sie gemein, somit das Gegenteil eines Dandy.

Bemerkungen zur Ehrenlegion. – Derjenige, der das Kreuz verlangt, tut so, als sagte er: Wenn man mich nicht dekoriert, weil ich meine Pflicht getan habe, tue ich sie nie mehr wieder.

Wenn ein Mann verdienstvoll ist, wozu ihn auszeichnen? Ist er es jedoch nicht, dann mag man ihn auszeichnen, weil ihm (dies) Glanz verleiht.

Einwilligen, dekoriert zu werden, heißt dem Staat oder dem Fürsten das Recht zuerkennen, über einen zu urteilen, einen berühmt zu machen, usw.

Außerdem, wenn schon nicht der Stolz, so verbietet die christliche Demut das Kreuz.

Rechnung zugunsten Gottes. – Nichts besteht ohne Zweck.

Folglich hat meine Existenz einen Zweck.

---

[1] Es gibt Leute, welche behaupten, nichts hindere daran zu glauben, daß der Himmel unbeweglich sei und daß die Erde es sei, die sich um ihre Achse drehe. Doch diese Leute empfinden bei all dem, was sich um uns abspielt, nicht, in welchem *höchsten Maße lächerlich* ihre Meinung ist (*Πάνυ γελοιότατον*)

Ptolemäus (*Amalgest,* Buch I, Kap. VI)

Et habet mea mentrita mentum.

Girardin

Welchen Zweck? Ich weiß es nicht.

Somit bin nicht ich es, der ihn bestimmt hat. Somit ist es jemand, der mehr weiß als ich.

Folglich muß ich diesen jemand bitten, mich zu erleuchten. Das ist das Weiseste, was ich tun kann.

Der Dandy muß bestrebt sein, ohne jede Unterbrechung erhaben zu sein. Er muß vor dem Spiegel leben und schlafen.

XXVIII

Analyse der Gegenreligionen: Beispiel der geheiligten körperlichen Hingabe.

Was ist geheiligte körperliche Hingabe?

Nervöse Überreizung.

Mystik des Heidentums. Der Mystizismus, Bindestrich zwischen Heidentum und Christentum.

Das Heidentum und das Christentum beweisen sich gegenseitig.

Die Revolution und die Anbetung der Vernunft beweisen das Opfer.

Der Aberglaube ist das Gefäß, in dem alle Wahrheiten liegen.

XXIX

In jeder Änderung liegt etwas Gemeines und zugleich etwas Angenehmes, etwas was zur Untreue gehört, und etwas, was zur Übersiedlung gehört. Dies allein genügt, um die französische Revolution zu erklären.

XXX

Mein Rausch im Jahre 1848.

Welcher Natur war dieser Rausch?

Freude an der Rache. Angeborenes Vergnügen an der Zerstörung. Literarischer Rausch; Erinnerungen an Gelesenes.

Am 15. Mai. Immer noch die Freude am Niederreißen. Eine

rechtmäßige Freude, wenn alles, was natürlich ist, auch rechtmäßig ist.

Die Schrecken des Juni. Wahnsinn des Volkes und Wahnsinn des Bürgertums. Angeborene Liebe zum Verbrechen.

Meine Wut beim Staatsstreich. Wieviele Gewehrschüsse ich aushielt! Wieder ein Bonaparte! Welche Schmach! Und inzwischen hat sich alles beruhigt. Hat der Präsident kein Recht, auf das er sich berufen kann?

Was der Kaiser Napoleon III. ist. Was er wert ist. Eine Erklärung für seine Natur und für seine Gottgesandtheit finden.

XXXI

Ein nützlicher Mensch zu sein ist mir immer als etwas Abstoßendes erschienen.

1848 war nur deshalb amüsant, weil jedermann damals Utopien schmiedete, die Luftschlössern glichen.

1848 war bezaubernd eben nur durch das Übermaß an Lächerlichem.

Robespierre ist nur schätzenswert, weil er einige schöne Redensarten verwendete.

XXXII

Die Revolution bestätigt durch das Opfer den Aberglauben.

XXXIII

Politik. – Ich besitze keine Überzeugung, so wie die Leute meines Jahrhunderts sie verstehen, weil ich keinen Ehrgeiz besitze.

In mir fehlt die Grundlage für eine Überzeugung.

Bei den anständigen Menschen ist eine gewisse Feigheit, eine gewisse Weichlichkeit vorhanden.

Nur die Räuber sind überzeugt, – wovon? Daß sie Erfolg haben müssen. Und daher haben sie auch Erfolg.

Warum sollte ich Erfolg haben, wo ich nicht einmal Lust habe, es zu versuchen?

Man kann glorreiche Herrschaften auf Verbrechen und edle Religionen auf Trug aufbauen.

Indessen besitze ich doch einige Überzeugungen, in einem höheren Sinne, der von den Menschen meines Zeitalters nicht verstanden werden kann.

XXXIV

Gefühl der *Einsamkeit,* seit meiner Kindheit. Trotz der Familie und vor allem unter den Gefährten, – Gefühl eines ewig einsamen Schicksals.

Indessen, sehr lebhafte Neigung zum Leben und zum Vergnügen.

XXXV

Fast unser ganzes Leben verwenden wir auf alberne Neugierden. Demgegenüber gibt es Dinge, welche die Neugier der Menschen in höchstem Maße erwecken sollten und die ihnen, nach dem Leben zu schließen, das sie im allgemeinen führen, überhaupt keine erwecken.

Wo sind unsere toten Freunde?

Warum sind wir hier?

Kommen wir von irgendwo her?

Was ist die Freiheit?

Kann sie mit dem Gesetz von der Vorsehung in Einklang gebracht werden?

Ist die Zahl der Seelen begrenzt oder unbegrenzt?

Und die Zahl der bewohnbaren Länder?

Usw., usw. . . .

XXXVI

Die Völker besitzen große Männer nur gegen ihren Willen. Folglich ist der große Mann Sieger über sein ganzes Volk.

Lächerliche moderne Religionen:
Molière,
Béranger,
Garibaldi.

XXXVII

Der Glaube an den Fortschritt ist eine Doktrin der Faulen, eine Doktrin der Belgier. Er ist die Rechnung des einzelnen mit seinem Nachbarn, der ihm seine Arbeit verrichten wird.

Es kann keinen Fortschritt geben (wahren, das heißt sittlichen), außer im Individuum und durch das Individuum selbst.

Aber die Welt besteht aus Menschen, die nur in Gemeinschaft denken können, in Haufen. Siehe die *belgischen Gesellschaften.*

Es gibt auch Leute, die sich nur in Scharen unterhalten können. Der wahre Held unterhält sich ganz allein.

XXXVIII

Ewige Überlegenheit des Dandy.
Was ist ein Dandy?

XXXIX

Meine Ansichten über das Theater. Was ich in einem Theater immer als das Schönste empfunden habe, seit meiner Kindheit und auch noch heute, ist der *Luster,* – ein schöner, leuchtender kristallener, verwickelter, kreisrunder und symmetrischer Gegenstand.

Indessen leugne ich nicht völlig den Wert der dramatischen Literatur. Nur wollte ich, daß die Schauspieler auf sehr hohen Schuhen gingen, ausdrucksvollere Masken trügen, als das menschliche Gesicht es ist, und durch Sprachrohre sprächen; und schließlich, daß die Frauenrollen von Männern gespielt würden.

Alles in allem ist mir der Luster immer als der Hauptakteur erschienen, gesehen durch das große oder das kleine Ende des Opernglases.

XL

Man muß arbeiten, wenn nicht aus Liebe, dann wenigstens aus Verzweiflung, da genau genommen arbeiten weniger langweilig ist, als sich unterhalten.

XLI

In jedem Menschen sind zu jeder Stunde zwei Verlangen gleichzeitig vorhanden, eines zu Gott hin, das andere zum Bösen.

Die Anrufung Gottes, oder Geistigkeit, ist ein Wunsch, höherzusteigen, die des Bösen, oder Animalität, ist die Freude am Herabsteigen. Auf diese letztere sind die Liebe zu den Frauen und die intimen Gespräche mit Tieren, Hunden, Katzen, usw. zurückzuführen . . . Die Freuden, die sich aus diesen beiden Arten von Liebe ableiten lassen, entsprechen der Natur dieser beiden Arten von Liebe.

XLII

Rausch der Menschheit; Idee zu einem großen Gemälde.
Im Sinne der christlichen Liebe;
Im Sinne der Freigeisterei;
Im literarischen Sinne, oder im komödiantenhaften.

XLIII

Die Befragung (Folter) ist als Kunst, die Wahrheit zu entdecken, eine alberne Barbarei; sie ist die Anwendung eines stofflichen Mittels zu geistigen Zwecken.

Die Todesstrafe ist das Resultat einer mystischen Idee, die

heute ganz und gar nicht mehr verstanden wird. Die Todesstrafe verfolgt nicht den Zweck, die Gesellschaft zu *retten,* zum mindesten nicht im materiellen Sinne. Sie verfolgt den Zweck, (im geistigen Sinne) die Gesellschaft und den Schuldigen zu *retten.* Damit das Opfer ein vollständiges sei, muß seitens des Verurteilten Zustimmung und Freude vorhanden sein. Einem Delinquenten Chloroform zu geben wäre eine Gottlosigkeit, denn dies hieße, ihm das Bewußtsein von seiner Größe als Opfer rauben und ihm die Gelegenheit nehmen, sich das Paradies zu verdienen.

Was die Folter betrifft, so entstammt sie dem gemeinen Teil des Menschenherzens, der nach Wollust dürstet. Grausamkeit und Wollust sind identische Empfindungen, gleich dem Grenzwert des Heißen und dem des Kalten.

XLIV

Was ich über die Abstimmung und das Wahlrecht denke. Es sind Menschenrechte.

Das Niedrige, das in der Ausübung jedweder Tätigkeit liegt.

Ein Dandy tut nichts. Könnt ihr euch einen Dandy vorstellen, der zum Volk spricht, es sei denn, um es zu verhöhnen?

Es gibt keine vernünftige und gesicherte Regierung außer einer aristokratischen.

Monarchie oder Republik, basiert auf der Demokratie, sind gleich widersinnig und schwach.

Unendlicher Widerwille vor den Maueranschlägen.

Es gibt nur drei achtenswerte Wesen: der Priester, der Krieger, der Dichter. Zu töten und zu schaffen verstehen.

Die andern Menschen sind steuerpflichtig und frohnbar, geschaffen für den Stall, das heißt, um das auszuüben, was man *Berufe* nennt.

XLV

Beachten wir, daß die Abschaffer der Todesstrafe mehr oder weniger daran *interessiert* sein müssen, sie abzuschaffen.

Oft sind es Guillotineure. Dies läßt sich folgendermaßen zusammenfassen: ›Ich will deinen Kopf abschneiden, du aber sollst nicht an meinem rühren.‹

Die Abschaffer der Seelen (Materialisten) sind notwendigerweise Abschaffer der *Hölle;* sie sind daran sicherlich *interessiert.*

Zum mindesten sind es aber Leute die *Angst vor einem zweiten Leben* haben, – Faulpelze.

XLVI

Madame de Metternich, obgleich Fürstin, hat vergessen mir auf das zu antworten, was ich über sie und Wagner sagte.

Sitten des 19. Jahrhunderts.

XLVII

Geschichte meiner Übersetzung Edgar Poes.

Geschichte der *Fleurs du Mal.* Demütigung durch das Mißverständnis und mein Prozeß.

Geschichte meiner Beziehungen zu allen berühmten Männern dieser Zeit.

Nette Porträts einiger Dummköpfe:

Clément de Ris.

Castagnary.

Porträts von Amtspersonen, Staatsbeamten, Zeitungsdirektoren, usw.

Porträts des Künstlers im allgemeinen.

Über den Chefredaktor und die Schulmeisterei. Maßlose Neigung des ganzen französischen Volkes zur Schulmeisterei und zur Diktatur. Das bekannte *Si j'étais roi!*

Porträts und Anekdoten.

François Buloz, Houssaye, der bekannte Rouy, de Calonne, Charpentier, der seine Autoren verbessert, auf Grund der allen Menschen durch die unsterblichen Gesetze von (17)89 verliehenen Gleichheit. – Chevalier, der echte Chefredaktor, wie er zum Kaiserreich paßt.

Über George Sand. – Das Weib Sand ist der Prudhomme der Sittenlosigkeit.

Sie ist stets Moralistin gewesen.

Nur daß sie früher einmal Gegenmoral betrieb.

Sie war auch niemals Künstlerin. Sie besitzt den berühmten *fließenden Stil,* welcher den Bürgern teuer ist.

Sie ist dumm, sie ist schwerfällig, sie ist eine Schwätzerin. In den sittlichen Ideen besitzt sie die gleiche Tiefe des Urteils und das gleiche Zartgefühl wie die Portiersfrauen und die ausgehaltenen Mädchen.

Was sie über ihre Mutter sagt.

Was sie über die Dichtkunst sagt.

Ihre Liebe zu den Arbeiten.

Daß einige Männer in Liebe zu diesem Abtritt verfallen konnten, ist wohl ein Zeichen des Niederganges der Männer dieses Jahrhunderts.

Man sehe das Vorwort zu *Mademoiselle La Quintinie,* wo sie behauptet, daß die wahren Christen nicht an die Hölle glauben.

Die Sand ist für den *Gott der braven Leute,* den Gott der Portiers und gaunerischen Bedienten.

Sie hat gute Gründe, die Abschaffung der Hölle zu wollen.

XLIX

Der Teufel und George Sand. – Man darf nicht glauben, der Teufel versuche nur die genialen Menschen. Sicherlich verachtet er die Dummköpfe, doch verschmäht er nicht ihre Mithilfe. Ganz im Gegenteil, er setzt große Hoffnungen in sie.

Man nehme George Sand. Sie ist vor allem und mehr als alles andere ein *dummes Ding;* aber sie ist *besessen.* Der Teufel ist es, der sie überredet hat, sich auf *ihr gutes Herz* und auf *ihren gesunden Verstand* zu verlassen, damit sie alle übrigen Dummköpfe überredete, sich auf ihr eigenes gutes Herz und ihren eigenen guten Verstand zu verlassen.

Ich kann an dieses dumme Geschöpf nicht ohne einen gewissen Schauder des Abscheus denken. Wenn ich ihr begegnete, könnte ich mich nicht zurückhalten, ihr einen Weihkessel an den Kopf zu werfen.

L

George Sand ist eine von jenen alten Naiven, die niemals die Bretter verlassen wollen. Ich las kürzlich ein Vorwort (das Vorwort zu *Mademoiselle La Quintinie*), wo sie behauptete, daß ein wahrer Christ nicht an die Hölle glauben kann. Sie besitzt gute Gründe dafür, daß sie die Hölle abschaffen will.

LI

Ich langweile mich in Frankreich, hauptsächlich weil jedermann Voltaire ähneln möchte.

Emerson hat Voltaire in seinen *Repräsentanten der Menschheit* vergessen. Er hätte ein hübsches Kapitel schreiben können, betitelt: *Voltaire oder der Antidichter,* der König der Maulaffen, der Fürst der Oberflächlichen, der Antikünstler, der Prediger der Portiers, der Père Gigogne der Redaktoren des *Jahrhunderts.*

LII

In *Die Ohren des Grafen von Chesterfield* scherzt Voltaire über die Seele, welche neun Monate zwischen Exkrementen und Urin verbrachte. Voltaire haßte, wie alle Faulen, das Mysterium.

Nachdem die Kirche die Liebe nicht abschaffen konnte, wollte sie sie wenigstens desinfizieren und so schuf sie die Ehe.

(Nachbemerkung) Zum mindesten hätte er in dieser Lokalisierung eine Bosheit oder eine Satire der Vorsehung gegen die Liebe und in der Art der Zeugung ein Merkmal der Erbsünde ahnen können. Tatsächlich können wir nur mit Organen der Ausscheidung lieben.

LIII

Portrait der literarischen Canaille.

Doktor Estaminetus Crapulosus Pedantissimus. Sein Portrait in der Manier des Praxiteles hergestellt.

Seine Pfeife,
Seine Ansichten,
Sein Hegelianismus,
Sein Schmutz,
Seine Ideen über Kunst,
Seine Galle,
Seine Eifersucht,
Ein hübsches Gemälde der modernen Jugend.

LIV

*Φαρμακοτρίβης, ανήρ καὶ τῶν τούζ ὄφείς ες τά θαύματα τρε-
φόντων.*   Aelianus (?)

LV

Die Theologie.

Was ist der Sturz der Engel?

Wenn es die zur Zweiheit gewordene Einheit ist, so ist es Gott, welcher stürzte.

Anders ausgedrückt, sollte die Schöpfung nicht der Sturz Gottes sein?

Dandytum. – Welches ist der höhere Mensch?

Nicht der Fachmann.

Es ist der Mann der Muße und der allgemeinen Bildung.

Reich sein und die Arbeit lieben.

LVI

Warum liebt der Mann von Geist mehr die Dirnen als die Frauen der großen Welt, obwohl beide gleich dumm sind?

– Das müßte man herausbekommen.

Es gibt gewisse Frauen, die eine Ähnlichkeit mit dem Bändchen der Ehrenlegion besitzen. Man mag sie nicht mehr, weil sie sich an gewissen Männern beschmutzt haben.

Aus dem gleichen Grunde würde ich nicht mehr die Hosen eines Krätzigen anziehen.

Unangenehm bei der Liebe ist, daß sie ein Verbrechen ist, bei dem man eines Mitschuldigen nicht entraten kann.

LVIII

Studie über die schwere Krankheit des Abscheus vor der eigenen Behausung, Gründe der Krankheit. Fortschreitende Verschlimmerung der Krankheit.

Entrüstung verursacht durch die allgemeine Albernheit aller Klassen, aller Wesen, beider Geschlechter, aller Altersstufen.

Der Mensch liebt Seinesgleichen so sehr, daß er, wenn er die Stadt flieht, er dies wieder nur tut, um die Menge zu suchen, das heißt, das Land zur Stadt zu machen.

LIX

Vortrag Durandeaus über die Japaner. (Ich für meine Person bin in erster Linie Franzose.) Die Japaner sind Affen, Darjon hat es mir gesagt.

Vortrag des Arztes, des Freundes Mathieus, über die Kunst, keine Kinder zu machen, über Moses und über die Unsterblichkeit der Seele.

Die Kunst ist ein Vermittler der Zivilisation (Castagnary).

LX

Physiognomie eines Weisen und seiner Familie im fünften Stock beim Trinken ihres Milchkaffees.

Der Herr Nacquart Vater und Herr Nacquart Sohn.

Wie der Nacquart Sohn Appellationsgerichtsrat wurde.

LXI

Über die Liebe, die Vorliebe der Franzosen für militärische Metaphern. Jede Metapher trägt hier einen Schnurrbart.
Militante Literatur.
In die Bresche treten.
Mit geschwungenen Fahnen.
Die Fahne hoch halten.
Sich ins Kampfgetümmel stürzen.
Einer der Veteranen. – Alle diese Redensarten voll des Ruhmes werden für gewöhnlich auf Schulfüchse und Tagediebe in den Kneipen angewandt.

LXII

Französische Metapher.
Soldat der Gerichtssaalpresse (Bertin).
Die militante Presse.

LXIII

Den militärischen Metaphern hinzuzufügen:
Die Dichter des Kampfes,
Die Literaten der Avantgarde.
Diese gewohnheitsmäßige Anwendung von militärischen Metaphern ist kein Zeichen dafür, daß die Geister militant sind, sondern dafür, daß sie für die Disziplin, was soviel besagt wie Gleichförmigkeit, geschaffen sind, geborene Bedientengeister, belgische Geister, die denken nur in der Gemeinschaft können.

LXIV

Die Neigung zum Vergnügen bindet uns an die Gegenwart. Die Sorge um unser Heil macht uns von der Zukunft abhängig.
Derjenige, der sich an das Vergnügen, somit an die Gegenwart bindet, kommt mir wie einer vor, der einen Abhang hinun-

terrollt und der das Buschwerk, an das er sich klammern will, ausreißt und im Sturze mit sich nimmt.

Vor allem um seiner selbst willen ein *großer Mann* und *ein Heiliger* sein.

LXV

Politik. – Alles in allem wird vor der Geschichte und dem französischen Volke der große Ruhm Napoleons III. der gewesen sein, bewiesen zu haben, daß jeder Hergelaufene, falls er sich des Telegraphen und der Staatsdruckerei bemächtigt hat, imstande ist, eine große Nation zu regieren.

Dummköpfe sind diejenigen, welche glauben, derartiges könne ohne Zustimmung des Volkes geschehen, – und diejenigen, welche glauben, der Ruhm könne sich nur auf die Tugend stützen.

Die Diktatoren sind die Bediensteten des Volkes, – nichts weiter, eine dreckige Rolle übrigens, sowohl der Ruhm als auch das Ergebnis der Anpassung eines Geistes an die nationale Dummheit.

LXVI

LXVII

Was ist eigentlich die Liebe?

Das Bedürfnis aus sich herauszugehen.

Der Mensch ist ein anbetendes Tier.

Anbeten ist soviel wie sich opfern und sich preisgeben.

Somit ist auch alle Liebe Preisgabe.

LXVIII

(Das Wesen, das sich am meisten preisgibt, das ist das Wesen in seiner höchsten Vollendung, Gott, da er einem jeden Lebewesen der höchste Freund ist, da er das allen gehörige, unerschöpfliche Gefäß der Liebe ist.

Züchtige mich nicht in meiner Mutter und züchtige meine Mutter nicht um meinetwillen. – Ich gebe Dir die Seelen meines Vaters und Mariettes in Deine Hut. – Gib mir die Kraft, sogleich alle Tage meine Pflicht zu tun und so ein Held und ein Heiliger zu werden)

LXIX

Ein Kapitel über die unausrottbare, ewige, allgemeine und erfinderische menschliche Grausamkeit.

Blutdurst.

Blutrausch.

Rauschen der Massen.

Rausch des Hinzurichtenden (Diamiens).

LXX

Unter den Menschen sind groß nur der Dichter, der Priester und der Soldat.

Der Mensch, der singt, der Mensch, der opfert und der, welcher sich opfert.

Der Rest gehört gepeitscht zu werden.

Seien wir mißtrauisch gegen das Volk, den gesunden Verstand, das Herz, die Eingebung und das Erwiesene.

LXXI

Ich war immer erstaunt, daß man die Frauen in die Kirchen hineinläßt. Welches sind die Gespräche, die sie mit Gott führen können?

Die ewige Venus (Laune, Hysterie, Fantasie) ist eine der verführerischen Formen, unter welcher der Teufel erscheint.

An dem Tag, an dem der junge Schriftsteller seine erste Korrektur liest, ist er stolz wie ein Schüler, der sich seine erste Syphilis geholt hat.

Nicht vergessen das wichtige Kapitel über die Kunst der Weissagung aus dem Wasser, den Karten, der Hand, usw.

LXXII

Die Frau weiß nicht Seele und Körper auseinanderzuhalten. Sie ist einseitig veranlagt wie die Tiere. – Ein Satiriker würde sagen, dies sei so, weil sie nur einen Körper besitzt.

Ein Kapitel über *die Kleidung.*

Sittlichkeit in der Kleidung, das Beglückende in der Kleidung.

LXXIII

Über die Schulfuchserei.
Über die Professoren.
die Richter,
die Priester,
die Minister.
Die netten großen Männer des Tages.
Renan.
Feydeau.
Octave Feuillet.
Scholl.
Die Zeitungsdirektoren, François Buloz, Houssaye, Rouy, Girardin, Texier, de Calonne, Solar, Turgan, Dalloz.
Liste der Canaillen, Solar an der Spitze.

LXXIV

Um seiner selbst willen ein großer Mann und ein Heiliger sein, das ist das Einzige, was wichtig ist.

LXXV

Nadar ist die erstaunlichste Personifizierung der Vitalität. Adrien sagte mir, sein Bruder Felix besäße alle innern Organe doppelt. Ich war eifersüchtig auf ihn, als ich seine Erfolge in allem, was nicht abstrakt ist, sah.

Veuillot ist so grob und ein solcher Feind der Künste, daß man meinen könnte, die Demokratie der ganzen Welt hätte sich in seinen Schoß geflüchtet.

Entwicklung der Portraits. Vorherrschaft der reinen Idee sowohl beim Christen wie beim kommunistischen Pavian.

LXXVI

Musik.
Über die Sklaverei.
Die Frauen der großen Welt.
Die Dirnen.
Die Amtspersonen.
Die Sakramente.
Der Literat ist der Feind der Welt.
Die Bureaukraten.

LXXVII

In der Liebe, wie in fast allen menschlichen Angelegenheiten, ist das herzliche Einvernehmen das Ergebnis eines Mißverständnisses. Dieses Mißverständnis ist das Vergnügen. Der Mann ruft: Du mein Engel! die Frau girrt: Mama! Mama! Und diese beiden Schwachköpfe sind überzeugt, eines Herzens und eines Sinnes zu sein. – Der unüberschreitbare Abgrund, welcher eine Verbindung unmöglich macht, bleibt unüberschritten.

LXXVIII

Warum ist der Anblick des Meeres so unendlich und so ewig angenehm?

Weil das Meer gleichzeitig die Idee der Unermeßlichkeit und die der Bewegung bietet. Sechs oder sieben Meilen stellen für den Menschen den Bezirk des Unendlichen vor. Wie man sieht, eine Unendlichkeit im Kleinen. Tut nichts, wenn sie genügt, die Idee von der totalen Unendlichkeit zu erwecken. Zwölf oder vierzehn Meilen von Naß in Bewegung genügen, um den höchsten Begriff von Schönheit zu geben, der sich dem Menschen in seiner vorübergehenden Behausung bieten kann.

LXXIX

Außer der Religion gibt es nichts Interessantes auf Erden.

Was ist die Weltreligion (Chateaubriand, de Maistre, die Alexandriner, Capé)?

Es gibt eine Weltreligion für die Alchimisten des Denkens, eine Religion, die sich vom Menschen loslöst, der als ein göttliches Memento angesehen wird.

LXXX

Saint-Marc Girardin hat ein Wort gesprochen, das bleiben wird: ›*Seien wir mittelmäßig!*‹

Stellen wir dieses Wort neben das Robespierres: ›Diejenigen, welche nicht an die Unsterblichkeit ihres Seins glauben, erweisen sich Gerechtigkeit.‹

Das Wort Saint-Marc Girardins enthält maßlosen Haß gegen das Erhabene.

Wer Saint-Marc Girardin auf der Straße gehen sah, dem kam augenblicklich der Gedanke an eine große, von sich selbst eingenommene, jedoch außer Rand und Band geratene Gans in den Sinn, die auf der Landstraße vor der Postkutsche einherläuft.

LXXXI

Theorie der wahren Zivilisation. Sie besteht nicht im Gas, nicht im Dampf und nicht im Tischrücken. Sie besteht im Rückgang der Spuren der Erbsünde.

Nomadenvölker, Hirten, Jäger, Ackerbauer, ja selbst Menschenfresser, alle können sie durch Energie und persönliche

Würde unseren westlichen Rassen überlegen sein.

Diese werden vielleicht vernichtet werden.

Theokratie und Kommunismus.

LXXXII

Die Muße ist es, der ich es teilweise verdanke, groß geworden zu sein.

Sehr zu meinem Nachteil; denn Muße ohne Vermögen vermehrt die Schulden und die mißlichen Folgen der Schulden.

Zu meinem großen Nutzen jedoch, was die Empfindsamkeit, die beschauliche Betrachtung und die Eignung zum Dandytum und zum Dilettantismus betrifft.

Die übrigen Literaten sind zum größten Teil gemeine und ganz unwissende Holzhacker.

LXXXIII

Das junge Mädchen der Verleger.

Das junge Mädchen der Chefredaktoren.

Das junge Mädchen, Vogelscheuche, Ungeheuer, Mörderin der Kunst.

Was das junge Mädchen in Wirklichkeit ist.

Eine kleine Törin und eine kleine Schlampe; Höchstmaß von Dummheit verbunden mit Höchstmaß von Verdorbenheit.

Im jungen Mädchen findet sich die ganze Verworfenheit des Straßenjungen und des Gymnasiasten.

LXXXIV

Achtung, Nichtkommunisten:

Alles ist Gemeingut, selbst Gott.

LXXXV

Der Franzose ist ein so gut abgerichtetes Haustier, daß er keinen Zaun zu übersteigen wagt. Siehe seinen Geschmack in Kunst und Literatur.

Er ist ein Tier der lateinischen Rasse; in seinem Heim stößt er sich nicht an Schmutz, und in der Literatur ist er Kotfresser. Er ist verrückt nach Exkrementen. Die Wirtshausliteraten nennen das *gallisches* Salz.

Ein prächtiges Beispiel für französische niedrige Gesinnung, der Nation, die sich für unabhängiger als alle andern erklärt.

(Hier ist im Manuskript der folgende Zeitungsausschnitt eingeklebt:)

›*Der folgende Auszug aus dem schönen Buch des Herrn de Vaulabelle wird genügen, um einen Begriff von dem Eindruck zu geben, den die Flucht Lavalettes auf die am wenigsten aufgeklärte Gruppe der royalistischen Partei machte:*

›*Die royalistische Leidenschaft zu diesem Zeitpunkt der zweiten Restauration ging bis zum Wahnsinn sozusagen. Die kleine Josephine de Lavalette erhielt ihre Erziehung in einem der ersten Klöster von Paris (die Abbaye-au-Bois); sie hatte es nur verlassen, um ihren Vater zu umarmen. Als sie nach der Flucht wieder zurückkehrte und der höchst bescheidene Anteil bekannt wurde, den sie daran hatte, erhob sich gegen dieses Kind ungeheures Geschrei; die Nonnen und ihre Gefährtinnen mieden sie, und eine gute Anzahl von Eltern erklärten, sie würden ihre Töchter herausnehmen, wenn man sie behielte. Sie wollten nicht, sagte sie, ihre Kinder in Berührung mit einer jungen Person lassen, die ein solches Benehmen gezeigt und ein solches Beispiel gegeben hätte. Als Madame de Lavalette sechs Wochen später ihre Freiheit wiedererlangte, war sie gezwungen, ihre Tochter zurückzunehmen.*‹

LXXXVI

Fürsten und Generationen. – Es ist die gleiche Ungerechtigkeit, den regierenden Fürsten die Vorzüge und die Fehler des Volkes im Zeitpunkt, zu dem sie herrschen, anzurechnen.

Diese Vorzüge und Fehler sind fast immer, wie Statistik und Logik es beweisen könnten, der Atmosphäre der vorangegangenen Regierung anzurechnen.

Ludwig XIV. erbt von den Männern unter Ludwig XIII.: Ruhm. Napoleon I. erbt von den Männern der Republik:

Ruhm. Ludwig-Philipp erbt von den Männern unter Karl X.: Ruhm. Napoleon III. erbt von den Männern unter Ludwig-Philipp: Schande.

Es ist immer die vorhergehende Regierung, die für die Sitten unter den folgenden verantwortlich ist, soweit eine Regierung überhaupt für irgendetwas verantwortlich sein kann.

Die jähen Unterbrechungen, welche die Umstände bei den verschiedenen Regierungen verursachen, lassen eine absolute Genauigkeit dieses Gesetzes in bezug auf Zeit nicht zu. Man kann nicht genau angeben, wo ein bestimmter Einfluß aufhört, sondern dieser Einfluß bleibt so lange bestehen wie die Generation, welche ihm in ihrer Jugend unterworfen war.

LXXXVII

Der Haß der Jugend gegen diejenigen, welche zitieren. Wer zitiert, ist für sie ein Feind.

›Ich würde sogar die Orthographie dem Henker übergeben.‹
                                                    Théophile Gautier.

Ein schönes Bild, das man malen könnte: die literarische Canaille.

Nicht vergessen ein Porträt von Forgues, dem Räuber, dem Schmarotzer der Literatur.

Unausrottbare Neigung zur Preisgabe im Herzen des Menschen, von der seine Angst vor der Einsamkeit stammt. – Er will *zwei* sein. Der geniale Mensch will *eins* sein, also einsam.

Der Ruhm besteht darin, daß man *eins* bleibt und sich auf einzigartige Weise preisgibt.

Es ist diese Angst vor der Einsamkeit, das Bedürfnis sein *Ich* in der Äußerlichkeit des Fleisches zu vergessen, dem der Mensch den vornehmen Namen *Bedürfnis zu lieben* gibt.

Zwei schöne, unsterbliche Bekenntnisse an den Mauern, ewige Anfechtungen des Volkes: ein P . . . (der antike Phallus) und ›Es lebe Barbès!‹ oder ›Nieder mit Philipp!‹ oder ›Es lebe die Republik!‹

LXXXVIII

Studieren, in allen seinen Formen, in den Werken der Natur und in den Werken des Menschen, das allgemein gültige und ewige Gesetz der Abstufung, des Nach-und-nach, des Allmählichen, fortschreitend anwachsenden Kräften, wie die Zinseszinsen auf finanziellem Gebiet.

Dies ist ebenso der Fall bei der *künstlerischen und literarischen Gewandtheit* wie beim veränderlichen Schatz des *Willens*.

LXXXIX

Die Horde von kleinen Literaten, die man bei Begräbnissen Händedrücke verteilen und sich der wohlwollenden Erinnerung des Verfassers des *Kuriers* empfehlen sehen kann.

Über das Begräbnis berühmter Männer.

XC

Molière. – Meine Meinung über *Tartuffe* ist die, daß es keine Komödie sondern eine Schmähschrift ist. Ein Gottloser, er muß einfach nur ein wohlerzogener Mensch sein, wird anläßlich dieses Stückes denken, daß man gewisse ernste Fragen niemals dem Gesindel überlassen darf.

XCI

Den Bilderkult verherrlichen (meine große, meine einzige, meine ursprüngliche Leidenschaft).

Das Vagabundentum und das, was man das Bohèmetum nennt, verherrlichen. Kult der vervielfachten Empfindung, die sich in der Musik ausdrückt. Dabei Liszt erwähnen.

Über die Notwendigkeit, die Frauen zu schlagen.

Man kann das, was man liebt, züchtigen. So zum Beispiel die Kinder. Doch liegt darin der Schmerz über die Verachtung dessen, was man liebt.

Über die Hahnreischaft und die Hahnreie.

Der Schmerz der Hahnreie.

Er entsteht aus seinem Stolz, aus falschen Überlegungen über Ehre und Glück, aus einer Liebe, die törichterweise Gott entzogen wird, um sie Menschen zuzuwenden.

Es ist immer wieder das anbetende Tier, das sich in seinem Götzen geirrt hat.

XCII

Analyse der unverschämten Dummheit. Clément de Ris und Paul Pérignon.

XCIII

Je mehr ein Mann die Künste pflegt, um so weniger . . . er.

Es entsteht eine mehr und mehr fühlbare Scheidung zwischen dem Geist und wilden Tier.

Nur das wilde Tier ist auf . . . aus und die . . . lei ist der Lyrismus des Volkes.

. . . ist soviel wie das Bestreben haben, in einen andern einzudringen, aber der Künstler geht niemals aus sich selbst heraus.

Ich habe den Namen dieser Schlampe vergessen . . . Ach was! ich finde ihn schon wieder beim jüngsten Gericht.

Die Musik vermittelt den Begriff von Raum.

Alle Künste, mehr oder weniger; denn sie sind *Zahl* und Zahl ist ein anderes Wort für Raum.

Täglich der größte der Menschen sein wollen!

XCIV

Als Kind wollte ich bald Papst sein, aber militärischer Papst, bald Schauspieler.

Die Freuden, die ich aus diesen beiden Visionen zog.

XCV

Schon als kleines Kind verspürte ich in mir zwei widersprechende Empfindungen: Abscheu vor dem Leben und Entzük-
ken für das Leben. Ein klarer Fall von nervöser Trägheit.

XCVI

Die Völker besitzen große Männer nur gegen ihren Willen.

Bei Gelegenheit des Schauspielers und meiner Kindheits-
träume, ein Kapitel darüber, was in der menschlichen Seele die
Berufung des Schauspielers, der Ruhm des Schauspielers, die
Kunst des Schauspielers und sein Platz in der Welt ausmacht.

Die Theorie Legouvés. Ist Legouvé ein kalter Possenreißer,
ein Swift, der suchen wollte, ob Frankreich wieder einmal eine
Abgeschmacktheit schlucken könnte?

Seine Wahl. Gut in dem Sinne, daß Samson kein Schauspieler
ist.

Über die wahre Größe der Parias.

Vielleicht sogar, daß die Tugend den Talenten der Parias
schadet.

XCVII

Der Handel ist in seinem Wesen *teuflisch.* Der Handel ist Rük-
kerstattung von Geborgtem, ein Borg, unter welchem man versteht: *Gib mir mehr zurück, als ich Dir gebe.*

Der Geist eines jeden Kaufmanns ist durch und durch ver-
seucht.

Der Handel ist *natürlich,* folglich ist er schändlich.

Der am wenigsten schändliche von allen Kaufleuten ist derjenige, welcher sagt: »Seien wir tugendhaft, um viel mehr Geld
zu verdienen als die Dummen, die lasterhaft sind.«

Für den Kaufmann ist sogar die Anständigkeit eine Spekulation auf Gewinn.

Der Handel ist teuflisch, weil er eine der Erscheinungs-
formen des Egoismus ist, noch dazu die niedrigste, die ge-
meinste.

XCVIII

Wenn Jesus Christus sagt:

»Glücklich sind die Hungernden, denn sie werden gesättigt werden!«, dann stellt Jesus Christus eine Wahrscheinlichkeitsrechnung auf.

XCIX

Die Welt funktioniert nur dank dem Mißverständnisse.

Nur dank dem allgemeinen Mißverständnis einigen sich alle.

Denn, wollte das Unglück, daß man sich verstünde, dann könnte man niemals einig werden.

Der Mann von Geist, der, welcher sich niemals mit irgendjemand verständigen wird, muß sich befleißen, die Unterhaltung mit Dummköpfen und die Lektüre schlechter Bücher zu lieben. Er wird daraus bittere Freuden gewinnen, welche die aufgewandte Mühe reichlich aufwiegen.

C

Irgendein Beamter, ein Minister, ein Theater- oder Zeitungsdirektor, sie alle können bisweilen achtenswerte Menschen sein; doch sind sie niemals göttlich. Sie sind Personen ohne Persönlichkeit, Wesen ohne Ursprünglichkeit, geboren für das Geschäft, das heißt die Verrichtung eines öffentlichen Amtes.

CI

Gott und seine Tiefe. – Wenn man des Geistes ermangelt, geht es nicht an, immer nur in Gott den fehlenden Mitschuldigen und Freund zu suchen. Gott ist der ewige Vertraute in dieser Tragödie, deren Held jedermann ist. Es mag Wucherer und Mörder geben, die zu Gott sprechen: »Herr gib, daß mein nächstes Unternehmen erfolgreich sei!« Aber das Gebet dieser gemeinen Menschen kann der Ehre und der Freude des meinen keinen Eintrag tun.

58

CII

Jede Idee ist von sich aus der Gabe unsterblichen Lebens teilhaftig wie eine Person.

Jede vom Menschen geschaffene Form ist unsterblich. Denn die Form ist vom Stoff unabhängig und nicht die Moleküle machen die Form aus.

Anekdoten über Emile Douay und Constantin Guys, welche deren Werke zunichtemachen, oder vermeintlich zunichtemachen.

CIII

Es ist unmöglich irgendeine Zeitung zu durchblättern, gleichgültig welchen Tages, welchen Monats oder welchen Jahres, ohne darin in jeder Zeile die erschreckendsten Merkmale der menschlichen Perversität zu finden, gleichzeitig mit den überraschendsten Großsprechereien von Anständigkeit, Güte und Nächstenliebe und den unverfrorensten Behauptungen bezüglich des Fortschrittes und der Zivilisation.

Jede Tageszeitung ist von der ersten Linie bis zur letzten ein einziges Gewebe von Greueln. Kriege, Verbrechen, Diebstähle, Unzucht, Folter, Verbrechen der Fürsten, Verbrechen der Nationen, Verbrechen der Privaten, ein allgemeiner Rausch von Gräßlichkeit.

Und dieses ekelerregende Aperitiv nimmt der zivilisierte Mensch täglich des Morgens zu seiner Mahlzeit ein. Alles auf dieser Welt schwitzt Verbrechen aus: Die Zeitung, die Wände und das Antlitz des Menschen.

Ich begreife nicht, wie eine reine Hand eine Zeitung anrühren kann, ohne sich vor Ekel zu verkrampfen.

CIV

Die Kraft des Amuletts von der Philosophie bewiesen. Die durchlochten Münzen, die Talismane, die Erinnerungen eines jeden.

Abhandlung über die sittliche Dynamik. Über die Kraft der Sakramente.

Seit meiner Kindheit Hang zum Mystizismus. Meine Gespräche mit Gott.

CV

Über die Anfechtung, über die Besessenheit, über das Gebet und über den Glauben.

Sittliche Dynamik Jesus'.

Renan findet es lächerlich, daß Jesus an die Allmacht selbst im Stofflichen des Gebetes und des Glaubens glaubt.

Die Sakramente sind die Vermittler dieser Dynamik.

Über die Schändlichkeit der Buchdruckerkunst als eines der größten Hindernisse für die Weiterentwicklung des Schönen.

Richtiggehende Verschwörung, die man organisieren müßte, um die jüdische Rasse auszurotten.

Die Juden *Bibliothekare* und Zeugen der Loskaufung.

CVI

Alle diese Schwachköpfe des Bürgertums, die unaufhörlich die Worte: unsittlich, Unsittlichkeit, Sittlichkeit in der Kunst und andere Dummheiten im Munde führen, lassen mich an die Fünffrankenhure Louise Villedieu denken, die mich einmal in den Louvre, wo sie noch nie gewesen war, begleitete und die dort zu erröten und sich das Gesicht zu bedecken begann, wobei sie mich jeden Augenblick am Ärmel zupfte und mich vor den unsterblichen Statuen und Gemälden fragte, wie man denn solche Unanständigkeiten öffentlich ausstellen könnte.

Die Weinblätter des Herrn Nieuwerkerke.

CVII

Damit ein Gesetz des Fortschrittes wirklich bestünde, müßte ein jeder es schaffen wollen; das heißt, wenn alle Einzelwesen bestrebt sein werden, fortzuschreiten, dann wird sich die Menschheit auf dem Wege des Fortschritts befinden.

Diese Hypothese kann dazu dienen, die Identität der beiden einander widersprechenden Begriffe Freiheit und Schicksalsbestimmtheit zu erklären. – Nicht nur im Falle des Fortschrittes ist die Identität von Freiheit und Schicksalsbestimmtheit vorhanden, sondern diese Identität hat immer schon bestanden. Diese Identität ist die Geschichte, die Geschichte der Völker und der Einzelwesen.

CVIII

Sonett, das in *Mein Herz ohne alle Hüllen* anzuführen wäre. Außerdem das Stück über Roland anführen.

> Je songeais cette nuit que Philis revenue,
> Belle comme elle était à la clarté du jour,
> Voulait que son fantôme encore fît l'amour,
> Et que, comme Ixion, j'embrasse une nue.
> Son ombre dans mon lit se glisse toute nue,
> Et me dit: »Cher Damon, me voici de retour;
> Je n'ai fait qu'embellir en ce triste séjour
> Où depuis mon départ le sort m'a retenue.«
> »Je viens pour rebaiser le plus beau des amants;
> Je viens pour remourir dans tes embrassements.«
> Alors, quand cette idole eut abusé ma flamme,
> Elle me dit: »Adieu! Je m'en vais chez les morts.
> Comme tu t'es vanté d'avoir f . . . mon corps,
> Tu pourras te vanter d'avoir f . . . mon âme.«
>
> *Parnasse satyrique*

Ich glaube, dieses Sonett ist von Maynard.
Malassis behauptet, es sei von Théophile.

CIX

Hygiene, Vorsätze. – Je mehr man will, um so besser will man.
Je mehr man arbeitet, um so besser arbeitet man und um so mehr will man arbeiten.
Je mehr man hervorbringt, um so fruchtbarer wird man.
Nach einer Ausschweifung fühlt man sich stets einsamer, verlassener.

Sowohl moralisch wie physisch habe ich immer das Gefühl von einem Abgrund gehabt, nicht nur dem Abgrund des Schlafes, sondern auch dem Abgrund der Tätigkeit, des Traumes, der Erinnerung, des Wunsches, des Bedauerns, der Reue, des Schönen, der Zahl, usw.

Ich habe meine Hysterie mit Freude und Schrecken gepflegt. Jetzt befällt mich immerzu der Schwindel und heute, den 23. Januar 1862, wurde mir eine sonderbare Warnung zuteil, ich fühlte, wie mich der Hauch des Flügels der Dummheit streifte.

CX

Hygiene, Moral. – Nach Honfleur! So schnell als möglich, um nicht noch tiefer zu fallen.

Wieviel Vorgefühle und von Gott gesandte Zeichen, daß es *höchste Zeit* ist zu handeln, die gegenwärtige Minute als die wichtigste aller Minuten anzusehen und aus meiner alltäglichen Qual meine *ewigdauernde Lust* zu machen, nämlich aus der Arbeit!

CXI

Hygiene, Lebensführung, Moral. – Minütlich werden wir vom Begriff und der Empfindung von der Zeit erdrückt. Und es gibt nur zwei Mittel, diesem Alpdruck zu entgehen, ihn zu vergessen: Vergnügen und Arbeit. Das Vergnügen verbraucht uns. Die Arbeit stärkt uns. Wählen wir.

Je mehr wir uns des einen dieser Mittel bedienen, um so mehr Widerwillen flößt uns das andere ein.

Man kann die Zeit nur vergessen, indem man sich ihrer bedient.

Alles entsteht nur nach und nach.

De Maistre und Edgar Poe haben mich meine Vernunft gebrauchen gelehrt.

Nur die Arbeit ist lang, die man nicht zu beginnen wagt. Sie wird zum Alpdruck.

CXII

Hygiene. – Wenn man das, was man zu tun hat, aufschiebt, läuft man die Gefahr, niemals imstande zu sein es zu tun. Wenn man sich nicht sogleich bekehrt, riskiert man verdammt zu werden.

Um von allem, dem Elend, der Krankheit und der Melancholie geheilt zu werden, bedarf es nur der *Lust zur Arbeit.*

CXIII

Wertvolle Aufzeichnungen. – Tue täglich, was Pflicht und Klugheit verlangen.

Wenn du täglich arbeitetest, wäre dir das Leben erträglicher. Arbeite sechs Tage ohne Unterbrechung.

Um Themen zu finden, *Γνωϑι σεαυτόν*. Liste meiner Neigungen.

Sei immer Dichter, auch in der Prosa.

Schöner Stil (nichts Schöneres als der Gemeinplatz).

Erst beginne, dann bediene dich der Logik und der Analyse. Jede wie immer geartete Hypothese verlangt ihren Schluß.

Den täglichen Feuereifer finden.

CXIV

Hygiene, Lebensführung, Moral. – Zwei Teile. Schulden (Ancelle).

Freunde (meine Mutter, Freunde, ich).

Somit müssen 1000 Francs in zwei Teile zu je 500 Francs geteilt werden und die zweite Hälfte in drei Teile.

In Honfleur. – Eine Durchsicht und Ordnung aller meiner Briefe vornehmen (zwei Tage), ferner aller meiner Schulden (zwei Tage). (Vier Kategorien, *Wechsel, große Schulden, kleine Schulden, Freunde.*) Ordnen der Stiche (zwei Tage). Ordnen der Noten (zwei Tage).

CXV

Hygiene, Moral, Lebensführung. – Zu spät vielleicht! – Meine
Mutter und Jeanne. – Meine Gesundheit aus Nächstenliebe, aus
Pflicht! – Krankheiten Jeannes. Gebrechen, Einsamkeit meiner
Mutter.

– Jeden Tag seine Pflicht tun und sich Gott für den folgenden
Tag anvertrauen.

– Die einzige Weise Geld zu verdienen ist, in uneigennütziger
Weise zu arbeiten.

– Eine kurzgefaßte Weisheit. Aufstehen, beten, arbeiten.

– Gebet: Nächstenliebe, Weisheit und Kraft.

– Ohne die Nächstenliebe bin ich bloß ein tönendes Gefäß.

– Meine Erniedrigungen waren von Gott gesandte Gnaden.

– Meine egoistische Phase ist vorbei.

– Die Fähigkeit, der Notwendigkeit einer jeden Minute gewachsen zu sein, in einem Wort, die Pünktlichkeit muß unfehlbar ihre Belohnung finden.

*Das Unglück, das zu einem Dauerzustand wird, übt auf die
Seele die gleiche Wirkung aus wie das Alter auf den Körper; man
kann sich nicht mehr rühren und legt sich zu Bett.*

*Andererseits glaubt man aus dem Umstand, daß man sehr
jung ist, die Berechtigung zu Aufschüben ableiten zu können;
wenn man über viel Zeit verfügt, redet man sich ein, man habe
noch Jahre Zeit, angesichts der Ereignisse weiter sein Spiel zu
treiben.*

CHATEAUBRIAND

CXVI

Hygiene, Lebensführung, Moral. – Jeanne 300, meine Mutter 200, ich 300, – 800 fr. im Monat. Arbeiten von sechs Uhr
morgens, nüchtern, bis Mittag. Blindlings arbeiten, ohne
Ziel, wie ein Irrsinniger. Wir werden sehen, was dabei heraus-
kommt.

Ich nehme an, ich kette mein Schicksal an eine ununterbro-
chene Arbeit von mehreren Stunden.

Alles ist wieder gutzumachen. Noch ist es Zeit. Ja wer weiß
ob neue Vergnügungen . . .?

64

Ruhm, Bezahlung meiner Schulden. —*Reichtum* Jeannes und meiner Mutter.

Ich habe bisher das Vergnügen eines ausgeführten Planes nicht gekannt.

Macht der fixen Idee, Macht der Hoffnung.

Die Gewohnheit, seine Pflicht zu erfüllen, verjagt die Furcht.

Man muß träumen wollen und zu träumen verstehen. Anrufung der Eingebung. Magische Kunst. Sich unverzüglich ans Schreiben machen. Ich klügle zuviel.

Sofortige Arbeit selbst schlechte, ist besser als Träumerei.

Eine zusammenhängende Reihe kleiner Willensakte führt zu einem gewaltigen Ergebnis.

Jeder Willensrückgang ist gleichbedeutend mit dem Verlust eines Teilchens der Substanz. Welche Verschwendung ist doch Zaudern! Und man denke an die Anstrengung, die schließlich nötig wird, um so viel Verlust einzubringen.

Der Mann, der abends sein Gebet verrichtet, ist ein Kommandant, der seine Schildwachen ausstellt. Er kann schlafen.

Träume über den Tod und Vorahnung.

Bisher habe ich meine Erinnerungen nur genossen, wenn ich ganz allein war; man muß sie zu zweit genießen. Aus den Genüssen des Herzens eine Leidenschaft machen.

Weil ich verstehe, was eine ruhmreiche Existenz bedeutet, halte ich mich für fähig, sie zu verwirklichen. Oh, Jean-Jacques!

Die Arbeit erzeugt notgedrungen gute Sitten, Nüchternheit und Keuschheit, somit Gesundheit, Reichtum, gleichbleibenden und fortschrittlichen Geist und christliche Liebe. *Age quod agis.*

Fisch, kalte Bäder, Duschen, Moos, Pastillen, je nach Erfordernis; zudem absolute Vermeidung von allem, was erregt.

Islandmoos .... 125 g
Weißer Zucker . 250 g

Das Moos durch zwölf bis fünfzehn Stunden in einer genügenden Menge kalten Wassers weichen lassen, dann das Wasser abgießen. Das Moos in zwei Liter Wasser auf schwachem und gleichmäßigem Feuer so lange kochen lassen, bis sich die zwei Liter auf einen einzigen Liter reduzieren, ein einziges Mal abschöpfen; dann 250 Gramm Zucker hinzufügen und bis zur Dicke von Sirup eingehen lassen. Abkühlen lassen. Täglich *drei* sehr volle Eßlöffel voll nehmen, morgens, mittags und abends.

Man kann die Dosen ohne weiteres erhöhen, wenn die Krisen zu häufig werden.

CXVII

Hygiene, Lebensführung, Methode. – Ich schwöre es mir zu, daß ich künftig die folgenden Regeln zu meinen ewigen Lebensregeln machen will:

Jeden Morgen mein Gebet zu Gott verrichten, *dem Gefäß aller Kraft und aller Gerechtigkeit, zu meinem Vater, zu Mariette und zu Poe,* als Fürsprechern; sie bitten, daß mir die *nötige Kraft verliehen,* alle meine Pflichten zu erfüllen, und meiner Mutter ein genügend *langes Leben* gewährt werde, auf daß sie sich über meine Wandlung freuen könne; den ganzen Tag arbeiten, zum mindesten aber *so viel es meine Kräfte zulassen;* auf Gott vertrauen, das heißt auf die Gerechtigkeit in Person, wegen des Gelingens meiner Vorsätze; jeden Tag ein neues Gebet verrichten, um Gott um Leben und Kraft für meine Mutter und mich zu bitten; aus allem, was ich verdienen sollte, vier Teile machen, – einen für den Lebensunterhalt, einen für meine Gläubiger, einen für meine Freunde und einen für meine Mutter; – den Grundsätzen der striktesten Nüchternheit gehorchen, deren erster in der Abschaffung aller wie immer gearteten Reizmittel besteht.

Erläuterungen

LICHTBLITZE

II *E. G. oder die verführerische Abenteurerin.* In den posthumen Werken findet sich der Titel eines projektierten Romans: *La belle Aventurière.*

III *Ich glaube in meinen Notizen bereits geschrieben zu haben, . . .* beweist, daß die Notizen Baudelaires von ihrem ersten Besitzer Poulet-Malassis wahllos zusammengestellt wurden. Siehe XVII.

IV *Chenavard,* Paul-Marie-Joseph (1807–1895), Maler aus Lyon, der in seinen Werken die Geschichte der Zivilisation darzustellen versuchte.

IV *Swedenborg,* Emanuel (1688–1772), schwedischer Gelehrter und Theosoph.

IV *The Conduct of Life* – Werk Emersons, erschienen 1860.

VIII *Jean-Jacques* kommt in den Intimen Tagebüchern öfters vor, auch J.-J., gemeint ist Jean-Jacques Rousseau.

X *Girardin,* Emile de (1802–1881), franz. Publizist.

X *Pecudesque locutœ* – sprechendes Vieh.

X *Robert Houdin* – bekannter Prestidigitateur, wurde von der französischen Regierung nach Algerien geschickt, um den arabischen Glauben an die Zauberer zu bekämpfen.

XI *Usher* – Erzählung Edgar Allan Poes, die unter dem Titel *La chute de la Maison Usher* von Baudelaire ins Französische übertragen wurde.

XII *Michel* – Es handelt sich um Exemplare der *Histoires extraordinaires,* welche in einer Übersetzung Baudelaires bei Michel Lévy erschienen waren.

XII *Maria Clemm* – Schwiegermutter Poes, die den Beinamen ›Der Schutzengel‹ führte.

XII *Mirès,* Jules, Banquier (1809–1871).

XIII *Banville,* Théodore Faullain de (1823–1891), franz. Dichter und intimer Freund Baudelaires.

XIV *Brière de Boismont,* Irrenarzt (1798–1881).

XIV *Das Porträt des Serenus* – siehe Seneca, *De Tranquilitate Animi.*

XIV *Acedia* – krankhafte Willensschwäche, Neurasthenie.

XIV *Taedium vitae* – Lebensüberdruß.

XVII *Als ich den Boulevard überquerte* ... – Erster Entwurf zum Gedicht in Prosa *Perte d' Auréole,* siehe *Spleen de Paris.*

XVII *Self-purification and anti-humanity* – Selbsterläuterung und Antihumanität.

XVII *Cazotte,* Jacques (1719–1792), *Le Diable amoureux,* aus welchem Baudelaire die Inspiration zu seinem Gedicht *Le Possédé* in den *Fleurs du Mal* erhielt.

XVIII *Chateaubriand,* François René, Vicomte de (1768–1848), franz. Schriftsteller und Staatsmann.

XVIII *Rabbe,* Alphonse (1786–1830), franz. Schriftsteller.

XVIII Poe, Edgar Allan (1809–1849), amerikanischer Dichter.

XX *Concetto* – italienisch, *concetti* – glänzende, aber geschmacklose Gedanken, gesuchte Bilder.

XXI *Man sagt, ich sei dreißig Jahre alt* ... läßt vermuten, daß diese Notiz im Jahre 1851 geschrieben wurde.

XXII *Bewegt bei der Berührung* ... zweifellos ein Romanfragment.

XXII *Hugo,* Victor Marie (1802–1885), franz. Dichter. Baudelaire war ursprünglich ein großer Bewunderer Victor Hugos, änderte aber später seine Meinung über ihn.

XXVI Im Original sind Text der Notiz und der Anmerkung als Zeitungsausschnitt eingeklebt.

XXX Baudelaire beteiligte sich auf seiten der Aufständischen an den Kämpfen des Jahres 1848. In der Folge wurde er ein erbitterter Gegner der Demokratie.

XXXVI *Béranger,* Pierre Jean de (1780–1857), franz. Liederdichter.

XLVI Fürstin Pauline Metternich-Sandor, Gattin des österreichisch-ungarischen Botschafters in Paris, die eine große Bewunderin und Förderin Richard Wagners war. Baudelaire spielt auf seinen 1861 erschienenen Artikel *Sur Richard Wagner et Tannhäuser* an.

XLVII *Buloz,* François (1804–1877), Begründer der *Revue des Deux-Mondes.*

XLVII *Houssaye,* Arsène, Direktor der *Presse.* Romanschriftsteller und Kritiker.

XLVII *Calonne,* Alphonse Bernard, Vicomte de, Direktor der *Revue Contemporaine.*

XLVII *Charpentier,* Gervais (1805–1871), Verlagsbuchhändler.

XLVII *Chevalier,* Michel (1806–1879), Mitglied des Institut de France, Direktor des *Globe.*

XLVIII *Sand,* George, Pseudonym für Amantine Lucille Aurore, Baronin von Dudevant, geb. Dupin (1804–1876), franz. Romanschriftstellerin.

XLVIII *Prud' homme* – Sachverständiger, auch soviel wie Spießbürger, Philister.

LI *Emerson,* Ralph Waldo (1803–1882), amerikanischer Philosoph, Dichter und Essayist. Der englische Titel des Werkes ist *Representative Men.*

LIII *Estaminet* – Kneipe,

LIII *Crapule* – Gesindel.

LIV Der Arzneigehilfe, einer von denen, die Schlangen für die Wunder aufziehen. Aelianus, *De Natura Animalium 9,62.*

LXII *Bertin,* Jean-Louis-Henri (1800–1881), Begründer und Eigentümer des *Journal des Débats*.

LXVIII   *Mariette,* eine alte Dienerin Madame Aupicks, der Mutter des Dichters.

LXXIII   *Renan,* Ernest (1823–1892), franz. Orientalist und theologischer Schriftsteller.

LXXIII   *Feydeau,* Ernest (1821–1892), Verfasser von *Fanny,* einem ›abstoßenden Buch‹ nach Baudelaire.

LXXIII   *Feuillet,* Octave (1812–1890), franz. Romanschriftsteller und Dramatiker.

LXXIII   *Texier,* Edmond-Auguste (1817–1887), Chefredaktor der *Illustration.*

LXXIII   *Dalloz,* Charles-Paul-Alexis, ehemaliger Direktor des *Moniteur Universel.*

LXXIII   *Turgan,* Julien-François (1824–1887), Redaktor des *Moniteur.*

LXXIII   *Solar,* Felix (1815–1871), Finanzmann und Journalist.

LXXV   *Nadar,* Pseudonym für Felix Tournachon, Mitarbeiter am *Charivari* und am *Journal pour rire.* Begründete 1849 die *Revue Comique.*

LXXV   *Veuillot,* Louis (1813–1883), franz. Schriftsteller und Publizist.

LXXIX   *Maistre,* Joseph, Comte de (1754–1821), franz. Schriftsteller, zählt zu denen, die Baudelaire am meisten bewunderte.

LXXX   *Girardin,* Marc (1801–1873), Mitglied der *Academie Française.*

LXXXV   *Graf Lavalette,* Marie Chamans, Generalpostdirektor Napoleons I. Wurde 1815 nach der Rückkehr der Bourbonen zum Tode verurteilt und entfloh am Vorabend seiner Hinrichtung mit Hilfe seiner Gattin, welche mit ihm die Kleider tauschte und an seiner Stelle in der Zelle zurückblieb.

LXXXVII   *Forgues,* Paul-Emile Daurand (1813–1882).

XCVI   *Legouvé,* Ernest Wilfrid (1807–1894), franz. Dramatiker.

XCVI   *Swift,* Jonathan (1667–1745), engl. Satiriker und politischer Schriftsteller.

ESSAYS

Übertragen
von Charles Andres

Baudelaire leitete eine neue Epoche der französischen Dichtkunst ein, deren Einflüsse nicht nur in der französischen, sondern in der gesamten europäischen Literatur bis heute wirksam sind. Er erschloß in seiner bedeutenden lyrischen Gedichtsammlung ›Les Fleurs du Mal‹ für die Poesie den Bereich der Sinne in ungeahnter Vollständigkeit und Fülle; er griff Themen auf, die in der Lyrik vorher unbekannt waren.

Die strenge Formgebung und die klassisch sichere Ausdrucksweise, die Baudelaires Gedichte auszeichnen, macht sich auch in den in diesem Band zusammengestellten Aufsätzen bemerkbar. Sie vermitteln einen Eindruck von der künstlerischen Einstellung und von der gedanklichen und sprachlichen Präzision des Publizisten Baudelaire. In *Théophile Gautier,* »dem Dichter ohne Fehl, dem Magus der französischen Dichtkunst«, wie er in der Widmung zu den ›Blumen des Bösen‹ genannt wird, sieht Baudelaire seinen verehrten Meister, an dem er seine Formkraft schulte. Der amerikanische Dichter *Edgar Allan Poe* mußte ihm als verwandter Geist in der Sphäre der intellektuellen Dämonie erscheinen; durch Baudelaires Übersetzungen wurden die Werke Poes in Frankreich erst bekannt. Drei der vorliegenden Aufsätze enthalten Würdigungen zeitgenössischer Malerei, die in ihren künstlerischen Ausdrucksmitteln Entsprechungen zu Baudelaires eigener poetischer Symbolik bietet.

Baudelaire wurde am 7. April 1821 in Paris geboren, unternahm als junger Mann eine Reise in die Tropen und ließ sich, mündig geworden, sein väterliches Erbteil auszahlen. Er widmete sich ganz der Literatur, lebte in der Literaten- und Künstlerbohème in Paris und kannte viele berühmte Zeitgenossen. Ab 1845 veröffentlichte er in Zeitschriften Gedichte sowie Literatur- und Kunstkritiken. Im Jahr 1857 erschien sein berühmter Gedichtband ›Les Fleurs du Mal‹. Am 31. August 1867 starb Baudelaire in Paris.

Über das Wesen des Lachens

und
Das Komische in der Plastischen Kunst
im allgemeinen[1]

I

Ich will keine Abhandlung über die Karikatur schreiben, ich
möchte einfach dem Leser einige Betrachtungen über diese Art
der Kunst vermitteln, die ich selbst oft angestellt habe. Diese
Betrachtungen waren mir zu einer Art von ständiger Heimsuchung
geworden; ich wollte mir Erleichterung verschaffen. Ich
habe übrigens die größten Anstrengungen unternommen, eine
gewisse Ordnung in sie zu bringen und sie leichter verdaulich zu
gestalten. Dies ist somit ein rein philosophischer und künstlerischer
Artikel. Zweifellos ist eine allgemeine Geschichte der Karikatur
mit ihren Beziehungen zu sämtlichen politischen und religiösen
Ereignissen, welche die Menschheit bewegt haben –
mochten sie gewichtig oder nebensächlich sein, den nationalen
Geist oder die Mode betreffen –, ein rühmliches und bedeutsames
Werk. Die Arbeit muß erst geleistet werden, denn die
Schriften, die bis zum heutigen Tag veröffentlicht wurden, stellen
kaum mehr als Bausteine hierzu dar; ich war jedoch der
Meinung, daß diese Arbeit geteilt werden müßte. Klar ist, daß
ein Werk über die Karikatur, wenn man es so versteht, ein Geschichtswerk
von Einzelereignissen zu sein hätte, eine unermeßliche
Galerie von Anekdoten. In der Karikatur, viel mehr
als in den übrigen Zweigen der Kunst, gibt es zweierlei Gattungen
von Schöpfungen, beide wertvoll und empfehlenswert, jedoch
aus Gründen, die verschieden, ja einander fast entgegengesetzt
sind. Die einen beziehen ihren Wert nur von dem Ereignis,
das sie darstellen. Ihnen gebührt zweifellos die Aufmerksamkeit
des Historikers, des Archäologen, ja selbst des Philo-

---

[1] Geschrieben um 1855. Unter dem obigen, vollständigen Titel im September
1857 in der Zeitschrift *Présent* erschienen. (Die mit Ziffern bezeichneten Anmerkungen
stammen vom Übersetzer, die mit Sternchen bezeichneten vom Verfasser.)

sophen; es kommt ihnen mit Recht ein Platz in den biographischen Registern des menschlichen Denkens zu. Gleich den fliegenden Blättern des Journalismus entschwinden sie, verweht vom Hauch, der ständig neue herbeiführt; die andern jedoch, und zwar gerade die, mit denen ich mich eingehend befassen möchte, enthalten einen geheimnisvollen, dauerhaften, ewigen Grundstoff, der sie der Aufmerksamkeit der Künstler empfiehlt. Wohl etwas Sonderbares und wirklich Bemerkenswertes, diese Einführung jenes unbegreiflichen Grundstoffes des Schönen selbst in Werke, welche bestimmt sind, dem Menschen das Bild seiner eigenen geistigen und körperlichen Häßlichkeit zu zeigen! Und was noch unfaßbarer ist, das ist die Tatsache, daß dieses bejammernswerte Schauspiel bei ihm unsterbliche und unauslöschliche Heiterkeit erweckt. Das ist das eigentliche Thema, das hier behandelt werden soll.

Mir kommt ein Bedenken. Muß ich mit einer regelrechten Beweisführung auf eine bestimmte Frage antworten, die gewisse, aufs Ernsthafte eingeschworene Professoren zweifellos boshaft im voraus stellen dürften, diese Marktschreier der Gravität, diese pedantischen Kadaver, auferstanden aus den kalten Grüften des Instituts und wiedergekehrt ins Land der Lebenden wie die Gespenster gewisser Habgieriger, um willfährigen Ministerien einige Groschen abzuknöpfen? Erstens einmal, so dürften sie wohl sagen, ist denn die Karikatur überhaupt eine Kunstart? Nein, dürften ihre Helfershelfer antworten, die Karikatur ist keine Kunstart. Von solchen Ketzereien klangen mir die Ohren bei Gastmählern von Akademikern. An diesen guten Leutchen ging die Komödie Robert Macaires vorüber, ohne daß sie in ihr bedeutungsvolle Zeichen moralischer oder literarischer Natur wahrgenommen hätten. Als Zeitgenossen Rabelais' hätten sie diesen einen gemeinen und groben Possenreißer geheißen. Muß ich somit wirklich beweisen, daß nichts von dem, was vom Menschen herrührt, im Auge des Philosophen bedeutungslos erscheint? Und ganz bestimmt am allerwenigsten jener tiefe und geheimnisvolle Urstoff, dem bisher noch keine Philosophie bis auf den Grund kam.

Wir wollen uns daher mit dem Wesen des Lachens und den grundlegenden Elementen der Karikatur befassen. Später werden wir vielleicht einige bemerkenswerte Werke untersuchen, welche diese Kunstart hervorgebracht hat.

Der Weise lacht nur unter Zittern. Von welchen anerkannten Lippen, von welcher durchaus rechtgläubigen Feder stammt dieser seltsame und ergreifende Ausspruch? Ist er uns vom Philosophenkönig von Judäa überliefert? Soll man ihn Joseph de Maistre, diesem vom Heiligen Geist beseelten Kämpfer zuschreiben? Ich besitze eine undeutliche Erinnerung, als hätte ich ihn in einem seiner Bücher gelesen, zweifellos jedoch als Zitat angeführt. Diese Strenge des Gedankens und des Stils entspräche wohl der majestätischen Heiligkeit Bossuets; die Knappheit des Ausdrucks des Gedankens und seine konzentrierte Feinheit veranlaßten mich jedoch eher, Bourdaloue, dem unnachsichtigen christlichen Psychologen, die Ehre zu geben. Dieser seltsame Ausspruch kommt mir immer wieder in den Sinn, seit ich den Vorsatz zu diesem Artikel faßte, und ich wollte mich seiner zuerst einmal entledigen.

Analysieren wir somit diese merkwürdige Behauptung: Der Weise, das heißt derjenige, der vom Geist des Herrn beseelt ist, der die Anwendung der göttlichen Formel besitzt, lacht nur, überläßt sich dem Lachen nur unter Zittern. Der Weise zittert, weil er gelacht hat; der Weise fürchtet das Lachen, so wie er weltliche Schaustellungen, die Begierde fürchtet. Dem Weisen zufolge besteht somit ein gewisser Widerspruch zwischen seiner Eigenschaft als Weiser und der grundlegenden Eigenschaft des Lachens. Tatsächlich, um mehr als feierliche Anklänge nur ganz flüchtig zu berühren, beachte man – und dies erhärtet vollends den streng christlichen Charakter dieses Satzes –, daß der Weise in seiner höchsten Vollendung, das fleischgewordene Wort, niemals gelacht hat. In den Augen dessen, der alles weiß und alles kann, ist das Komische nicht vorhanden. Und dennoch hat das fleischgewordene Wort den Zorn gekannt, ja, es kannte sogar die Tränen.

Halten wir somit folgendes fest: Zum ersten, haben wir es hier mit einem Gewährsmann – zweifellos einem christlichen – zu tun, der es für sicher hält, daß der Weise sich zweimal bedenkt, ehe er sich zu lachen gestattet, so als sollte ihm davon irgendein Unbehagen und irgendeine Unruhe zurückbleiben, und zum zweiten, gibt es vom Standpunkt der absoluten Wissenschaft und der absoluten Gewalt nichts Komisches. Aus der Umkehrung der beiden Behauptungen ließe sich daher folgern, daß das Lachen im allgemeinen nur den Narren beschieden sei und daß es stets mehr oder weniger Unwissenheit und Schwäche in sich schließe. Ich will mich keineswegs leichtfertig auf die hohe See der Gottesgelahrtheit hinauswagen, für die ich weder mit Kompaß noch mit ausreichenden Segeln ausgestattet bin; ich gebe mich damit zufrieden, dem Leser diese eigentümlichen Ausblicke zu zeigen und mit dem Finger auf sie hinzuweisen.

Sicher ist, stellt man sich auf den Standpunkt des kompromißlosen Geistes, daß das menschliche Lachen zuinnerst mit einem früher einmal erfolgten Sturze zusammenhängt, einer körperlichen und geistigen Erniedrigung. Das Lachen und der Schmerz werden durch die Organe ausgedrückt, in denen das Gebieten und das Wissen von Gut und Böse ihren Sitz haben: die Augen und der Mund. Im irdischen Paradies (man nehme es vergangen oder künftig an, als Erinnerung oder Prophezeiung, gemäß den Theologen oder den Sozialisten), im irdischen Paradies, das heißt in der Umgebung, wo dem Menschen alles Geschaffene gut erschien, bestand die Freude nicht im Lachen. Solange ihn kein Kummer heimsuchte, war sein Gesicht einfach und unbewegt, und das Lachen, das heute die Völker schüttelt, entstellte nie die Züge seines Antlitzes. Das Lachen und die Tränen bleiben im Paradies der Wonnen ungeschaut. Beide sind sie gleichermaßen Kinder des Kummers, und sie entstanden, weil der entnervte Menschenkörper der Kraft ermangelte, sie zu bezwingen*. Vom Standpunkt meines christlichen Philosophen ist das Lachen seiner Lippen das Zeichen genau des gleichen Elends wie die Tränen seiner Augen. Das höchste Wesen, das sein Ebenbild vervielfachen wollte, hat dem Mund des Menschen keine Löwenzähne eingepflanzt, doch beißt er mit dem Lachen, und seinen Augen nicht die Zauberkraft der List der Schlange, doch verführt er mit den Tränen. Man beachte, daß es die Tränen sind, mit denen der Mensch den Menschenkummer fortwäscht, und daß es das Lachen ist, mit dem er bisweilen das Herz des Menschen besänftigt und ihn an sich zieht,

---

* Philippe de Chennevières.

denn die durch den Sturz gezeugten Erscheinungen werden zu Mitteln der Erlösung.

Man gestatte mir eine poetische Unterstellung, welche mir dazu dienen soll, die Richtigkeit dieser Behauptungen darzutun, die zweifellos viele mit dem Makel des *a priori* des Mystizismus behaftet finden werden. Versuchen wir, da nun einmal das Komische ein verdammenswertes Element teuflischen Ursprungs ist, ihm eine durch und durch ursprüngliche Seele gegenüberzustellen, eine, die sozusagen frisch aus den Händen der Natur kommt. Nehmen wir zum Beispiel die große und typische Gestalt der Virginie, welche vollendet die absolute Reinheit und Natürlichkeit versinnbildlicht. Virginie kommt nach Paris, noch ganz umfangen vom Dunst der See und vergoldet von der Sonne der Tropen, die Augen noch erfüllt von den großen ursprünglichen Bildern der Wogen, der Berge und der Wälder. Sie gerät hier mitten ins Herz einer ausgelassenen, überströmenden und verpesteten Zivilisation, sie, die noch ganz vollgesogen ist von den reinen und reichen Wohlgerüchen Indiens; der Menschheit ist sie durch die Familie und durch die Liebe verbunden, durch ihre Mutter und ihren Geliebten, ihren Paul – engelhaft wie sie –, dessen Geschlecht sich sozusagen von dem ihren nicht unterscheidet in seinem ungelöschten Brande einer Liebe, die sich selbst nicht kennt. Gott hat sie in der Kirche Pampelmusiens gekannt, einer kleinen, ganz bescheidenen und hinfälligen Kirche, sowie in der unermeßlichen Weite des unbeschreiblichen Azurs der Tropen und in der unsterblichen Musik der Wälder und der Sturzbäche. Gewiß ist Virginie ein Wesen von großer Intelligenz, doch genügen ihr wenig Bilder und wenig Erinnerungen, wie dem Weisen wenig Bücher. Und eines Tages begegnet nun Virginie zufällig, ganz unschuldig, im Palais-Royal, im Schaufenster eines Glasers, auf einem Tische, an einem öffentlichen Orte, einer Karikatur! Eine für uns recht schmackhafte Karikatur, geschwollen von Haß und Rachsucht, wie sie eine scharfsichtige und gelangweilte Zivilisation eben hervorzubringen versteht. Nehmen wir an, irgendein guter Boxerwitz, irgendeine britische Ungeheuerlichkeit, voll gestockten Blutes und gewürzt mit einigen gräßlichen *goddams;* oder, falls dies eurer neugierigen Einbildung besser zusagen sollte, stellen wir uns vor dem Auge unserer virginalen Virginie irgendsoeine entzückende und aufreizende

Unsauberkeit vor, einen Garvani jener Zeit, und dazu einen von den besten, irgendeine beleidigende Satire gegen königliche Streiche, irgendeine anschauliche Schmähung gegen den Hirschenpark oder das schlüpfrige Vorleben einer großen Favoritin oder die nächtlichen Ausgelassenheiten der sprichwörtlichen Österreicherin. Die Karikatur ist eine doppelte: in der Zeichnung und in der Idee, die Zeichnung heftig, die Idee beißend und verhüllt; eine Verquickung von Elementen, die einem natürlichen Sinne peinlich sind, da er gewohnt ist, Dinge, die einfach sind wie er selbst, intuitiv zu begreifen. Virginie hat erblickt, jetzt betrachtet sie. Weshalb? Sie betrachtet eben das Unbekannte. Übrigens begreift sie keineswegs, weder was es besagt noch wozu es dient. Und dennoch, seht ihr dieses plötzliche Einziehen der Flügel, dieses Erschauern einer Seele, die sich verhüllt und sich verkriechen möchte? Der Engel hat gefühlt, es handle sich hier um eine Beschimpfung. Und wirklich, ich sage es auch, mag sie nun begriffen haben oder nicht, von diesem Eindruck bleibt ihr irgendein Unbehagen, irgend etwas, das der Furcht ähnelt. Gewiß, wenn Virginie in Paris bleibt und zu Wissen kommt, dann kommt sie auch zum Lachen; wir werden sehen warum. Im Augenblick jedoch müssen wir als Analytiker und Kritiker, die wir weiß Gott nicht zu behaupten wagten, daß unsere Intelligenz der Virginies überlegen sei, die Angst und das Leiden des unbefleckten Engels vor der Karikatur feststellen.

III

Was eigentlich genügen müßte, um zu beweisen, daß das Lachen eines der offenkundigsten Anzeichen des Teufels im Menschen ist und einer der zahlreichen Kerne, die der symbolische Apfel enthielt, ist die einmütige Übereinstimmung der Physiologen des Lachens über den Urgrund dieser ungeheuerlichen Erscheinung. Übrigens ist ihre Entdeckung nicht allzutief und geht keineswegs weit. Das Lachen, sagen sie, kommt von der Überlegenheit. Ich wäre durchaus nicht erstaunt, wenn angesichts dieser Entdeckung der Physiologe in Lachen ausbräche, wenn er an seine eigene Überlegenheit denkt. Er hätte somit sagen müssen: Das Lachen kommt von der Idee der eigenen

Überlegenheit. Wohl die teuflischste Idee, die es jemals gab! Stolz und Verirrung! Denn bekanntlich ist bei allen Irren in den Spitälern die Idee von der eigenen Überlegenheit ins Maßlose entwickelt. Ich wenigstens kenne keine Verrückten aus Unterlegenheit. Man beachte, daß das Lachen eine der häufigsten und zahlreichsten Ausdrucksformen des Irrsinns ist. Man sehe nur, wie sich alles ineinanderfügt: Sobald Virginie um eine Stufe in der Reinheit tiefer steigt, beginnt sie, die Idee von der eigenen Überlegenheit zu haben, sie wird wissender, gesehen vom Standpunkt der Welt, und lacht.

Ich sagte, daß im Lachen Anzeichen von Schwäche zu finden seien; und in der Tat, welches hervorstechendere Zeichen von Anfälligkeit könnte es geben als eine nervöse Zuckung, ein unwillkürlicher Krampf, vergleichbar dem Niesen und verursacht durch das Mißgeschick des andern? Dieses Mißgeschick ist beinahe stets eine Schwäche des Geistes. Kann es eine beklagenswertere Erscheinung geben als Schwäche, die sich über Schwäche freut? Doch gibt es noch Schlimmeres. Dieses Mißgeschick ist bisweilen von sehr untergeordneter Art, ein Gebrechen körperlicher Natur. Um eines der gewöhnlichsten Beispiele des Lebens zu nehmen: Was ist denn so Erfreuliches im Anblick eines Menschen, der auf das Eis oder das Pflaster hinfällt, der am Rande eines Gehsteigs strauchelt, daß sich das Antlitz seines Bruders in Christo auf ungehörige Weise verzerrte, daß seine Gesichtsmuskeln wie eine Uhr zu Mittag oder wie ein aufziehbares Spielzeug mit einem Male zu spielen beginnen? Der arme Teufel hat sich doch zum mindesten verunstaltet, vielleicht hat er sich sogar ein wichtiges Glied gebrochen. Und trotzdem erfolgte das Lachen unwiderstehlich und plötzlich. Wollte man diese Gelegenheit ausschöpfen, man fände sicherlich am Grunde des Gedankens des Lachenden einen gewissen unbewußten Stolz. Dies ist der Punkt, von dem man ausgehen muß: *ich,* ich falle nicht; *ich,* ich gehe aufrecht; *ich,* ich stehe fest und sicher auf meinen Füßen. Nicht *ich* bin es, der die Dummheit begänge, eine Unterbrechung des Gehsteigs oder einen Pflasterstein, der den Weg versperrt, nicht zu sehen.

Die romantische Schule, oder besser gesagt, eine der Unterabteilungen der romantischen Schule, die satanische Schule, hat dieses grundlegende Gesetz des Lachens wohl verstanden, oder zum mindesten, wenn es auch nicht alle verstanden haben, so haben es doch alle, selbst in ihren gröbsten Überspanntheiten und Übertreibungen, gefühlt und richtig angewandt. Alle melodramatischen Freigeister, verwünscht, verdammt, schicksalhaft gezeichnet von einer Lache, die in die Ohren gellt, fallen unter die orthodoxe Reinkultur des Lachens. Nebstbei sind sie fast alle legitime oder illegitime Enkel des berühmten Reisenden Melmoth[2], der großen teuflischen Schöpfung des ehrwürdigen Maturin. Was gibt es Größeres, was gibt es Mächtigeres im Vergleich mit der armseligen Menschheit, als diesen bleichen und gelangweilten Melmoth? Und dennoch findet sich auch bei ihm eine schwache, gemeine, ungöttliche und unhelle Seite. Und wie er lacht, lacht und sich dabei unaufhörlich mit dem menschlichen Gewürm vergleicht, er, der so stark und klug ist, er, für den ein Teil der bedingten menschlichen Gesetze, physische und geistige, nicht mehr gilt. Und dieses Lachen ist der immer wiederkehrende Ausbruch seines Zornes und seiner Leiden; es ist, man verstehe mich recht, die notwendige Resultante seiner widerspruchsvollen Doppelnatur, die unendlich groß dem Menschen gegenüber, unendlich gemein und niedrig dem absolut Wahren und Rechten gegenüber ist. Melmoth ist ein lebendiger Widerspruch. Er entspringt den grundlegenden Bedingungen des Lebens; seine Organe sind seinem Denken nicht mehr gewachsen. Deshalb läßt dieses Lachen die Eingeweide erstarren und sich winden. Es ist ein Lachen, das niemals schläft, wie eine Krankheit, die ihren Weg immer weiter verfolgt und einen vorgezeichneten Beschluß zur Ausführung bringt. So erfüllt das Lachen Melmoth' als höchste Ausdrucksform des Stolzes immerwährend seine Aufgabe, indem es die Lippen des unnachsichtigen Lachers zerreißt und verbrennt.

IV

Fassen wir einmal kurz zusammen und machen wir die grundsätzlichen Thesen, die zu einer Art Lehre vom Lachen führen, klarer ersichtlich. Das Lachen ist teuflisch, folglich ist es zutiefst menschlich. Es ist die Folge der Idee des Menschen von seiner eigenen Überlegenheit; und tatsächlich, da das Lachen im we-

---

[2] Gestalt eines Romans Maturins, den Baudelaire sehr bewunderte.

sentlichen menschlich ist, ist es im wesentlichen ein Widerspruch, das heißt, es ist gleichzeitig ein Zeichen von unendlicher Armseligkeit, einer unendlichen Armseligkeit gegenüber dem absoluten Höchsten Wesen, dessen Fähigkeit zu denken er besitzt, und einer unendlichen Größe gegenüber den Tieren. Aus dem sich stets wiederholenden Zusammenprall dieser beiden Unendlichkeiten löst sich das Lachen aus. Das Komische, der zwingende Anstoß zum Lachen, liegt im Lachenden und keineswegs im Gegenstand des Lachens. Es ist ja nicht der Mensch, welcher fällt, der über seinen eigenen Sturz lacht, er sei denn Philosoph, somit einer, der durch Gewöhnung die Kraft erlangt hat, sich rasch zu verdoppeln und als unbeteiligter Zuseher den Äußerungen seines *Ichs* beizuwohnen. Der Fall ereignet sich jedoch selten. Die komischsten Tiere sind die, welche die ernsthaftesten sind, so die Affen und die Papageien. Man denke sich überdies den Menschen aus der Schöpfung fort, und es bleibt nichts Komisches mehr, denn die Tiere glauben sich den Gewächsen nicht überlegen, ebensowenig die Gewächse dem Gestein. Als Zeichen einer Überlegenheit gegenüber den Tieren – und ich verstehe unter diesem Ausdruck die zahllosen Parias des Intellekts – ist das Lachen das Zeichen einer Unterlegenheit gegenüber den Weisen, die in der beschaulichen Unschuld ihres Geistes den Kindern nahekommen. Vergleicht man, wie wir hierzu berechtigt sind, die Menschheit mit dem Menschen, so findet man, daß die Naturvölker, wie etwa Virginie, die Karikatur nicht erfassen und daß sie keine Komödien besitzen (die heiligen Bücher, mögen sie welcher Nation immer angehören, lachen niemals), und daß, wenn sie sich allmählich zu den nebligen Gipfeln der Intelligenz vorwagen oder sich über die dunklen Schmelzöfen der Metaphysik beugen, die Völker diabolisch das Lachen eines Melmoth zu lachen beginnen; und daß schließlich ein intelligentes Wesen, wenn es innerhalb dieser überzivilisierten Völker, von höherem Ehrgeiz getrieben, die Schranken des weltlichen Stolzes überschreiten will, um sich der reinen Dichtkunst zu widmen, dieser Dichtkunst, klar und tief wie die Natur, das Lachen ebenso nicht findet, wie des Weisen Seele es nicht finden kann.

Da das Komische ein Zeichen von Überlegenheit oder vom Glauben an die eigene Überlegenheit ist, hat man allen Grund anzunehmen, daß die Völker, bevor sie das Stadium absoluter

Reinheit, das ihnen von gewissen mystischen Propheten versprochen ist, erreichen, bei sich eine Vermehrung der Anlässe zum Komischen im gleichen Maß erleben, wie ihre Überlegenheit wächst. Aber auch das Komische ändert sein Wesen. So gehen das engelhafte und das teuflische Element miteinander Hand in Hand. Die Menschheit steigt höher, und die Kraft zum Bösen und zum Verständnis des Bösen, die sie erwirbt, behält ihr Verhältnis zu der zum Guten, die sie gleichzeitig erwirbt. Ich finde es daher gar nicht erstaunlich, daß wir, die Kinder eines besseren Gesetzes als es die religiösen Gesetze des Altertums waren, daß wir, die Jünger, die Jesus bevorzugte, mehr komische Elemente besitzen als die heidnische Antike. Gerade das ist eine der Bedingungen für unsere allgemeine intellektuelle Stärke. Wobei ich dem eingefleischten Widerspruchsgeist gestatten will, das klassische Geschichtlein anzuführen vom Philosophen, der vor Lachen starb, als er einen Esel sah, der Feigen aß, ja selbst die Komödien des Aristophanes und die des Plautus. Ich antworte hierauf, daß dieses Komische, abgesehen davon, daß diese Zeiten durchaus zivilisiert waren und daß der Glaube schon stark geschwunden war, nicht ganz das gleiche wie das unsere ist. Es hat sogar etwas Wildes an sich, und wollen wir es uns zu eigen machen, so müssen wir unsern Geist nach rückwärts wenden, und das, was dabei herauskäme, ist, was man einen Abklatsch nennt. Was nun die grotesken Gestalten betrifft, welche die Antike uns hinterlassen hat, die Masken, die Bronzefiguren, die Herkulesdarstellungen, die nur aus Muskeln zu bestehen scheinen, die kleinen Priapen mit krumm herausgestreckter Zunge und spitzen Ohren, eigentlich nur aus Hirn und Phallus bestehend – was diese gewaltigen Phallen betrifft, gestützt auf die die unberührten Töchter des Romulus in aller Unschuld zu Pferde steigen, alle diese ungeheuerlichen Werkzeuge der Zeugung, ausgestattet mit Schellen und Flügeln, so glaube ich, daß alle diese Dinge ernst gemeint sind. Venus, Pan, Herkules verkörperten nicht das Lachen. Gelacht wurde nach der Ankunft Jesu dank der Beihilfe von Plato und Seneca. Ich glaube, daß das Altertum von Respekt für Regimentstamboure und Kraftmeier jeder Art erfüllt war und daß alle diese von mir angeführten phantastischen Fetische nichts als der Ausdruck von Anbetung sind, oder bestenfalls Sinnbilder von Kraft, keineswegs jedoch ein Ausfluß des Geistes, der komisch gemeint wäre. Die indischen und chinesischen Götzenbilder sind sich ihrer Lächerlichkeit nicht bewußt; in uns, den Christen, findet sich erst das Komische.

V

Wir dürfen nicht glauben, aller Schwierigkeiten ledig zu sein. Auch ein noch so wenig an diese ästhetischen Spitzfindigkeiten gewöhnter Geist verstünde es, mir den folgenden hinterhältigen Einwurf entgegenzuhalten: Es gibt verschiedene Lachen. Man freut sich doch nicht immer über ein Mißgeschick, eine Schwäche, eine Unterlegenheit. Viele Schauspiele, die in uns Lachen erregen, sind ganz unschuldig, und dies nicht nur die Vergnügungen der Kindheit, sondern noch vieles andere, was zur Zerstreuung der Künstler dient, hat mit dem Geiste Satans nichts zu schaffen.

Gewiß liegt hier ein Anschein von Wahrheit vor. Man muß jedoch damit beginnen, daß man zwischen Freude und Lachen unterscheidet. Die Freude besteht durch sich selbst, ihre Äußerungen sind jedoch verschieden. Manchmal ist sie beinahe unsichtbar; ein andermal drückt sie sich in Tränen aus. Das Lachen ist bloß eine Form des Ausdrucks, ein Symptom, ein Mittel zur Diagnostik. Symptom wovon? Die Frage trifft den Kernpunkt. Die Freude ist etwas *Einheitliches*. Das Lachen jedoch ist der Ausdruck eines doppelten Gefühls, eines Gefühls, das in sich Widersprüche enthält; und dies ist der Grund, weshalb dabei Zuckungen auftreten. Außerdem ist das Lachen des Kindes, welches man mir vergebens entgegenhalten könnte, etwas ganz anderes, selbst als physischer Ausdruck, als Form, als das Lachen des Mannes, der einem Lustspiel beiwohnt, eine Karikatur betrachtet, oder als das fürchterliche Lachen Melmoth'; des Melmoth, des ausgestoßenen Geschöpfes, des Lebewesens, das zwischen die äußersten Grenzen der menschlichen Heimat und die Bannmeile des höheren Lebens versetzt ist, des Melmoth, der immer hart daran zu sein glaubt, des Höllenpaktes ledig zu werden, der unaufhörlich darauf hofft, dieses übermenschliche Vermögen, das sein Unglück ausmacht, gegen das reine Gewissen des Unwissenden auszutauschen, nach dem er sich sehnt. – Das Kinderlachen ist wie eine Blume, die sich entfaltet. Es ist die Freude am Empfangen, die Freude am Atmen, die Freude am sich Erschließen, die Freude am Schauen, am Leben, am Wachsen. Es ist die Freude der Pflanze. Daher ist es auch meistens eher ein Lächeln, etwas, was dem Schweifwedeln der Hunde und dem Schnurren der Katzen gleichzusetzen ist. Und dennoch, man beachte wohl, daß, wenn das Kinderlachen sich trotzdem noch immer von den tierischen Ausdrucksformen der Zufriedenheit unterscheidet, dies deshalb der Fall ist, weil dieses Lachen nicht völlig von jedem leidenschaftlichen Wollen frei ist, was ja bei Menschenknospen, also werdenden Teufeln, nur natürlich ist.

Einen Fall gibt es, wo die Frage sich komplizierter stellt, und zwar beim Lachen des Menschen, einem echten Lachen jedoch, einem heftigen Lachen beim Anblick von Gegenständen, welche kein Zeichen von Schwäche oder von Mißgeschick seines Ebenbildes sind. Es ist unschwer zu erraten, daß ich vom Lachen sprechen will, welches das Groteske auslöst. Die Fabelschöpfungen, die Wesen, deren vernunftmäßige und gesetzliche Anerkennung aus keinem Kodex des gesunden Verstandes bezogen werden kann, erregen oftmals in uns tolle Heiterkeit, die so übertrieben sein kann, daß sie sich in nicht enden wollenden Krämpfen und Hilflosigkeit ausdrückt. Es ist offensichtlich, daß man hier einen Unterschied machen muß, und daß es sich hier bereits um eine nächsthöhere Stufe handelt. Vom Standpunkt des Künstlers aus gesehen, ist das Komische eine Nachahmung, das Groteske eine Schöpfung. Das Komische ist eine Nachahmung, untermischt mit einer gewissen schöpferischen Fähigkeit, das heißt mit künstlerischer Idealität. Somit wird der menschliche Stolz, der immer zum Vorschein kommt und der im Falle des Komischen der Grund für das Lachen wird, in gleicher Weise der natürliche Grund für das Lachen im Falle des Grotesken, das eine Schöpfung darstellt, der ein bestimmtes Maß von Fähigkeit zur Nachahmung von Natur aus bereits vorhandener Elemente beigegeben ist. Damit will ich sagen, daß in diesem letzteren Falle das Lachen der Ausdruck der Idee der Überlegenheit nicht mehr des Menschen über den Menschen, sondern des Menschen über die Natur ist. Man halte diese Idee nicht für zu überspitzt. Dies wäre kein zureichender Grund, sie zurückzuweisen. Es handelt sich eher darum, eine andere einleuchtende Erklärung zu finden. Wenn diese an den Haaren herbeigezogen und ein wenig schwer zulässig erscheint, so deshalb, weil das durch das Groteske hervorgerufene Lachen etwas Tiefgründiges, Axiomhaftes und Ursprüngliches in sich schließt, etwas, was dem unschuldigen Leben und der absoluten Freude viel näher liegt als das schlechtweg Komische. Von der Frage der Nützlichkeit abgesehen, besteht zwischen diesen beiden Lachen der gleiche Unterschied, der zwischen der Schule der Zweckliteratur und der Schule ›l'art pour l'art‹ besteht. Im gleichen Höhenverhältnis überragt das Groteske das Komische.

Von nun an will ich das Groteske als das absolut Komische bezeichnen, in Antithese zum gewöhnlich Komischen, das ich das ausdrücklich Komische nennen will. Das ausdrücklich Komische führt eine Sprache, die klarer und dem gemeinen Mann verständlicher ist und die überdies auch leichter zu analysieren ist, da ihr Element deutlich als doppelt erkennbar ist: Kunst und sittliche Idee. Das absolut Komische jedoch, das der Natur viel näher kommt, stellt sich uns in einer *einzigen* Form dar, und daher bedarf es einiger Intuition, will man es erfassen. Für das Groteske gibt es nur eine Bestätigung: Lachen, und zwar spontanes Lachen; beim ausdrücklich Komischen ist es ohne weiteres zulässig, erst nachher zu lachen; dies setzt seinen Wert nicht in Frage; der Unterschied liegt bloß in der Schnelligkeit der Analyse.

Ich sagte: absolut Komisches; doch heißt es dabei aufpassen. Absolut im Sinne der Definition ist einzig und allein die Freude. Das Komische kann absolut nur mit Beziehung auf die gefallene Menschheit sein, und so ist es auch meinerseits gemeint.

VI

Der äußerst hochstehende Wesensinhalt des absolut Komischen ist der Grund, daß seiner nur höhere Künstler teilhaftig werden, solche, die in sich genügend Empfänglichkeit für alles, was absolute Idee ist, haben. So ist der Mann, der bisher diese Ideen am besten erfüllt hat und einen Teil von ihnen in Werke von reiner Ästhetik sowie schöpferischer Kraft umsetzte, E. T. A. Hoffmann. Er wußte stets das gewöhnlich Komische vom

Komischen, das er *unschuldig Komisches* nannte, wohl zu unterscheiden. Er hat oft versucht, in künstlerischen Werken die Lösung für die gelehrten Theorien zu finden, die er auf didaktischem Wege aufgestellt oder in dichterisch angehauchten Gesprächen und kritischen Dialogen hingeworfen hatte; und darum werde ich gerade aus diesen Werken die schlagendsten Beispiele schöpfen, sobald ich darangehe, eine Reihe von Anwendungen für die oben aufgestellten Grundsätze anzugeben und ein Musterbeispiel unter jede Kategorie zu kleben.

Übrigens finden wir beim absolut Komischen, ebenso wie beim ausdrücklich Komischen, Arten, Unterarten und Familien vor. Die Einteilung kann nach verschiedenen Gesichtspunkten vorgenommen werden. Einmal kann man sie nach dem rein philosophischen Gesetz aufbauen, so wie ich es begonnen habe, zum anderen nach dem künstlerischen Gesetz des Schaffens. Die erste geschieht durch vorherige Scheidung des absolut Komischen vom ausdrücklich Komischen; die zweite beruht auf der Art der speziellen Fähigkeiten des einzelnen Künstlers. Und schließlich läßt sich auch eine Klassifikation des Komischen auf der Basis des Klimas und der verschiedenen Anlagen der Völker aufstellen. Bemerken muß ich, daß alle Benennungen in allen Klassifikationen sich durch die Beifügung einer Benennung aus einer andern vervollständigen und abstufen lassen, so wie uns das grammatikalische Gesetz lehrt, das Substantiv durch das Adjektiv näher zu bestimmen. Demnach wäre dieser oder jener deutsche oder englische Künstler mehr oder weniger für das absolut Komische geschaffen und wäre gleichzeitig mehr oder weniger zum Idealisieren geneigt. Ich will versuchen, ausgewählte Beispiele für das absolut, sowie für das ausdrücklich Komische anzuführen und kurz den Geist des Komischen zu charakterisieren, so wie er einigen der vornehmlich künstlerisch veranlagten Völker zu eigen ist, bevor ich zu dem Teil komme, in welchem ich das Talent der Männer, die daraus ihr Studium und ihre Existenz machen, des längern bespreche und analysiere.

Übertreibt man das ausdrücklich Komische und stößt man bis zu seinen äußersten Zonen vor, so erreicht man das grausam Komische, ebenso wie für das unschuldig Komische der sinnverwandte Ausdruck für die nächsthöhere Stufe das absolut Komische ist.

In Frankreich, dem Lande des Denkens und der klaren Beweisführung, wo die Kunst in natürlicher und direkter Weise auf das Nützliche abzielt, herrscht im allgemeinen das ausdrücklich Komische vor. In diesem Genre war Molière wohl die beste französische Ausdrucksform. Da es jedoch ein Grundzug unseres Charakters ist, alles Extreme von uns fernzuhalten, da es das Kennzeichen aller französischen Leidenschaft, aller französischen Kunst und Wissenschaft ist, Übertreibungen zu meiden, ebenso wie wir das Absolute und Tiefschürfende meiden, kommt infolgedessen bei uns wenig grausam Komisches vor; ebenso jedoch steigert sich unser grotesk Komisches selten zum absolut Komischen.

Rabelais, der große französische Meister der Groteske, behält in allen seinen ungeheuerlichsten Fantasien etwas vom Nützlichen und vom Vernünftigen bei. Sein Komisches besitzt fast immer die Durchsichtigkeit eines Gleichnisses. Wir werden finden können, daß dieser Geist auch in der französischen Karikatur, dem greifbaren Ausdruck des Komischen, vorherrscht. Doch muß man gestehen, daß sich bei uns das Wunder der frohen dichterischen Laune, die für das Groteske so unerläßlich ist, nur selten gleichmäßig und kontinuierlich beigemengt vorfindet. In weiten Abständen kann man die goldene Ader immer wieder zu Tage treten sehen; durch und durch national ist sie jedoch nicht. Als zu diesem Genre gehörig sind einige Zwischenspiele Molières zu erwähnen, die leider allzuwenig gelesen und gespielt werden, darunter das vom *Eingebildeten Kranken* und das vom *Bürger als Edelmann,* ferner die Karnevalsfiguren Callots[3]. Was das Komische in den Erzählungen Voltaires betrifft, die in ihrem Wesen französisch sind, so erhält es seine Existenzberechtigung von der Idee der Überlegenheit; es ist durchaus beabsichtigt.

Das verträumte Deutschland liefert uns ausgezeichnete Proben für das absolut Komische. Dort ist alles ernst, tief, übertrieben. Um grausam und sehr grausam Komisches zu finden, muß man den Ärmelkanal überqueren und die nebelreichen Königreiche des Spleens aufsuchen. Das fröhliche, lärmende und vergeßliche Italien ist reich an unschuldig Komischem. Nicht ohne Absicht verlegt E. T. A. Hoffmann das exzentrische Drama der

---

[3] Jacques Callot, 1592–1635, französischer Kupferstecher.

Prinzessin Brambilla mitten nach Italien, ins Herz des südlichen Karnevals, hinein in das Rauschen des Corso. Die Spanier sind für alles Komische äußerst begabt. Sie gelangen schnell zum Grausamen, und ihre grotesken Fantasien enthalten oft etwas Düsteres.

Ich werde lange Zeit die Erinnerung an die erste englische Pantomime, die ich spielen sah, bewahren. Es war vor einigen Jahren im *Théâtre des Variétés*. Nur wenige Leute werden sich wohl daran erinnern, denn nur wenige schienen an dieser Art von Unterhaltung Geschmack zu finden, und den armen englischen Akteuren wurde bei uns ein trauriger Empfang zuteil. Das französische Publikum liebt es nicht, außer Landes versetzt zu werden. Sein Geschmack ist nicht besonders kosmopolitisch eingestellt, und Umstellungen des Horizonts stören ihm die Sehkraft. Ich für meine Person war äußerst betroffen über die Art der Auffassung des Komischen. Um den Mißerfolg zu erklären, sagte man, und das waren noch die Nachsichtigen, es wären gewöhnliche und mittelmäßige Künstler der zweiten Besetzung gewesen; aber nicht darum ging es. Sie waren Engländer, das war die Hauptsache.

Wie mir schien, war das unterscheidende Merkmal dieser Art des Komischen die Gewalttätigkeit. Ich will hierfür den Beweis mit Hilfe einiger Proben meiner Erinnerung gern erbringen.

Vor allem war der Pierrot nicht die bekannte Figur, bleich wie der Mond, geheimnisvoll wie das Schweigen, geschmeidig und stumm wie die Schlange, steif und lang wie der Galgen, dieser künstliche, durch besondere Federn bewegte Mensch, an den uns der arme Debureau gewöhnt hatte. Der englische Pierrot kam daher wie das Gewitter, er fiel hin wie ein Sack, und wenn er lachte, ließ sein Lachen den Saal erzittern; dieses Lachen war wie ein fröhlicher Donner. Er war ein untersetzter und dicklicher Mensch, der seine Stattlichkeit noch durch ein mit Bändern überladenes Kostüm unterstrich, die rings um seine jubilierende Persönlichkeit den gleichen Dienst versahen wie Federn und Flaum bei den Vögeln und das Fell bei den Angorakatzen. Über das Mehl seines Gesichts hatte er roh, ohne Abstufung, ohne Übergang, zwei gewaltige knallrote Flecke hingepappt. Der Mund war durch eine scheinbare Verlängerung der Lippen mit Hilfe zweier karminroter Striche vergrößert, so daß ihm, sobald er lachte, das Maul bis zu den Ohren zu gehen schien.

Die Auffassung des Pierrot war im Grunde die gleiche, wie alle Welt sie kennt: Unbekümmertheit und Unparteilichkeit, somit Erfüllung aller genäschigen und diebischen Launen, bald zum Nachteil Harlekins, bald zu dem Cassandras oder Leanders. Nur daß er dort, wo Debureau die Fingerspitze eingetaucht hätte, um sie abzulecken, mit beiden Händen und Füßen hineinfuhr.

Und so war in diesem merkwürdigen Stück alles mit Ungestüm zum Ausdruck gebracht, eine Übertreibung, bei der einem schwindelte.

Pierrot kommt an einer Frau vorüber, die gerade die Scheiben ihrer Tür wäscht: Nachdem er ihr die Taschen ausgeräumt hat, möchte er in die seinigen den Schwamm, den Besen, den Eimer, ja selbst das Wasser stecken. – Die Art und Weise, wie er ihr seine Liebe auszudrücken versuchte, mag sich jeder auf Grund seiner Erinnerungen vorstellen, die er von der Betrachtung des phanerogamischen Gehabens der Affen im bekannten Käfig des Jardin des Plantes bewahrt hat. Hinzufügen muß ich, daß die Rolle der Frau von einem sehr langen und sehr mageren Manne dargestellt wurde, der in seiner verletzten Scham gellende Schreie ausstieß. Man war wirklich trunken vor Lachen, es war schrecklich und einfach unwiderstehlich.

Ich weiß nicht mehr, für welche Übeltat Pierrot schließlich geköpft werden sollte. Weshalb die Guillotine statt des Hängens in einem Land wie England . . .? Ich weiß es nicht; wohl wegen der Vorbereitungen auf das Kommende. So wurde denn das Instrument des Grauens auf französischen Brettern aufgestellt, die ob dieser romantischen Neuheit höchst erstaunt waren. Nachdem er sich zuerst gewehrt und gebrüllt hatte wie ein Ochse, der das Schlachthaus wittert, ereilte Pierrot schließlich sein Schicksal. Der Kopf wurde vom Halse abgetrennt, ein dikker weiß und roter Kopf, und rollte polternd vor das Loch des Souffleurs, wobei das blutende Rund des Halses sichtbar war, der gespaltene Wirbel und alle Einzelheiten des Fleisches, wie es der Metzger eben erst zum Auslegen zurechtgemacht hat. Doch plötzlich richtete sich der verkürzte Körper, getrieben vom Hang zum Stehlen, auf, stibitzte erfolgreich seinen eigenen Kopf, als wäre er ein Schinken oder eine Flasche Wein, und das weitaus gewandter als der große Saint-Denis, und stopfte ihn sich in die Tasche.

Mit der Feder wirkt dies alles blaß und eisig. Wie könnte die Feder den Kampf mit der Pantomime aufnehmen? Die Pantomime ist die Reinkultur der Komödie, sie ist ihre Quintessenz; sie ist das komische Element in reiner, losgelöster, konzentrierter Form. Auch noch bei dem besondern, zur Übertreibung neigenden Talent der englischen Schauspieler nahmen alle diese grausigen Spässe eine seltsam packende Form von Wirklichkeit an.

Mit zum Bemerkenswertesten als absolut Komischem, sozusagen als Metaphysicum des absolut Komischen, zählte unbedingt der Anfang dieses schönen Stückes, ein Prolog, erfüllt von höchster Ästhetik. Die Hauptpersonen des Stückes, Pierrot, Cassandra, Harlekin, Colombine, Leander, stehen ganz sanft und still vor dem Publikum. Sie sind fast vernünftig und unterscheiden sich nicht sehr von den braven Leutchen im Saale. Der Wunderhauch, der sie auf so außerordentliche Weise in Bewegung versetzen soll, hat ihr Gehirn noch nicht berührt. Eine gewisse Munterkeit Pierrots kann nur eine blasse Ahnung dessen geben, was er alsbald aufführen soll. Eben erst wurden Harlekin und Leander erklärte Nebenbuhler. Eine Fee nimmt Anteil an Harlekins Geschick: Es ist die ewige Beschützerin der verliebten und armen Sterblichen. Sie verheißt ihm ihren Schutz und um ihm sogleich eine Probe hiervon zu geben, schwenkt sie mit geheimnisvoller und gebieterischer Geste ihren Stab durch die Luft.

Augenblicklich ist der Taumel da, er liegt in der Luft; man atmet den Taumel ein, der Taumel erfüllt einem die Lungen und erneuert das Blut im Innern.

Was für ein Taumel ist dies? Es ist das absolut Komische; es hat sich eines jeden Wesens bemächtigt. Pierrot, Cassandra, Leander lassen durch ungewöhnliche Bewegungen klar erkennen, daß sie sich in eine neue Existenz gezwungen fühlen. Es sieht nicht aus, als wären sie darüber böse. Sie bereiten sich auf die argen Mißgeschicke und das stürmische Los vor, das ihrer harrt, wie einer, der sich in die Hände spuckt und diese reibt, bevor er eine Kraftprobe unternimmt. Sie wirbeln die Arme durch die Luft und gleichen Windmühlen im Sturme, wohl um ihre Gelenke geschmeidig zu machen, die sie notwendig brau-

94

chen werden. All dies geht unter heftigen Ausbrüchen von Lachen vonstatten, das von ungemeiner Befriedigung erfüllt ist;
hierauf springt der eine über den andern, und nachdem sie ihre
Beweglichkeit und Fähigkeit gehörig festgestellt haben, folgt
eine blendende Auswahl von Fußstößen, Fausthieben und Ohr-
feigen mit dem Blitz und Donner einer ganzen Batterie; alles
dies jedoch durchaus nicht bösartig. Alle ihre Gesten, alle ihre
Schreie und ihr ganzes Mienenspiel besagen: Die Fee hat es gewollt, das Schicksal jagt uns, ich bekümmere mich nicht darum;
los! Laufen wir! Springen wir! Und sie springen durch das fantastische Stück, das eigentlich erst hier beginnt, das heißt an der
Grenze des Wunderbaren.

Im Schutze dieser Raserei sind Harlekin und Colombine geflüchtet, und leichten Fußes eilen sie großen Abenteuern entgegen.

Ein weiteres Beispiel: Diesmal stammt es von einem merkwürdigen Schriftsteller, einem sehr umfassenden Geist, was
immer man sagen mag, der den ausgesprochenen französischen Spott mit der tollen, schäumenden und leichten Lustigkeit der sonnigen Länder zugleich mit dem tief Komischen
des Deutschen vereint. Ich will neuerlich von Hoffmann
sprechen.

In der Erzählung, betitelt: *Daucus Carota, Le Roi des Carot-
tes,* bei manchen Übersetzern *La Fiancée du Roi,* gibt es kein
schöneres Bild als das, wo die Schar der Karotten im Hofe des
Bauerngutes eintrifft, auf dem die Braut wohnt. Diese vielen kleinen Persönchen in Scharlachrot wie ein englisches
Regiment, mit einer riesigen grünen Feder am Kopf wie die
Leibjäger auf den Karossen, vollführen auf kleinen Pferd-
chen wunderbare Luftsprünge und Tänze. Das Ganze bewegt
sich mit erstaunlicher Geschwindigkeit. Sie sind um so ge-
schickter, als sie leicht auf den Kopf fallen könnten, zumal
dieser dicker und schwerer als der ganze übrige Körper
ist, so wie Soldaten aus Holundermark mit etwas Blei im
Tschako.

Das unglückliche junge Mädchen, benommen von ihren
Träumen von Größe, ist von dieser Entfaltung militärischer
Kräfte bezaubert. Aber welcher Unterschied zwischen einer
Truppe in Parade und einer Truppe in der Kaserne, die ihre
Waffen schärft, ihre Ausrüstung wichst oder, noch ärger, unfein

auf ihren stinkenden und schmutzigen Feldbetten schnarcht! Das ist die Kehrseite der Medaille; denn all dies war nur fauler Zauber, Beiwerk der Verführung. Ihr Vater, ein kluger Mann, der um die Zauberei Bescheid weiß, möchte ihr zeigen, was hinter all diesem Glanz steckt. Zur Stunde, da das Gemüse in schwerem Schlaf liegt und nicht argwöhnt, daß das Auge eines Spions es überraschen könnte, öffnet der Vater den Spalt eines der Zelte dieser prächtigen Armee; und nun sieht die arme Träumerin diese Masse von Soldaten in Rot und Grün in ihrer schrecklichen Nachtkleidung im erdigen Schlamm schwimmen und schlafen, dem Schlamm, aus dem sie hervorgegangen waren. Dieser ganze militärische Glanz in Nachthauben ist nur mehr scheußlicher Sumpf.

Ich könnte mir noch manches andere Beispiel für das absolut Komische beim wunderbaren Hoffmann holen. Will man meine Gedanken recht verstehen, muß man aufmerksam *Daucus Carota, Peregrinus Tyss, Der Goldene Topf* und in allererster Linie *Prinzessin Brambilla* lesen, welch letztere beinahe ein Katechismus der hohen Ästhetik ist.

Was Hoffmann ganz besonders auszeichnet, ist die unfreiwillige, bisweilen jedoch auch durchaus freiwillige, Beimischung einer bestimmten Menge von ausdrücklich Komischem zum absolut Komischen. Seine noch so übernatürlichen, noch so flüchtigen Einfälle, solche, die bisweilen denken lassen, sie wären Visionen des Rausches, besitzen einen deutlich erkennbaren sittlichen Sinn: Man möchte meinen, es mit einem Physiologen oder Irrenarzt von tiefster Gelehrtheit zu tun zu haben, der sich damit vergnügte, dieses tiefe Wissen in poetische Form zu kleiden, als wäre er ein Gelehrter, der in Gleichnissen und Parabeln spricht.

Man nehme etwa als Beispiel die Gestalt des Giglio Fava, des von chronischem Dualismus[4] befallenen Schauspielers in der *Prinzessin Brambilla.* Diese eine Gestalt wechselt von Zeit zu Zeit ihre Persönlichkeit und erklärt sich unter dem Namen Giglio Fava als Feind des assyrischen Prinzen Cornelio Chiapperi; ist er jedoch der assyrische Prinz, dann gießt er seine tiefste und königlichste Verachtung über seinen Nebenbuhler bei der Prin-

---

[4] Baudelaire würde heute wohl Schizophrenie sagen.

zessin aus, auf einen elenden Komödianten, der, wie man sagt, Giglio Fava heißen solle.

Hinzufügen muß ich, daß die Unkenntnis seiner selbst eines der ganz besondern Kennzeichen des absolut Komischen ist. Dies kann nicht nur bei gewissen Tieren beobachtet werden, bei denen der Ernst einen wesentlichen Anteil an ihrer Komik hat, wie etwa bei den Affen, sowie bei gewissen karikierten Skulpturen des Altertums, von denen ich bereits sprach, sondern auch bei den chinesischen Monstrositäten, an denen wir solches Vergnügen empfinden und bei denen sich weit weniger komische Absichten vorfinden, als man allgemein annimmt. Ein chinesischer Götze, obwohl Gegenstand der Anbetung, unterscheidet sich kaum von einer Nickfigur oder einem Affen, den man auf den Kamin stellt.

Um daher mit allen diesen Spitzfindigkeiten und Definitionen zu einem Ende zu kommen, möchte ich abschließend ein letztes Mal erwähnen, daß man die Leitidee der Überlegenheit sowohl im absolut wie im ausdrücklich Komischen vorfindet, so wie ich es, vielleicht zu sehr des langen und breiten, dargelegt habe – daß, um eine komische Wirkung zu erzielen, das heißt Ausstrahlung, Ausbruch, Auslösung von Komischem, sich zwei Wesen gegenüberstehen müssen – daß das Komische in erster Linie im Lachenden, im Betrachtenden liegt – daß man indessen bezüglich dieses Gesetzes vom Unbewußten bei denen eine Ausnahme machen müsse, die es zu ihrem Beruf gemacht haben, das Komische in sich zu entwickeln und es zur Belustigung von ihresgleichen aus sich herauszuholen, eine Erscheinung, die unter die Klasse aller künstlerischen Erscheinungen fällt, die das Vorhandensein einer ständigen Zweiheit im menschlichen Wesen anzeigen, die Fähigkeit, gleichzeitig man selbst und ein anderer zu sein.

Und um auf meine anfänglichen Definitionen zurückzukommen und mich klarer auszudrücken, behaupte ich, daß Hoffmann, wenn er das absolut Komische hervorbringt, sich dessen voll bewußt ist; er weiß jedoch auch, daß es das Wesen des Komischen ist, zu scheinen, als kennte es sich selbst nicht, und im Betrachter, oder vielmehr im Leser, die Freude über seine eigene Überlegenheit, sowie die Freude des Menschen über seine Überlegenheit über die Natur zu erwecken. Die Künstler schaffen das Komische; da sie die Elemente des Komi-

kommen und mich klarer auszudrücken, behaupte ich, daß Hoffmann, wenn er das absolut Komische hervorbringt, sich dessen voll bewußt ist; er weiß jedoch auch, daß es das Wesen des Komischen ist, zu scheinen, als kennte es sich selbst nicht, und im Betrachter, oder vielmehr im Leser, die Freude über seine eigene Überlegenheit, sowie die Freude des Menschen über seine Überlegenheit über die Natur zu erwecken. Die Künstler schaffen das Komische; da sie die Elemente des Komischen studiert und zusammengetragen haben, wissen sie, daß dieses oder jenes Wesen komisch ist, jedoch nur unter der Bedingung, daß es selbst seine Natur nicht kennt; ebenso wie, nach der Umkehrung dieses Gesetzes, der Künstler nur dann die Bedingung des Künstlers erfüllt, wenn er zweifach ist und kein Phänomen der Zweiheit seiner Natur ihm unbekannt ist.

Honoré Daumier[1]

Ich will jetzt auf einen der wichtigsten Männer zu sprechen kommen, nicht nur der Karikatur, möchte ich betonen, sondern der modernen Kunst überhaupt, einen Mann, der jeden Morgen die Pariser Bevölkerung unterhält, der täglich den Bedürfnissen an Heiterkeit des Publikums Genüge tut, ihm sein Futter reicht. Der Bürger, der Geschäftsmann, der Gassenjunge, die Frau, sie lachen und gehen weiter, die Undankbaren, ohne auf den Namen zu sehen. Bisher haben es allein die Künstler begriffen, wieviel Ernstes, das wahrlich einer Studie wert ist, in all dem enthalten ist. Man errät, es handelt sich um Daumier.

Die Anfänge Honoré Daumiers waren nicht gerade besonders glänzend; er zeichnete, weil er das Bedürfnis zu zeichnen empfand, eine Berufung, der er sich nicht entziehen konnte. Zuerst brachte er ein paar Skizzen bei einer kleinen Zeitung unter, die von William Duckett gegründet worden war; später kaufte ihm Achille Ricourt, der damals mit Stichen handelte, einige weitere ab. Die Revolution von 1830 verursachte, wie jede Revolution, ein Karikaturenfieber. Es war für die Karikaturisten wahrlich eine schöne Zeit. In diesem erbitterten Kampf gegen die Regierung und besonders gegen den König war alles Feuer und Flamme. Es ist wirklich interessant, sich heute diese endlose Reihe von tollen Scherzen der Geschichte anzusehen, die man *Karikatur* nennt, ein großes Archiv der Komik, zu dem alle Künstler von irgendwelcher Bedeutung ihren Beitrag geleistet hatten. Ein Tohuwabohu, ein Tollhaus ist es, eine ungeheure teuflische Komödie, bald possenhaft, bald blutig, in der alles, was Rang und Namen in der Politik hatte, vorüberzieht. Von allen diesen großen Männern der entstehenden Monarchie, wie viele Namen sind nicht schon vergessen! Diese fantastische

---

[1] Der vorstehende Ausschnitt ist dem Artikel *Quelques Caricaturistes Français* entnommen, der im Oktober 1857 in *Présent* erschien.

Epoche wird überragt, gekrönt von der pyramidalen und olympischen Birne prozessualen Angedenkens. Man erinnere sich, daß Philippon, der alle Augenblicke mit der königlichen Justiz zu tun hatte, einmal dem Gericht beweisen wollte, daß es nichts Harmloseres gäbe, als diese aufreizende, unglückselige Birne[2], und daß er daher bei der Verhandlung eine Reihe von Skizzen zeichnete, deren erste den Kopf des Königs genau getroffen wiedergab, während sich jede weitere von ihrer ursprünglichen Form immer mehr entfernte und dem unseligen Endziel immer mehr näherte: der Birne. »Sehen Sie bitte selbst, welchen Zusammenhang finden Sie denn zwischen dem ersten Bild und dem letzten?« sagte er. Man hat analoge Versuche mit dem Kopfe Jesu und dem Apollos gemacht, und ich glaube, es ist gelungen, bei einem davon die Ähnlichkeit mit einer Kröte herzustellen. Bewiesen wurde damit jedenfalls nichts. Das Gleichnis war dank einer zufälligen Ähnlichkeit gefunden worden. Von diesem Moment an tat es seine Dienste. Mit Hilfe dieser Art plastischen Rotwelsches hatte man es in der Hand, dem Volke was man wollte zu sagen und zu verstehen zu geben. Und so versammelte sich denn rund um diese tyrannische und verwünschte Birne die ganze große Rotte der patriotischen Schreier. Tatsache ist, daß man dabei mit einer Erbitterung und einer Einigkeit zu Werke ging, die ans Wunderbare grenzen, und so verbissen die Justiz auch zurückschlug, man kommt trotzdem noch heute, beim Durchblättern dieser Archive von Hanswurstiaden, nicht aus dem Erstaunen heraus, daß ein so wütender Krieg Jahre hindurch andauern konnte.

Eben sagte ich, wie ich glaube: blutige Posse. Tatsächlich sind diese Zeichnungen oft voll von Blut und Raserei. Gemetzel, Einkerkerung, Verhaftung, Durchsuchung, Prozeß, Gewalttätigkeiten der Polizei, alle diese Vorfälle der ersten Zeit der Regierung von 1830 kann man jeden Augenblick immer wieder sehen. Man urteile selbst:

Die Freiheit, jung und schön, in gefährlichen Schlaf versunken, angetan mit der phrygischen Mütze, denkt überhaupt nicht an die Gefahr, die ihr droht. Ein Mann nähert sich ihr vorsich-

---

[2] Poire = Birne, hat im Französischen verschiedene ominöse Nebenbedeutungen. Der Volksmund hängte diesen Spottnamen Louis-Philippe wegen seiner Kopfform an.

tig, voll böser Absichten. Er hat einen dicken Hals wie ein Mann aus den Markthallen oder ein fetter Grundbesitzer. Sein birnenförmiger Kopf trägt oben ein steil in die Höhe ragendes Haarbüschel und an den beiden Seiten einen Backenbart. Das Scheusal sieht man nur von rückwärts, und das Vergnügen am Erraten seines Namens machte den Stich nur noch wertvoller. Er nähert sich der jungen Frau. Eben will er sie vergewaltigen. – »Haben Sie zur Nacht gebetet, Madame?« – Es ist Othello-Philippe, der die unschuldige Freiheit trotz ihres Geschreis und ihres Widerstandes umbringt.

Vor einem Hause von mehr als verdächtigem Aussehen geht ein ganz junges Mädchen mit der phrygischen Mütze auf dem Kopfe; sie trägt sie mit der unschuldigen Koketterie der demokratischen Grisette. Die Herren Soundso und Dingsda (zwei bekannte Gesichter – sicherlich zwei Minister, beide das Ehrenwerteste vom Ehrenwerten) gehen hier einem merkwürdigen Beruf nach. Sie umstellen das arme Kind und sagen ihr Schmeicheleien und Unanständigkeiten ins Ohr, wobei sie sie sachte gegen den schmalen Hauseingang drängen. Hinter einer Tür ein Mann, den man erraten kann. Seine Gesichtszüge sind unsichtbar, doch ist er unverkennbar. Man sehe bloß den Haarschopf und den Backenbart! Er wartet, ist ungeduldig.

Hier die Freiheit, wie sie vor den Prevotalgerichtshof[3] oder irgendein anderes mittelalterliches Gericht geschleppt wird: eine ganze Galerie aktueller Porträts in alten Kostümen.

Hier die Freiheit, wie sie in die Folterkammer gebracht wird. Man will ihr die zarten Knöchel zerquetschen, man will ihr den Bauch mit Strömen von Wasser auftreiben oder sonst alle möglichen Schändlichkeiten an ihr vornehmen. Diese Kraftmenschen mit nackten Armen, kräftigen Körperformen und ihrem Hunger nach Tortur sind leicht wiederzuerkennen. Sie sind Herr Soundso, Herr Soundso und Herr Soundso – die schwarzen Schafe der öffentlichen Meinung*.

In allen diesen Zeichnungen, von denen die meisten mit anerkennenswertem Ernst und Gewissen gemacht sind, spielt der König die Rolle eines Scheusals, eines Mörders, eines unersätt-

---

[3] Gerichtshöfe von 1815 für politische Verbrechen.

* Ich habe die Stücke nicht mehr zur Hand, möglich daß eines davon von Traviès war.

lichen Gargantua, manchmal sogar noch schlimmer. Seit der
Februarrevolution habe ich nur eine einzige Karikatur gesehen,
die an die Zeit der großen politischen Raserei erinnerte; denn
alle die politischen Plädoyers, die anläßlich der großen Präsi-
dentenwahlen in den Schaufenstern ausgestellt waren, waren
nur blasses Zeug im Vergleich mit den Erzeugnissen der Epoche, von der ich eben sprach. Es war kurz nach dem unglückseligen Gemetzel in Rouen. – Im Vordergrund eine von Kugeln
durchbohrte Leiche auf einer Bahre, dahinter alle Honoratio-
ren der Stadt in Uniform, geschniegelt, gestriegelt und gebü-
gelt, mit aufgezwirbeltem Schnurrbart, die Brust von Stolz ge-
schwellt; es muß darunter ein paar Dandys geben, echte Spießbürger, die mit einem Veilchensträußchen im Knopfloch die
Wache beziehen oder den Aufstand niederschlagen, kurz, das
Ideal einer *Bürgerwache,* wie der berühmteste von unsern De-
magogen sagte. Vor der Bahre kniend, gehüllt in seinen Rich-
tertalar, offenen Mundes, der eine doppelte Reihe sägeförmi-
ger Zähne wie bei einem Haifisch sehen läßt, fährt C. F. langsam mit seiner Klaue über die Haut des Leichnams und krallt
sich mit Wonne hinein. – »Oh, was für ein Normanne[4]«, sagt er,
»stellt sich tot, um sich nicht vor der Justiz verantworten zu
müssen!«

Mit der gleichen Wut führte die Karikatur gegen die Regierung Krieg. Daumier spielte eine wichtige Rolle in diesem ständigen Geplänkel. Man hatte ein Mittel gefunden, um für die
Geldbußen aufzukommen, mit denen der *Charivari*[5] überschüt-
tet wurde, und zwar veröffentlichte man in der *Caricature*[6] weitere Zeichnungen, deren Erlös für die Zahlung der Bußen bestimmt war. Anläßlich des bedauerlichen Blutbads in der Rue
Transnonain zeigte sich Daumier auf der Höhe seiner Kunst;
die Zeichnung ist ziemlich selten, denn sie wurde beschla-
gnahmt und vernichtet. Sie ist eigentlich gar keine Zeichnung,
sie ist Geschichte, alltägliche und fürchterliche Wirklichkeit. –
In einer ärmlichen und trübseligen Kammer, der herkömmli-
chen Kammer des Proletariers mit ihren gewöhnlichen und

---

[4] Ein unübersetzbares Wortspiel: Rouen liegt in der Normandie, gleichzeitig
bedeutet aber *Normand* auch soviel wie *schlauer Fuchs.*

[5] Politisch- und sozial-satirische Tageszeitschrift; gegründet 1832.

[6] Erste politisch-satirische Wochenschrift; gegründet 1830.

notwendigsten Möbeln, liegt auf dem Rücken der entblößte Körper eines Mannes in Hemd und Baumwollmütze lang hingestreckt, mit ausgebreiteten Beinen und Armen. Offensichtlich hatte es in der Kammer einen schweren Kampf gesetzt, denn die Stühle sind umgeworfen, ebenso wie der Nachttisch und der Nachttopf. Unter seinem Gewicht erdrückt der Leichnam des Vaters zwischen Rücken und Fußboden den Leichnam seines kleinen Kindes. In dieser kalten Mansarde herrscht nichts als Schweigen und Tod.

Zu dieser Zeit gab Daumier auch eine Sammlung von Porträts politischer Persönlichkeiten heraus, vielmehr deren zwei, eine in ganzer Figur und eine im Brustformat. Wie ich glaube, ist die letztere die spätere und enthält nur höchste Würdenträger. Hierbei offenbart der Künstler ein wunderbares Verständnis für das Porträt; obwohl er die Züge des Urbildes aufträgt und übertreibt, wahrt er doch so sehr ihre Naturgetreuheit, daß diese Blätter jedem Porträtisten als Vorbild dienen könnten. Alle Armseligkeiten des Geistes, alles Lächerliche, alle Narrheit des Verstandes, alle Laster des Herzens sind da herauszulesen und lassen deutlich auf den Gesichtern ihre tierischen Instinkte sehen; und dabei ist alles schwungvoll gezeichnet und herausgearbeitet. Daumier war geschmeidig wie ein Künstler und genau wie Lavater. Im übrigen sind seine Werke, die aus dieser Zeit stammen, sehr verschieden von seinen heutigen. Es ist noch nicht diese Leichtigkeit der Improvisation vorhanden, dieses Gelockerte, diese zwanglose Führung des Zeichenstiftes, die er sich erst später angeeignet hat. Manchmal sind die Sachen noch etwas schwerfällig, allerdings nur sehr selten, immer sind sie äußerst sorgfältig zu Ende geführt, äußerst gewissenhaft und äußerst streng.

Ich erinnere mich noch einer beachtlich guten Zeichnung, die derselben Zeit angehört: *Die Freiheit der Presse.* Inmitten seiner Werkzeuge der Bürgerfreiheit, seinem Druckerzubehör, steht ein Arbeiter einer Druckerei, die unvermeidliche Papiermütze überm Ohr, die Hemdsärmel aufgeschürzt, vierschrötig und fest auf seinen großen Füßen da, wobei er die Fäuste ballt und die Brauen hochzieht. Der ganze Mann hat Muskeln und Figur wie die Gestalten der großen Meister. Im Hintergrund der ewige Philippe und seine Polizisten. Sie wagen nicht, heranzukommen und mit ihm anzubinden.

Unser großer Künstler hat jedoch recht Verschiedenartiges gemacht. Ich will den verschiedenen Gattungen einige der treffendsten Stiche entlehnen und sie beschreiben. Dann will ich den philosophischen und künstlerischen Wert dieses einzigartigen Mannes analysieren, und schließlich will ich, ehe ich von ihm scheide, eine Liste der verschiedenen Serien und Kategorien seines Werkes anführen oder will zum mindesten mein Bestes versuchen, denn sein Werk ist ein Labyrinth, ein Wald von unentwirrbarer Üppigkeit.

Das letzte Bad ist eine ernste und traurige Karikatur. – Auf dem Geländer einer Uferstraße stehend und bereits vorgeneigt, so daß er einen spitzen Winkel mit der Grundlinie bildet, von der er sich wie eine Statue loslöst, die ihr Gleichgewicht verliert, stürzt sich ein Mann steil in den Fluß hinunter. Er muß fest entschlossen sein; die Arme ruhig über der Brust gekreuzt, hat er einen reichlich schweren Pflasterstein mit einem Strick um den Hals gebunden. Er hat es sich wohl zugeschworen, nicht mehr davonzukommen. Das ist nicht der Selbstmord eines Dichters, der herausgefischt werden möchte, um von sich reden zu machen. Man muß sich bloß den schäbigen und faltigen Überrock ansehen, unter dem alle Knochen hervorstehen! Und die armselige, wie eine Schlange zusammengedrehte Krawatte und den knochigen und spitzen Adamsapfel! Wahrlich, man hat nicht den Mut, dem armen Teufel böse zu sein, weil er vor dem Anblick dieser Zivilisation ins Wasser flüchtet. Im Hintergrund, am jenseitigen Flußufer, gibt sich ein beschaulicher Bürgersmann mit rundlichem Bäuchlein dem unschuldigen Vergnügen des Fischens hin.

Man stelle sich einen gottverlassenen Winkel an einer unbekannten Umfriedung, wo kein Mensch hinkommt, vor, auf dem die Sonne bleischwer lastet. Ein Mensch von ziemlich tristem Aussehen, ein Leichenbestatter oder ein Arzt, stößt unter einem entlaubten Dach von Zweigen, einem Gitterwerk aus staubigen Latten, mit einem abscheulichen Skelett an und trinkt mit ihm. Daneben liegen Sichel und Sanduhr. Ich erinnere mich des Titels dieses Stiches nicht mehr. Die beiden lächerlichen Gestalten wetten wahrscheinlich auf den Tod eines Menschen, oder sie halten eine gelehrte Diskussion über die Sterblichkeit.

Daumier hat sein Talent bei tausenderlei Gelegenheiten verzettelt. Beauftragt, eine reichlich schlechte medizinisch-poetische Veröffentlichung, die *Némésis médicale,* zu illustrieren, machte er wunderschöne Zeichnungen. Die eine davon befaßt sich mit der Cholera und stellt einen Ort irgendwo auf der Straße dar, der übergossen, durchtränkt von Hitze und Licht ist. Der Pariser Himmel, getreu seiner ironischen Gewohnheit bei schweren Plagen und großem Kehraus in der Politik, der Himmel, wie gesagt, ist prachtvoll, er ist weiß, glühend weiß vor Brand. Die Schatten sind schwarz und scharf umrissen. Der Leichnam liegt quer vor einer Tür. Eine Frau tritt eiligst ein und hält sich Nase und Mund zu. Der Platz ist verlassen und brennend heiß, einsamer als ein volkreicher Ort, aus dem ein Aufstand eine Einöde machte. Im Hintergrund zeichnen sich traurig die Umrisse von zwei oder drei, mit komischen Mähren bespannten Leichenwagen ab, und in der Mitte dieses Forums der Einsamkeit beschnuppert ein armer verirrter Hund ziellos und gedankenlos, mager bis auf die Knochen, mit eingezogenem Schweif das ausgetrocknete Pflaster.

Und hier sind wir im Zuchthaus. Ein hochgelehrter Herr in schwarzem Frack und weißer Krawatte, ein Philanthrop, ein Verteidiger der Unglücklichen, sitzt verzückt zwischen zwei Sträflingen mit furchteinflößenden Gesichtern, dumm wie Schwachsinnige, wild wie Bulldoggen, verbraucht wie Fetzen. Der eine von ihnen erzählt, daß er seinen Vater ermordet, seine Schwester geschändet oder irgendeine andere große Tat begangen habe. – »Oh, mein Freund, welch reiche Anlagen Sie doch besaßen!« ruft der Gelehrte in Verzückung aus.

Diese Proben genügen, um zu zeigen, wie ernst oft die Gedanken Daumiers sind und wie lebendig er seine Themen behandelt. Man durchblättere sein Werk, und man wird vor seinen Augen in seiner fantastischen und packenden Wirklichkeit all das vorüberziehen sehen, was eine große Stadt an lebenden Ungeheuerlichkeiten enthält. Alle die Schätze an Schrecklichem, Groteskem, Unseligem und Possenhaftem, die sie enthält – Daumier kennt sie. Der verhungernde lebende Leichnam, der fette und gemästete Leichnam, das lächerliche Elend des Zusammenlebens, alle Dummheit, allen Stolz, alle Begeisterung, alle Verzweiflung des Spießbürgers, nichts fehlt hier. Keiner kannte und liebte wie er (nach Künstlerart) den Bürger, diese letzte Spur des Mittelalters, diese Ruine der Gotik, die ein so schweres Leben hat, diese so gewöhnliche und zugleich so

ungewöhnliche Figur. Daumier hat mit ihm intim zusammenge-
lebt, er hat ihn Tag und Nacht belauert, er hat die Geheimnisse
seines Alkovens erlauscht, er hat sich mit seiner Frau und seinen Kindern angefreundet, er kennt die Form seiner Nase und
den Bau seines Kopfes, er weiß, von welchem Geist das Haus
von oben bis unten erfüllt ist.

Eine komplette Analyse des Werkes Daumiers vorzunehmen, wäre etwas Unmögliches. Ich will die Titel seiner hauptsächlichsten Serien angeben, ohne viel Lob und Kommentar. In
allen gibt es teilweise wunderbare Sachen.

*Robert Macaire, Eheliche Sitten, Pariser Typen, Profile und
Silhouetten, Die Badenden, Die badenden Frauen, Die Pariser
Bootsleute, Die Blaustrümpfe, Schäferspiele, Alte Geschichte,
Die braven Bürger, Die Diener Justitias, Der Tag des Herrn Co-
quelet, Die Philanthropen des Tages, Alles was man will, Die re-
präsentierten Repräsentanten.* Dazu kommen noch die beiden
Porträtsammlungen, von denen ich bereits sprach*.

Zu zweien von diesen Serien habe ich zwei wichtige Bemerkungen zu machen, und zwar zu *Robert Macaire* und zur *Alten
Geschichte. – Robert Macaire* war der erste und entscheidende
Schritt zur Sittenkarikatur. Der große politische Kampf hatte
sich ein wenig beruhigt. Die hartnäckig weiter betriebenen Verfolgungen, die Haltung der Regierung, die sich gefestigt hatte,
und eine gewisse natürliche Trägheit des menschlichen Geistes
hatten viel Wasser in all dieses Feuer geschüttet. Man mußte
etwas Neues finden. Das Pamphlet machte der Komödie Platz.
Die Satire *Ménippée* räumte vor Molière das Feld, und das
große Heldenepos von *Robert Macaire*, von Daumier in flam-
mender Weise erzählt, folgte den revolutionären Zornesaus-
brüchen und den Zeichnungen mit ihren Anspielungen. Von da
an schlug die Karikatur eine neue Richtung ein und war nicht
mehr nur ausgesprochen politisch. Sie wurde eine Satire auf alle
Bürger. Sie betrat den Herrschaftsbereich des Romans.

Die *Alte Geschichte* erscheint mir deshalb wichtig, weil sie sozusagen der beste Kommentar zum berühmten Vers: »Wer
wird uns von den Griechen und von den Römern befreien?«

---

* Unaufhörliches und regelmäßiges Schaffen hat diese Liste mehr als unvoll-
ständig gemacht. Einmal wollte ich mit Daumier zusammen einen vollständigen
Katalog seines Werkes anlegen. Obwohl zu zweit, ist es uns nicht gelungen.

darstellt. Daumier hat sich schonungslos auf die Antike ge-stürzt, auf die falsche Antike – denn niemand empfindet besser als er die Größe der Antike –, er spuckt auf sie, und der über-schäumende Achilles wie der kluge Odysseus, die anständige Penelope und Telemach, der große Tölpel, sowie die schöne Helena, die schuld an Trojas Untergang hatte, kurz, alle er-scheinen sie uns in possenhafter Häßlichkeit, die an die alten Gerippe von Tragöden erinnert, die in den Kulissen eine Ta-baksprise nehmen. Es war eine wirklich unterhaltende Läste-rung, und dabei hatte sie auch noch ihr Nützliches. Ich erinnere mich, wie einer meiner Freunde, ein lyrischer und heidnischer Poet, darüber äußerst ungehalten war. Er nannte es eine Gott-losigkeit und sprach von der schönen Helena, wie andere von der Jungfrau Maria sprechen. Aber diejenigen, die keinen all-zugroßen Respekt vor dem Olymp und der Tragödie haben, hatten natürlich Anlaß, sich zu freuen.

Um zu einem Schluß zu kommen: Daumier hat seiner Kunst hohe Ziele gesteckt, er hat eine ernste Kunst aus ihr gemacht; er ist ein *großer* Karikaturist. Um ihn richtig zu würdigen, muß man ihn sowohl vom künstlerischen als auch vom moralischen Gesichtspunkt aus analysieren. – Was Daumier als Künstler auszeichnet, ist die Sicherheit. Er zeichnet wie die großen Mei-ster. Seine Zeichnung ist überreich, leicht, eine sich immer wie-derholende Improvisation, und dabei doch nie eine Hudelei. Er besitzt ein wunderbares, gleichsam göttliches Gedächtnis, das ihm das Modell ersetzt. Alle seine Gestalten sind mit Sicherheit gezeichnet, sind immer in echter Bewegung. Er besitzt eine so treffende Beobachtungsgabe, daß man nicht ein einziges Mal auf einen Kopf stößt, der nicht zum Körper paßte, auf dem er sitzt. Wie die Nase, so die Stirne, so das Auge, so der Fuß, so die Hand. Hier haben wir die Logik eines Gelehrten, übertragen auf eine leichte, flüchtige Kunst, die sogar die Beweglichkeit des Lebens zum Widersacher hat.

Was die Moral betrifft, so hat Daumier manches mit Molière gemeinsam. Wie er geht er gerade aufs Ziel los. Der Gedanke wird einem beim ersten Blick klar. Man betrachtet und hat ver-standen. Die Texte, die unterhalb seiner Zeichnungen stehen, sind kaum nötig, denn meistens bedürfen diese Zeichnungen ih-rer nicht. Seine Komik ist sozusagen unfreiwillig. Der Künstler sucht nicht, man könnte eher sagen, daß der Gedanke ihm entschlüpft. Seine Karikatur besitzt eine unerhörte Fülle, ohne jedoch rachsüchtig oder gallig zu sein. In seinem ganzen Werk findet sich ein Untergrund von Anständigkeit und Gutmütigkeit. Er hat – man beachte wohl den Charakterzug – wiederholt abgelehnt, gewisse, besonders schöne und besonders drastische satirische Vorwürfe zu behandeln, weil, wie er sagte, dies die Grenzen des Komischen überschreite und das Gewissen des Menschengeschlechts verletzen könnte. Wenn er herzzerreißend und schrecklich ist, geschieht es fast ohne daß er es weiß. Er hat hingezeichnet, was er gesehen hat, und das Resultat ist eben so. Da er die Natur besonders leidenschaftlich und von ganzem Herzen liebt, dürfte er sich kaum zum absolut Komischen aufschwingen können. Ja, er vermeidet sogar sorgsam alles, was für das französische Publikum nicht klar und sofort erfaßbar sein könnte.

Noch ein letztes Wort. Was die bemerkenswerte Eigenart Daumiers vervollständigt und aus ihm einen besonderen Künstler macht, der zur erlauchten Familie der Meister zählt, ist die Farbe, die seine Zeichnungen von Natur aus haben. Seine Lithographien und seine Holzschnitte erwecken den Gedanken an Farbe. Sein Zeichenstift enthält noch mehr als nur die schwarze Farbe zum Umreißen der Konturen. Er läßt einen die Farbe so erraten wie den Gedanken; folglich ist dies ein Zeichen höherer Kunst, zumal es alle verständigen Künstler klar in seinen Werken erkannten.

Francisco Goya[1]

In Spanien hat ein merkwürdiger Mensch auf dem Gebiete des Komischen neue Horizonte aufgetan.

Bevor ich mich mit Goya befasse, muß ich den Leser erst auf einen ausgezeichneten Artikel verweisen, den Théophile Gautier über ihn im *Cabinet de l'Amateur* schrieb und der seither in einem Sammelband erschienen ist. Théophile Gautier ist gerade der richtige Mann, um ein Temperament wie dieses zu verstehen. Zudem enthält besagter Artikel in bezug auf die Arbeitsweise Goyas – Tuschmanier und Ätzung mit trockener Retusche – alles Wissenswerte. Ich will bloß noch einige Worte über ein äußerst seltenes Element, das Goya dem Komischen zugeführt hat, all dem hinzufügen, und zwar will ich vom Fantastischen sprechen. Genaugenommen ist Goya kein Sondertypus, keine Eigenart, weder absolut komisch noch rein ausdrücklich komisch, wie es etwa die französische Manier ist. Gewiß wühlt er oft im grausam Komischen, schwingt er sich bis zum absolut Komischen auf, doch ist die Art und Weise, in der er die Dinge im allgemeinen aufzufassen pflegt, in erster Linie fantastisch, oder, um mich anders auszudrücken, der Blick, den er auf die Dinge wirft, wird unwillkürlich zum Vermittler des Fantastischen. *Los Caprichos* ist ein wunderbares Werk, nicht nur wegen der Originalität seiner Ideen, sondern auch wegen der Künstlerschaft, mit der es ausgeführt ist. Ich stelle mir vor diesen *Caprices* einen Mann vor, einfach einen Neugierigen, einen Kunstliebhaber, der keine Ahnung von den historischen Begebenheiten hat, auf die einige dieser Blätter anspielen, ein einfältiges Künstlergemüt, das weder weiß, wer Goya ist noch wer der König Karl, noch wer die Königin; trotzdem wird er zuinnerst in seinem Hirn eine starke Erschütterung verspüren, die nicht nur von der originellen Manier und der Fülle und Sicher-

---

[1] Ausschnitt aus dem Artikel *Quelques Caricaturistes Etrangers,* erschienen im Oktober 1857 in *Présent.*

heit der angewandten Mittel des Künstlers herrührt, sondern auch von der fantastischen Stimmung, in die alle diese Darstellungen getaucht sind. Nebenbei bemerkt können wir bei allen ausgesprochenen Individualitäten in den von ihnen geschaffenen Werken etwas finden, das an die Träume erinnert, die uns regelmäßig oder zeitweilig im Schlafe heimsuchen. Gerade das ist ein Kennzeichen des echten Künstlers, der immer dauerhaft und lebendig ist, selbst in so vergänglichen, sozusagen an den Ereignissen hängenden Werken, wie Karikaturen es sind – gerade das ist es, betone ich nochmals, was den historischen Karikaturisten gegenüber dem künstlerischen Karikaturisten, das vergänglich Komische gegenüber dem ewig Komischen, kennzeichnet.

Goya ist immer ein großer Künstler, manchmal zum Fürchten groß. Er vereint mit der Fröhlichkeit, dem harmlosen Humor und der Satire des Spaniens der guten alten Zeiten eines Cervantes einen viel moderneren Geist, oder wenn man will, einen Geist, der in unserer modernen Zeit viel mehr Anklang findet: Die Liebe zum Ungreifbaren, das Gefühl für grelle Kontraste, für die Schrecken, die in der Natur vorhanden sind, und für das befremdlich Tierhafte, das unter Umständen ein menschliches Gesicht zum Ausdruck bringen kann. Es ist jedenfalls interessant, wenn man sieht, wie dieser Geist, der nach der großen satirischen und niederreißenden Bewegung des achtzehnten Jahrhunderts in Erscheinung tritt und dem Voltaire Geschmack abgewonnen hätte, allerdings nur wegen seiner Ideen (von allem Übrigen verstand der arme große Mann nicht viel), zu allen diesen Karikaturen von Mönchen – gähnende Mönche, schlemmende Mönche, Querschädel von Mördern, die sich zu einer blutigen Frühmette rüsten, listige, verschlagene, schlaue und böse Köpfe, wie Raubvogelprofile –; es ist, wie gesagt, interessant, daß dieser Mönchshasser soviel von Hexen und ihrem Sabbat, von Teufelsspuk, von Kindern, die am Spieß gebraten werden, und was weiß ich sonst noch träumen konnte, solche ausschweifenden Träume, solche hyperbolischen Halluzinationen ersinnen konnte, und dann wieder alle diese weißen und schlanken Spanierinnen, welche von uralten Mütterchen gewaschen und geschmückt werden, sei es für den heiligen Sabbat, sei's für das Dirnenfest des Abends, den heiligen Sabbat der Zivilisation. Welch merkwürdiger Humor! Ich erinnere mich an zwei hervorragende Stiche: Der eine stellte eine fantastische Landschaft vor, ein Gemisch von Wolken und Felsen. Vielleicht ein unbekannter und gottverlassener Winkel der Sierra? Ein Vorgeschmack des Chaos? Und in dieser schauerlichen Dekoration findet ein erbitterter Zweikampf zwischen zwei Hexen, die in den Lüften schweben, statt. Die eine sitzt rittlings auf der andern, sie schlägt auf sie ein, überwältigt sie. Die beiden Ungeheuer wälzen sich durch die finstere Luft. Alle Scheußlichkeit, jeder sittliche Schmutz, alle Laster, die Menschengeist ersinnen kann, sind ihnen ins Gesicht geschrieben, zwei Fratzen, halb Mensch, halb Tier, wie sie der Künstler so häufig und mit solcher rätselhaften Meisterschaft zu zeichnen liebt.

Das andere Blatt stellt ein Unglückswesen, eine einsame Monade, vor, die mit aller Kraft ihr Grab verlassen will. Böse Dämonen, eine Myriade scheußlicher zwergartiger Kobolde vereinigen, was sie an Kraft besitzen, um den halbgeöffneten Grabesdeckel niederzudrücken. Die wachsamen Hüter des Todes haben sich gegen die widerspenstige Seele verbündet, die sich in hoffnungslosem Kampf verzehrt. Ein Schreckbild, geschüttelt vom Grauen vor dem Unbestimmten und Grenzenlosen!

Am Ende seiner Künstlerlaufbahn waren Goyas Augen so schwach geworden, daß man ihm, wie es heißt, seine Stifte spitzen mußte. Trotzdem hat er sogar noch in dieser Zeit große und sehr bedeutende Lithographien zustande gebracht, darunter einige Stierkämpfe, voll Gedränge und Gewimmel, wunderbare Stiche, ausgedehnte Gemälde in Miniaturformat – neuerlich ein Beweis zur Bekräftigung jenes sonderbaren Gesetzes, das das Schicksal großer Künstler leitet und, zufolge dem Umstand, daß Leben und Verstand in entgegengesetzten Richtungen steuern, es will, daß diese auf der einen Seite das gewinnen, was sie auf der andern verlieren, und so stets jünger, kräftiger, fröhlicher und kühner dem Grabesrand entgegengehen.

Im Vordergrund eines dieser Bilder, in denen ein unbeschreibliches Getümmel und Tohuwabohu herrscht, hat ein wildgewordener Stier, einer von jenen, die ihre Wut noch an den Toten auslassen, das Hinterteil eines der Kämpfer entblößt. Dieser, bloß verwundet, schleppt sich auf den Knien weiter. Mit seinen Hörnern hebt das Untier das zerfetzte Hemd des Unglücklichen auf, so daß die beiden Hinterbacken sichtbar sind, und will den Kopf eben neuerlich drohend senken; das versammelte Volk bleibt jedoch von diesem so unschicklichen Gemetzel völlig unberührt.

Goyas Verdienst ist es, daß er das Unwahrscheinliche wahrscheinlich zu machen versteht. Seinen Ungeheuern haftet etwas Glaubwürdiges, Harmonisches an. Keiner hat wie er gewagt, das Undenkbare möglich erscheinen zu lassen. Alle Verrenkungen, alle tierischen Fratzen, alle teuflischen Grimassen sind bei ihm von *Menschlichkeit* durchdrungen. Selbst vom Standpunkt der Naturgeschichte aus fiele es schwer, sie zu verdammen, dazu enthalten sie in allen ihren Teilen zuviel Verwandtes und Übereinstimmendes; mit einem Wort, es ist unmöglich, die Naht, den Schnittpunkt von Wirklichkeit und Fantasie zu erfassen; die Grenzlinie ist so unbestimmt, daß selbst der klügste Mathematiker sie nicht zu ziehen wüßte, so übernatürlich und natürlich zugleich ist diese Kunst.

Théophile Gautier[1]

Obgleich wir keiner Alten zu trinken gaben,
ergeht es uns doch so wie dem jungen Mädchen Perraults:
Wir können den Mund nicht öffnen,
ohne daß Goldstücke, Diamanten, Rubine und Perlen
herausfielen;
ab und zu spien wir gern eine Kröte, eine Natter
und eine rote Maus aus, und wäre es nur der Abwechslung
halber;
es ist uns aber nicht gegeben.

THEOPHILE GAUTIER
Caprices et Zigzags

I

Ich kenne kein Gefühl, das mehr verlegen machte, als die Bewunderung. In der Schwierigkeit, die sie bereitet, sich angemessen auszudrücken, hat sie mit der Liebe Ähnlichkeit. Wo die genügend kräftig gefärbten oder genügend zart abgestimmten Ausdrücke finden, um den Erfordernissen eines erlesenen Gefühls zu entsprechen? Die menschliche Ehrfurcht wirkt als Geisel in den Dingen einer jeden Ordnung, sagt ein Philosophiebuch, das ich zufällig vor mir habe; man glaube jedoch nicht, daß es eine gemeine Art menschlicher Ehrfurcht sei, aus der meine Verlegenheit entspringt: Die Quelle meiner Verlegenheit ist lediglich meine Furcht, ich könnte nicht die Sprache finden, die meines Themas würdig ist.

Manche Biographien sind leicht zu schreiben, zum Beispiel jene von Männern, in deren Leben es von Ereignissen und seltsamen Begebenheiten wimmelt; da handelt es sich bloß darum, Tatsachen zu verzeichnen und nach ihren Daten einzuordnen; hier dagegen findet sich nichts von dieser Mannigfaltigkeit des Stoffes, welche die Aufgabe des Schriftstellers zu der des bloßen Zusammentragens macht. Nichts als eine unermeßliche

---

[1] Erschienen im Mai 1859 in *Artiste*.

Weite des Geistes! Die Biographie eines Mannes, dessen dramatischste Erlebnisse sich ganz innerhalb der Grenzen seines umfassenden Geistes abspielten, stellt eine literarische Arbeit ganz anderer Ordnung dar. So wie ein Stern zu seiner Bestimmung geboren wurde, so ist es auch der Mensch. Ein jeder erfüllt, glanzvoll oder bescheiden, die Rolle, zu der er auserwählt ist. Wer könnte sich eine Biographie der Sonne ausdenken? Eine Geschichte, die seit dem ersten Lebenszeichen, das das Gestirn von sich gab, von Einförmigkeit, von Licht und von Größe erfüllt ist!

Da es sich für mich letzten Endes darum handelt, bloß die Geschichte einer *fixen Idee* zu schreiben, einer Idee, die zu erklären und zu zergliedern mir wohl gelingen wird, dürfte es höchst unwichtig sein, ob ich nun meine Leser davon unterrichte oder nicht, daß Théophile Gautier zu Tarbes im Jahre 1811 geboren wurde. Seit langen Jahren genieße ich das Glück, sein Freund zu sein, dennoch ist es mir völlig unbekannt geblieben, ob er bereits seit seiner Kindheit sein künftiges Talent bewies, durch jene kindischen Preise, welche oftmals zu Großem auserkorene Kinder nicht zu erringen wissen und die sie auf alle Fälle mit einer Menge von abscheulichen, vom Verhängnis gezeichneten Schwachköpfen zu teilen gezwungen sind. Von solcherlei Bedeutungslosigkeit ist mir nichts bekannt. Théophile Gautier weiß wohl selbsts nichts mehr davon, und wenn er sich daran erinnert, so wäre es ihm, des bin ich vollkommen sicher, keineswegs angenehm, diesen Gymnasiastenkram aufgerührt zu sehen. Wohl bei niemand ist die erhabene Scham des echten Literaten weiter ausgebildet als bei ihm, und keiner dürfte wohl mehr Abscheu davor empfinden, all das, was nicht für die Öffentlichkeit, für die Erbauung der in das Schöne verliebten Seelen geschaffen, vorbereitet und gereift ist, zur Schau zu stellen. Man erwarte von ihm weder Memoiren noch Bekenntnisse, noch Erinnerungen, noch irgend etwas anderes, was außerhalb höchster Berufserfüllung liegt.

Eine Überlegung erhöht noch die Freude, die ich empfinde, von einer *fixen Idee* Zeugnis ablegen zu können, nämlich, daß ich endlich nach Herzenslust von einem *unbekannten* Menschen sprechen darf. Jeder, der sich über die Fehlurteile der Geschichte und die Fälle, wo sie verspätete Gerechtigkeit übte, Gedanken machte, wird verstehen, was das Wort *unbekannt,* auf Théophile Gautier angewandt, zu bedeuten hat. Gewiß, seit einer Reihe von Jahren erfüllt der Widerhall seiner Feuilletons Paris und die Provinz; es läßt sich auch nicht bestreiten, daß so mancher Leser, der für alles, was literarisch ist, Interesse hat, ungeduldig auf sein Urteil über die dramatischen Werke der letzten Woche wartet; ebensowenig läßt sich bestreiten, daß seine Berichte von den Salons, so ganz erfüllt von Lauterkeit und Würde, eine Offenbarung für alle die Enterbten bedeuten, die mit ihren eigenen Augen nicht zu urteilen und nicht wahrzunehmen vermögen. Für alle diese verschiedenen Publikumskreise ist Théophile Gautier ein unvergleichlicher und unentbehrlicher Kritiker, und dennoch bleibt er ein unbekannter Mann. Ich will erklären, was ich damit meine.

Nehmen wir an, Du seist, lieber Leser, in einen bürgerlichen Salon verbannt und nähmest nach dem Essen den Kaffee mit dem Herrn des Hauses, der Dame des Hauses und den jungen Damen ein. Welch abscheuliches und lächerliches Rotwelsch, das die Feder ebenso vermeiden sollte, wie sich der Schriftsteller eines solchen Umgangs enthalten müßte! Bald kommt man auf Musik zu sprechen, vielleicht auch auf Malerei, jedenfalls aber unfehlbar auf die Literatur. Schließlich kommt Théophile Gautier aufs Tapet, wenn Du sodann, nachdem ihm die üblichen Lobeskränze gewunden wurden (»Welchen Geist er doch besitzt! Wie amüsant er ist! Wie gut er doch schreibt und wie flüssig sein Stil ist!« – der Preis des *flüssigen Stiles* wird instinktiv allen bekannten Schriftstellern verliehen, wohl weil den Leuten, für die Denken kein Beruf ist, das klare Wasser als das klarste Symbol der Schönheit erscheint), wenn Du Dir also dann die Bemerkung erlaubtest, man übersehe sein Hauptverdienst, sein unbestreitbares und glänzendstes Verdienst, kurz, man vergesse, daß er ein großer Dichter sei, so würdest Du auf allen Gesichtern sich lebhaftes Erstaunen ausmalen sehen. »Ja, ohne Zweifel, er besitzt einen sehr poetischen Stil«, wird dann wohl der Scharfsinnigste der ganzen Bande erklären, ohne es überhaupt zu begreifen, daß Du von Rhythmus und Reimen sprichst. Diese ganze Gesellschaft da hat zwar das Montagsfeuilleton gelesen, aber seit Jahren hat keiner für *Albertus,* die *Comédie de la Mort* und *Espagna* Zeit oder Geld aufbringen können. Für einen Franzosen ist es hart, dies eingestehen zu müssen, und spräche ich nicht von einem Schriftsteller, der so hoch steht, daß er alle diese Ungerechtigkeiten ruhig hinnehmen kann, so hätte ich, glaube ich, es vorgezogen, diese Schwäche unseres Publikums im Verborgenen zu lassen. Aber so ist es nun einmal. Dennoch haben sich die Auflagen vervielfacht und wurden leicht verkauft. Wohin sind sie gegangen? In welche Schränke haben sich diese wundervollen Proben von reinster französischer Schönheit geflüchtet? Ich weiß es nicht; zweifellos in irgendein geheimnisvolles Gebiet, das weitab vom Faubourg Saint-Germain und von der Chaussee d'Antin liegt, um die geographische Sprache der Herren Chroniqueure zu sprechen. Ich weiß wohl, daß es nicht einen einzigen Literaten, nicht einen einzigen Künstler mit etwas träumerischer Veranlagung gibt, dessen Gedächtnis nicht vollgestopft und ausgestattet mit diesen Wunderdingen wäre, die Leute der großen Welt jedoch, dieselben, die sich an den *Meditationen* und *Harmonien* berauscht hatten, oder zumindest so getan hatten, als berauschten sie sich daran, sie kennen diesen neuen Schatz von Freude und Schönheit nicht.

Wie ich schon sagte, ist dies ein schmerzliches Eingeständnis für ein französisches Herz; es genügt jedoch nicht, eine Tatsache einfach festzustellen, man muß versuchen, sie zu erklären. Wahr ist, daß Lamartine und Victor Hugo sich längere Zeit eines am Spiel der Muse mehr interessierten Publikums erfreuen konnten, als jenes es war, das zu der Zeit, als Théophile Gautier endgültig ein berühmter Mann wurde, bereits langsam abgestumpft zu werden begann. Seither hat dieses Publikum die rechtmäßig für das geistige Vergnügen bestimmte Zeit nach und nach immer mehr eingeschränkt. Doch könnte dies kaum eine ausreichende Erklärung sein; denn, um den Dichter, um den es sich in dieser Studie handelt, ganz beiseite zu lassen, es fällt mir auf, daß das Publikum aus den Werken der Dichter sorgfältig nur jene Teile ausgelesen hat, die mit einer Art politischer Vignette verbrämt (oder beschmutzt) waren, einer Würze, die ausgezeichnet zur Natur der Leidenschaften ihrer Zeit paßte. Es kannte die *Ode à la Couronne,* die *Ode à l'Arc de Triomphe,* jedoch die geheimnisvolle, dunkle, die bezauberndste Seite Victor Hugos ist ihm unbekannt. Wohl hat es oftmals die *Jambes* Auguste Barbiers auf die Tage des Juli aufgesagt, doch hat es nicht mit dem Dichter seinen *Pianto* um das verödete Italien erhoben, ihn auch nicht auf seiner Reise zum *Lazare* des Nordens begleitet.

Und so hat die Würze, die Théophile Gautier seinen Werken beigibt und die Liebhabern der Kunst erlesenste Wahl und brennendstes Salz bedeutet, nur wenig oder gar keine Wirkung auf den Gaumen der Menge. Um ganz populär zu werden, muß man da nicht bereit sein, zu verdienen, daß man es werde, das heißt, muß man sich nicht mit Hilfe eines fast unmerklichen Zusatzes, eines winzigen Etwas, auf das es ankommt, ein wenig pöbelhaft zeigen? In der Literatur wie in der Moral bedeutet feinfühlig sein, sich ebensosehr der Gefahr wie dem Ruhm aussetzen. Unser Aristokratentum macht uns einsam.

Ich will freimütig gestehen, daß ich nicht zu denen gehöre, die hierin ein bedauerliches Übel sähen, und daß ich vielleicht meine schlechte Laune gegen die Philister zu weit getrieben habe. Vorwürfe erheben, Opposition machen, ja, selbst Gerechtigkeit heischen, heißt das nicht, selbst ein wenig zum Philister werden? Man vergißt immer, daß man selbst Kanaille wird, wenn man die Menge schmäht. Aus höchster Höhe gesehen erscheint uns alles vom Schicksal Gewollte als gerecht. Nein, verneigen wir uns eher mit all der Achtung und der Begeisterung, die es verdient, vor dem Aristokratentum, das Einsamkeit um sich verbreitet. Wir können übrigens sehen, daß diese Gabe je nach dem Jahrhundert mehr oder weniger geschätzt wird und daß im Laufe der Zeiten Raum für glänzende Gelegenheiten zur Genugtuung vorhanden ist. Von der menschlichen Wunderlichkeit läßt sich alles erwarten, selbst Rechtlichkeit, obwohl sich mit Recht behaupten läßt, daß ihr die Ungerechtigkeit viel besser liegt. Sagte nicht kürzlich ein politischer Schriftsteller, Théophile Gautier sei eine überlebte Reputation!

II

Meine erste Begegnung mit diesem Schriftsteller – um den uns die ganze Welt beneiden wird, so wie sie uns um Chateaubriand, Victor Hugo und Balzac beneidet – steht mir lebhaft vor Augen. Ich hatte mich bei ihm eingefunden, um ihm ein Bändchen mit Versen im Namen von zwei meiner abwesenden Freunde zu überreichen. Ich fand ihn, zwar nicht so stattlich wie heute, jedoch bereits ehrfurchtgebietend, unbefangen und voll freundlicher Höflichkeit, in weiten, wallenden Gewändern. Was mir in erster Linie auffiel, war das völlige Fehlen jedweder Frostigkeit, etwas, was nebenbei bei einem Manne, der zufolge seiner Stellung gewohnt ist, Besucher zu fürchten, durchaus entschuldbar wäre. Um den Empfang richtig zu kennzeichnen, bediente ich mich gerne des Ausdrucks Gutmütigkeit, wäre er nicht so trivial; in unserem Falle wäre er bloß brauchbar, wenn man ihn, nach dem Rezept Racines, würzte und höbe, um eine bestimmte Art von Stimmung, einfach, würdig und gehaltvoll zugleich, zu bezeichnen. Was das Gespräch betrifft (welch ein feierliches Ding ist es doch um ein erstes Gespräch mit einem hochberühmten Manne, der einen mehr noch an Talent als an Alter überragt!), so hat auch dieses sich meinem Geiste tief eingeprägt. Als er mich mit einem Gedichtband in der Hand erblickte, verschönte sein edles Antlitz ein liebes Lächeln, er streckte die Hand mit einer Art kindlicher Begehrlichkeit nach dem Buche aus; denn es ist ein merkwürdiges Ding, wie sehr dieser Mann, der alles auszudrücken versteht und der mehr als jeder andere das Recht besitzt, blasiert zu sein, eine leicht erregbare Neugier besitzt und wie sich sein Blick auf alles, was nicht er selbst ist, heftet. Nachdem er den Band rasch durchgeblättert hatte, lenkte er meine Aufmerksamkeit darauf, daß die Dichter, um die es sich hier handelte, sich zu oft leichtfertige Sonette erlaubten, das heißt solche, die nicht streng nach der Regel seien, und daß sie sich gerne vom Gesetz des vierfachen Reimes frei machten. Hierauf fragte er mich mit seltsam mißtrauischem Blick, als wollte er mich prüfen, ob ich gerne Diktionäre läse. Übrigens sagte er dies zu mir, so wie er alles sagt, ganz ruhigen Tones, mit einer Stimme, mit der ein anderer gefragt hätte, ob ich die Lektüre von Reisebeschreibungen der von Romanen vorzöge. Glücklicherweise war ich schon als ganz junger Mensch von Lexikomanie ergriffen worden, und so konnte ich wahrnehmen, daß meine Antwort mich in seiner Achtung steigen ließ. Gerade bei der Gelegenheit der Diktionäre fügte er hinzu, daß der Schriftsteller, der es nicht verstünde, alles zu sagen, den ein Gedanke, sei er noch so fremdartig und feingesponnen erdacht, so unvorhergesehen, als fiele er wie ein Stein vom Monde, unvorbereitet und ohne Mittel, ihm Gestalt zu geben, anträfe, kein Schriftsteller wäre. Wir unterhielten uns in der Folge über Hygiene, über die Schonung, die ein Literat seinem Körper schulde, und über die Verpflichtung zur Nüchternheit. Wiewohl er, um den Stoff lebendig zu gestalten, einige Beispiele aus dem Leben der Tänzerinnen und Rennpferde heranzog, ließ mich die Methode, nach der er sein Thema behandelte (Nüchternheit zum Beweis für die Achtung, die man der Kunst und den dichterischen Gaben schuldig ist), an das denken, was die frommen Bücher über die Notwendigkeit der Achtung unseres Körpers als Tempel Gottes sagen. Wir sprachen ferner über die große Albernheit des Jahrhunderts und über den Wahnsinn des Fortschritts. In den Büchern, die er seither veröffentlichte, fand ich einige Formeln, die seine Ansichten zusammenfassen sollten, wieder; zum Beispiel die folgende: »Es gibt drei Dinge, die ein zivilisierter Mensch niemals wird schaffen können: ein Gefäß, eine Waffe, einen Harnisch.« Selbstverständlich ist von der Schönheit und nicht von der Nützlichkeit die Rede. – Ich sprach mit ihm lebhaft über die erstaunliche Stärke, die er im Possenhaften und im Grotesken bewiesen hätte; auf dieses Kompliment erwiderte er freimütig, er verabscheue Geist und Lachen, dieses Lachen, das Gottes Geschöpfe entstellte. Wohl ist es gestattet, bisweilen *Geist* zu besitzen, so wie es dem Weisen gestattet ist, ein Zechgelage abzuhalten, um den Dummen zu beweisen, daß er ihresgleichen sei; doch ist es durchaus nicht unbedingt erforderlich. – Es ist denjenigen, welche diese von ihm geäußerte Ansicht erstaunen sollte, entgangen, daß er, da sein Geist ein Spiegel der Schönheit der ganzen Welt ist, in dem sich mit vollem Recht und ganz besonderer Pracht das Mittelalter und die Renaissance widerspiegeln, sich schon sehr früh des Umgangs mit den Griechen und der Schönheit der Antike befleißigte, und zwar in einem Maße, daß er diejenigen seiner Bewunderer, die nicht den Schlüssel zur Kammer seines Geistes besaßen, vor den Kopf stieß. Zu diesem Zwecke empfiehlt es sich, *Mademoiselle de Maupin* zu Rate zu ziehen, wo die griechische Schönheit mit dem ganzen Überschwang der Romantik verteidigt wird.

Alles das wurde mit Deutlichkeit und Entschiedenheit gesagt, jedoch durchaus nicht gebieterisch oder pedantisch, mit viel Feinheit, jedoch ohne ein Zuviel an Spitzfindigkeit. Während ich der Beredsamkeit dieser Worte lauschte, die mich so weit weg aus diesem Jahrhundert und seinem verheerenden

Kauderwelsch entführten, träumte ich unwillkürlich in der hell-sichtigen Art der Antike, in der Art irgendeines sokratischen Echos, das mir vertraut auf Flügeln eines Ostwindes zugeweht kam. Ergriffen von so viel Edlem und Feinem entfernte ich mich, überwältigt von so viel Kraft des Geistes, der die physi-sche Kraft sozusagen bloß als Symbol dient, wie um die wahre Lehre zu erläutern und sie mit einem neuen Beweisgrund zu be-stätigen.

Wie viele so ganz verschiedene Jahre haben seit jenem Fest-tag meiner Jugend ihre Flügel geschwungen und ihren Flug nach dem Himmel der Begehrlichkeit genommen! Aber noch in dieser Stunde kann ich an jenen Tag nicht ohne eine gewisse Bewegung zurückdenken. Und hierin liegt für mich eine ausge-zeichnete Entschuldigung bei jenen, die mich überheblich und emporkömmlingshaft gefunden haben mochten, weil ich zu Be-ginn dieser Arbeit unverblümt von meinen intimen Beziehun-gen zu einem berühmten Manne sprach. Man weiß jedoch, daß, wenn einige unter uns mit Gautier vertraut verkehren durften, dies nur geschehen konnte, weil er – es gestattend – es zu wün-schen schien. Er gefällt sich in gutgemeinter Weise in einer lie-bevollen und vertraulichen Väterlichkeit. Auch dies ist wieder nur einer von den Zügen, in dem er jenen tüchtigen und er-lauchten Männern des Altertums ähnelt, die die Gesellschaft der Jungen liebten und die mit ihnen in ernsten Gesprächen un-ter üppigem Grün, am Ufer der Flüsse lustwandelten oder unter Bauten, edel und einfach, wie ihre eigene Seele.

Dieses in vertraulicher Manier skizzierte Porträt bedürfte der Mithilfe eines Kupferstechers. Glücklicherweise hat Théophile Gautier bei verschiedenen Sammelwerken Aufgaben erfüllt, die sich im allgemeinen auf Kunst und Theater bezogen und die aus ihm eine der populärsten Persönlichkeiten von Paris ge-macht haben. Fast jeder kennt seine langen, seidenweichen Haare, seine edle und lässige Haltung und seinen Blick voll Träumerei wie der einer Katze.

Jeder französische Schriftsteller, der für den Ruhm seines Landes erglüht, kann nur mit Stolz und mit Bedauern seine Blicke auf die Zeit jener ertragreichen Krise zurückrichten, in der sich die romantische Literatur in voller Kraft entfaltete. Chateaubriand, noch immer voll Kraft, jedoch weit weg am Horizont, erschien wie ein Athos, der nachsichtig der Bewegung in der Ebene zusah. Victor Hugo, Sainte-Beuve, Alfred de Vigny hatten die französische Literatur verjüngt, ja, mehr noch, sie hatten sie wiedererweckt, sie, die seit Corneille gestorben war. Denn André Chénier, mit seiner weichlichen Altväterlichkeit im Stile Ludwigs XVI. war kein genügend kräftiges Symptom von Erneuerung gewesen, und Alfred de Musset, weibisch und ohne Wissen, hätte zu allen Zeiten existieren können und wäre niemals etwas anderes als ein Faulenzer mit anmutigen Ergüssen gewesen. Alexandre Dumas schuf seine Dramen voll dichterischen Feuers, in denen vulkanische Eruption mit der Fertigkeit eines geschickten Irrigateurs maßvoll dosiert war. Welch ein Feuereifer bei den Literaten jener Zeit und welches Interesse, welch warmes Empfinden beim Publikum! – O entschwundener Glanz! O Sonne, die du hinter den Horizont hinabstiegst! – Es folgte eine zweite Phase in der Bewegung der modernen Literatur, die uns Balzac, das heißt, den wahren Balzac, Auguste Barbier und Théophile Gautier brachte. Denn wir dürfen nicht vergessen, daß letzterer, mag er auch als Literat erst nach dem Erscheinen von *Mademoiselle de Maupin* ins volle Licht der Öffentlichkeit gerückt sein, seine erste Sammlung von Gedichten tapfer mitten während der Revolution erscheinen ließ und daß sie das Datum von 1830 trägt. Wie ich glaube, kam *Albertus* erst 1832 zu diesen Gedichten hinzu. Mochte bis dahin die neue Literatur in noch so lebendigem und reichem Saft gestanden haben, man muß dennoch zugeben, daß ihr ein Element fehlte, oder zum mindesten, daß es sich nur selten nachweisen ließ, wie zum Beispiel in *Notre Dame de Paris,* wobei jedoch Victor Hugo durch die Zahl und Fülle seiner Talente unbedingt eine Ausnahme bildete; was ich damit meine, ist das Lachen und das Gefühl des Grotesken. *Les Jeune-France* bewies bald, daß die Schule sich vervollständigte. Mag dieses Werk einigen auch noch so leichtfertig erscheinen, es schließt doch große Verdienste in sich. Außer der *Beauté du Diable,* das heißt, der reizvollen Grazie und der Verwegenheit der Jugend, enthüllt es auch noch das Lachen, und zwar das beste Lachen. Es wird einem klar, daß zu einer Zeit, die voll von Prellerei war, sich ein Autor hinsetzte und bewies, daß er nicht der Geprellte sei. Ein kräftig entwickelter gesunder Menschenverstand bewahrte ihn vor Nachahmung und den Modereligionen. Vermehrt um eine Schattierung, eine *Träne des Teufels,* setzte sich diese reiche Ader von Heiterkeit fort. Dank *Mademoiselle de Maupin* verbesserte und klärte sich die Stellung, die er einnahm. Lange Zeit war dieses Werk in vieler Mund, als behandelte es knabenhafte Leidenschaften, als entzückte es mehr durch sein Sujet als durch die gelehrte Form, die es auszeichnet. Manche Menschen müssen wirklich vor Leidenschaft überlaufen, daß sie sie überall so anbringen können. Sie ist der Muskat, der ihnen dazu dient, alles, was sie essen, zu würzen. Durch seinen wundervollen Stil, seine kunstgemäße und gewählte, reine und blühende Schönheit wurde dieses Buch zu einem wahrhaften Ereignis. Als solches betrachtete es Balzac, der von diesem Moment an den Verfasser kennenlernen wollte. Nicht nur Stil, sondern einen eigenen Stil zu besitzen, war eines der höchsten, wenn nicht überhaupt das höchste Streben des Autors der *Peau de Chagrin* und der *Recherche de l'Absolu.* Trotz aller Schwerfälligkeiten und Verwicklungen seines eigenen Satzbaus war er stets einer der feinsten und anspruchsvollsten Kenner. Mit *Mademoiselle de Maupin* hielt in der Literatur der Dilettantismus seinen Einzug, der durch die Verfeinerung und Steigerung, die seinen Charakter ausmachen, stets die beste Prüfung des in der Kunst unerläßlichen Talents darstellt. Dieser Roman, dieses Märchen, dieses Gemälde, diese beharrlich fortgesetzte Träumerei eines Malers, dieses Werk, in seiner Art eine Hymne an die Schönheit, führte vor allem zu dem einen großen Ergebnis, daß es die Bedingung für die Schaffung eines Kunstwerkes endgültig festlegte, nämlich die kompromißlose Liebe zum Schönen, die *fixe Idee.*

Was ich zu diesem Thema zu sagen habe (und ich will mich kurz fassen), war zu andern Zeiten etwas allgemein Bekanntes. Später fiel es dem Dunkel, der endgültigen Vergessenheit, anheim. Aus dem Auslande haben sich ketzerische Ideen in die Literaturkritik eingeschlichen. Irgendeine schwüle Wolke, von

Genf, von Boston oder aus der Hölle kommend, hat die schönen Strahlen der Sonne der Ästhetik aufgefangen. Die allbekannte Lehre von der Untrennbarkeit des Schönen, des Wahren und des Guten ist eine Erfindung des modernen Philosophenpacks (Ansteckung vom Ausland, die zur Folge hat, daß man den Jargon des Wahnsinns spricht, wenn man ihn definieren will). Die verschiedenen Objekte der Erforschung des Geistes erfordern Fähigkeiten, die ihnen für alle Ewigkeit angepaßt sind; bisweilen kommt es vor, daß ein Objekt nur eine einzige erfordert, bisweilen erfordert es jedoch die Gesamtheit aller, was jedoch nur äußerst selten der Fall ist und dann nie in gleicher Menge und gleichem Ausmaß. Hierzu muß noch bemerkt werden, daß ein Objekt um so mehr Fähigkeiten erfordert, je weniger vornehm und rein es ist, je verwickelter es sich darstellt und je mehr fremdartige Beimischung es enthält. Das *Wahre* dient den Wissenschaften als Grundlage und als Zweck; es wendet sich vor allem an den reinen Intellekt. Reinheit des Stils wird hier gern gesehen sein, dagegen ist Schönheit des Stils als Element des Luxus anzusehen. Das *Gute* ist die Grundlage und der Zweck der Forschungen auf moralischem Gebiet. Das *Schöne* ist das einzige Streben, der ausschließliche Zweck des Geschmacks. Es mag stimmen, daß das *Wahre* der Zweck der Geschichtsschreibung sei, es gibt jedoch auch eine Muse der Geschichte, was wohl ausdrücken soll, daß einige der Eigenschaften, die der Historiker benötigt, auf dem Gebiet der Muse liegen. Der Roman ist eine jener zusammengesetzten Gattungen, bei der jeweils dem *Wahren* oder dem *Schönen* mehr Platz eingeräumt werden kann. Der Platz, der in *Mademoiselle de Maupin* dem Schönen eingeräumt ist, übersteigt alle Maße. Das war des Verfassers gutes Recht. Worauf dieser Roman abzielt, ist nicht, die Sitten und auch nicht die Leidenschaften einer Epoche zum Ausdruck zu bringen, sondern nur eine einzige Leidenschaft von ganz besonderer, weltumspannender und ewiger Natur, von der getrieben das ganze Buch, um es so auszudrücken, im gleichen Bett mit der Poesie dahinfließt, allerdings ohne sich mit ihr völlig zu vereinigen, da es der beiden Elemente Rhythmus und Reim ermangelt. Dieser Zweck, dieses Ziel, dieses Streben ging dahin, in einem angemessenen Stil nicht die Raserei der Liebe darzustellen, sondern die *Schönheit* der Liebe, die *Schönheit* der Gegenstände, die der Liebe würdig sind, mit einem Wort, die Begeisterung (wohl zu unterscheiden von der Leidenschaft), die durch die Schönheit ausgelöst wird. Einem Geist, der von der Mode der Irrtümer noch nicht erfaßt ist, gibt diese totale Verwirrung der Begriffe von Gattung und Fähigkeit wahrhaftig zu ungeheurem Staunen Anlaß. So wie verschiedene Handwerke verschiedene Werkzeuge erfordern, so erfordern die verschiedenen Forschungsobjekte ihre entsprechenden Fähigkeiten. – Ich nehme an, es sei gestattet, sich bisweilen selbst zu zitieren, hauptsächlich, wenn man es vermeiden will, weitschweifig zu werden. Ich will daher wiederholen:

»... Es gibt noch eine zweite Ketzerlehre ... einen Irrtum, der ein noch zäheres Leben hat, ich meine damit die *Irrlehre von der Belehrung,* die als unvermeidliche Folgerungen die Irrlehren von der *Leidenschaft,* von der *Wahrheit* und von der *Moral* in sich schließt. Eine ganze Menge von Leuten stellt sich vor, der Zweck der Poesie sei Belehrung irgendwelcher Art, daß sie das eine Mal das Gewissen bestärken müsse, ein anderes Mal die Sitten vervollkommnen und schließlich zuweilen auch das Nützliche, welcher Art auch immer es sei, aufzeigen müsse ... Die Poesie – man steige nur einmal in die Tiefe seines eigenen Selbst hinab, befrage seine Seele, rufe sich seine eigene Begeisterung in Erinnerung – hat keinen anderen Zweck als sich selbst; sie kann keinen andern haben, und kein Gedicht wird so großartig, so edel und so seines Namens würdig sein wie das, das einzig und allein um des Vergnügens willen, ein Gedicht zu schreiben, geschrieben wird.

Ich will damit nicht behaupten, daß die Poesie nicht die Sitten verfeinere – man verstehe mich recht –, daß ihr Endzweck nicht der sei, den Menschen über das Niveau der gewöhnlichen Interessen zu erheben; das wäre natürlich widersinnig. Ich behaupte bloß, daß der Dichter, sobald er einen sittlichen Zweck verfolgte, damit seine poetische Kraft geschwächt hat. Und man kann unbesorgt darauf wetten, daß sein Werk schlecht sein wird. Die Poesie darf, bei Androhung der Todesstrafe oder des Verlustes ihrer Eigenschaft, nicht der Wissenschaft oder der Moral gleichen wollen; sie hat nicht die Wahrheit zum Gegenstand, sondern nur sich selbst. Um die Wahrheit aufzuzeigen, gibt es andere Möglichkeiten, und sie liegen auch auf einem andern Gebiet. Die Wahrheit und Lieder sind zwei verschiedene Dinge.

All das, was den Zauber, die Grazie und das Unwiderstehliche eines Liedes ausmacht, nähme der Wahrheit nur ihre Glaubwürdigkeit und ihre Macht. Kalt, ruhig, unbewegt lehnt der lehrhafte Sinn die Diamanten und Blüten der Muse ab; er ist somit das genaue Gegenteil des poetischen Sinnes.

Der reine Intellekt zielt auf die Wahrheit ab, der Geschmack zeigt uns die Schönheit, und der Moralsinn lehrt uns die Pflicht. Richtig ist, daß der Schönheitssinn in engster Verbindung mit den beiden andern steht und der Unterschied, der ihn vom Moralsinn trennt, ist so klein, daß Aristoteles einige seiner feinfühligen Betätigungen unbedenklich unter die Tugenden einreihte. Was daher einen Menschen von Geschmack beim Anblick des Lasters am meisten erbittert, das ist dessen Mißgestalt, sein Mißverhältnis. Das Laster schadet dem Gerechten und dem Wahren, es empört den Intellekt und das Gewissen, aber als Beleidigung der Harmonie, als Mißklang muß es in noch weit höherem Maße manchen Dichtergeist verletzen, und ich halte es nicht für regelwidrig, jedes Vergehen gegen die Moral, das moralisch Schöne, als eine Art Fehler gegen den Rhythmus und die Prosodie anzusehen.

Es läßt uns somit dieser wundervolle, dieser unsterbliche Instinkt, die Erde und alles, was sich auf ihr abspielt, als verkleinerten Abklatsch des Himmels, als eine *Übereinstimmung* mit ihm ansehen. Der unstillbare Durst nach allem, was jenseits ist und was uns Aufschluß über das Leben erteilen könnte, ist der lebendigste Beweis für unsere Unsterblichkeit. Dank der Poesie und zugleich vermittels der Poesie, dank und vermittels der Musik wird der Seele gestattet, ein Stückchen von dem Glanz zu schauen, der jenseits des Grabes liegt; und wenn ein ganz besonders schönes Gedicht die Tränen in die Augen steigen läßt, so sind diese Tränen nicht der Beweis des Übermaßes von Freude, sie legen eher Zeugnis von einer melancholischen Überreizung ab, von etwas, das die Nerven verlangen, von einer in die Unvollkommenheit verbannten Natur, die das Paradies geschaut hat und nun sofort, noch hier auf Erden, seiner teilhaftig werden möchte.

So ist denn die Grundeigenschaft der Poesie, streng und einfach genommen, das Streben des Menschen nach höherer Schönheit, und die Form, in der sich diese Grundeigenschaft äußert, ist Begeisterung, Hingerissenheit, eine Begeisterung, die nichts mit Leidenschaft zu tun hat, die eine Trunkenheit des Herzens* ist, und nichts mit Wahrheit, die die Nahrung der Vernunft ist. Denn die Leidenschaft ist etwas *Körperliches,* zu körperlich sogar, um nicht einen verletzenden, mißtönenden Laut in den Bereich des Schönen hineinzubringen, zu gewöhnlich und zu heftig, um nicht gegen das reine Begehren zu verstoßen, die zarte Melancholie und die edlen Gefühle der Verzweiflung, die in den überirdischen Gefilden der Poesie wohnen.«

Und an einer anderen Stelle sagte ich: »In einem Lande, wo die Idee der Nützlichkeit, von allen Ideen der Welt die der Idee der Schönheit feindlichste, den Vorrang und die Vorherrschaft über alle andern hat, wird der als der vollendete Kritiker gelten, der es zu höchsten Ehren gebracht hat, das heißt derjenige, dessen Neigungen und Wünsche den Neigungen und Wünschen des Publikums am meisten entgegenkommen, derjenige, der Fähigkeiten und Gattungen des Schaffens miteinander verwechselt und allen einen und denselben Zweck zuschreibt, derjenige, der in einem Gedichtband das Mittel zur Läuterung des Gewissens sehen will.«

Tatsächlich hat seit einigen Jahren eine wilde Raserei nach Ehren das Theater, die Dichtkunst, den Roman und die Kritik erfaßt. Ich will die Frage beiseite lassen, welche Vorteile die Heuchelei in dieser Verkennung der Aufgaben finden könnte, welche Tröstungen die literarische Impotenz daraus zu schöpfen vermöchte. Ich will annehmen, sie verfolge keinen Zweck, und mich daher darauf beschränken, sie festzustellen und zu analysieren. Während der ungezügelten Epoche der Romantik, der Epoche des leidenschaftlichen Überschwanges, gebrauchte man häufig die nachstehende Formel: *Die Poesie des Herzens.* Damit räumte man der Leidenschaft volle Rechte ein; man schrieb ihr so etwas wie Unfehlbarkeit zu. Zu welchen Widersinnigkeiten und Sophismen kann doch ein ästhetischer Irrtum

---

* Die Nachbildung der Leidenschaft, verbunden mit der Suche nach dem Wahren und auch ein wenig nach dem Schönen, liegt der dramatischen Verquickung zugrunde; doch ist es eben die Leidenschaft, welche das Drama auf einen Platz zweiter Ordnung im Reiche des Schönen verweist. Wenn ich davon abgesehen habe, auf die Frage nach dem mehr oder weniger vorhandenen Gehalt an Edlem in den Fähigkeiten einzugehen, so deshalb, weil ich nicht zu weit ausholen wollte; doch schadet die Annahme, daß sie einander alle gleichwertig seien, durchaus nicht der allgemeinen Theorie, die ich mich bemühe in kurzen Strichen darzulegen.

die französische Sprache zwingen! Das Herz birgt Leidenschaft in sich, das Herz birgt Hingebung, Verbrechen in sich; doch einzig und allein die Phantasie birgt Poesie in sich. Heutzutage hat zwar der Irrtum eine andere Richtung gewiesen und größere Verhältnisse angenommen. So sagt zum Beispiel eine Frau in einem Moment begeisterter Dankbarkeit zu ihrem Gatten, einem Advokaten:

»Du mein Dichter! Ich liebe dich!«

Übergriff des Gefühls auf das Gebiet der Vernunft! Echt weibliches Denken, welches nicht imstande ist, die Worte richtig anzuwenden! Denn der Sinn ist der: »Du bist ein anständiger Mensch und ein guter Gatte, folglich bist du Dichter, und viel mehr Dichter als die, welche sich des Versmaßes und des Reimes bedienen, um Gedanken von großer Schönheit auszudrükken. Ich möchte sogar behaupten«, fährt dieses Gegenteil von einer Preziösen fort, »daß jeder anständige Mann, der seiner Frau zu gefallen weiß, ein erhabener Dichter ist. Ja, noch mehr, in meiner bürgerlichen Unfehlbarkeit erkläre ich, daß jeder, der wunderbare Verse zu verfertigen versteht, weitaus weniger Dichter ist, als jeder anständige Mensch, der sein Heim liebt; denn das Talent, vollendete Verse zu verfassen, schadet offensichtlich den Eigenschaften eines guten Gatten, die die Grundlage aller Poesie bilden.«

Das Mitglied der Akademie, das diesen für den Advokaten so schmeichelhaften Irrtum beging, mag sich jedoch trösten. Es befindet sich in zahlreicher und erlauchter Gesellschaft; denn durch das Jahrhundert weht der Wind des Wahnsinns, das Vernunftbarometer zeigt auf Sturm. Haben wir nicht erst kürzlich gesehen, wie ein hochberühmter Schriftsteller, einer von den angesehensten, unter einmütigem Beifall die Poesie nicht in die Schönheit, sondern in die Liebe verlegte; in die gewöhnliche Liebe, die des Dienstboten und Krankenwärters, und wie er in seinem Haß gegen alles, was Schönheit ist, ausrief: »Ein guter Schneider ist besser als drei klassische Bildhauer«, und wie er behauptete, wenn Raymond Lulle Theologe geworden sei, so deshalb, weil Gott ihn dafür strafte, daß er vor dem Krebs zurückgeschreckt wäre, der den Schoß einer Dame, der er seine galanten Bemühungen zugewandt hatte, zerfraß! Hätte er wirklich geliebt, fügt er hinzu, wie hätte dieses Leiden sie in seinen Augen verschönen müssen! – Und so ist er denn Theologe geworden! Weiß Gott, es ist ihm recht geschehen. – Der gleiche Schriftsteller rät dem Gatten, der Vorsehung spielen will, er solle seine Frau auspeitschen, wenn sie sich ihm bittend nahte, um den Trost der Vergebung zu fordern. Und welche Züchtigung wird er uns gestatten, dem jeder Würde baren, fiebrigen und weibischen Greise zu erteilen, welcher mit Puppen spielt, zu Ehren seiner Krankheit Madrigale anstimmt und sich mit Wonne in der schmutzigen Wäsche der Menschheit wälzt? Ich für meine Person, ich kenne nur eine: Es ist eine Strafe, die tief und für alle Ewigkeit brandmarkt; denn wie sagt doch das Lied unserer Väter, dieser kraftvollen Väter, die es verstanden in allen Lagen, selbst der aussichtslosesten, zu lachen:

> Das Lächerliche schneidet besser
> Als selbst der Guillotine Eisen.

Ich verlasse diesen Seitenweg, den mich die Empörung einschlagen ließ, und komme auf das eigentliche Thema zurück. Die Empfindsamkeit des Herzens ist der dichterischen Arbeit nicht unbedingt zuträglich. Eine allzugroße Empfindsamkeit des Herzens kann in diesem Falle schädlich sein. Etwas anderes ist es mit der Empfindsamkeit der Phantasie; sie versteht es zu wählen, zu urteilen, zu vergleichen, dieses zu fliehen, jenes zu suchen, und dies schnell und spontan. Diese Empfindsamkeit ist es, welche im allgemeinen *Geschmack* genannt wird und der wir das Vermögen verdanken, auf poetischem Gebiet das Schlechte zu vermeiden und das Gute herauszufinden. Was die Anständigkeit des Herzens betrifft, so gebietet uns einfach die Höflichkeit die Annahme, daß alle Menschen, *sogar die Dichter,* sie besitzen. Ob aber der Dichter daran glaubt, daß die Grundlage seines Schaffens ein sauberes und anständiges Leben sein müsse oder nicht, das interessiert nur seinen Beichtvater und die Gerichte; in welcher Hinsicht er übrigens in genau der gleichen Lage ist wie alle seine Mitbürger.

Beschränken wir den Sinn des Wortes Schriftsteller auf die Werke, die seiner Phantasie entsprungen sind, so wird man sehen, daß, gemäß den Voraussetzungen, unter denen ich die Frage aufgeworfen habe, Théophile Gautier das Vorbild eines

Schriftstellers ist; weil er nämlich der Sklave seiner Pflicht ist, weil er nie aufhört, den Notwendigkeiten seines Berufs gerecht zu werden, weil die Freude am Schönen für ihn *Fatum* ist, weil er sich seine Pflicht zur *fixen Idee* gemacht hat. Mit seinem erleuchteten gesunden Menschenverstand (ich spreche vom gesunden Menschenverstand des Genies und nicht von dem der kleinen Leute) hat er blindlings den rechten Weg eingeschlagen. Jedem Schriftsteller drückt sein vorherrschendes Talent das Siegel auf. Chateaubriand hat den wehmutsvollen Ruhm der Melancholie und des Weltschmerzes besungen. Victor Hugo, gewaltig, furchtgebietend, ungeheuer wie eine Schöpfung des Mythos, zyklopisch sozusagen, stellt die Kräfte der Natur und ihren harmonischen Kampf dar. Balzac, gewaltig, furchtgebietend, dabei verwirrend vielseitig, malt das Ungeheuer einer Zivilisation mit allen ihren Kämpfen, ihren ehrgeizigen Bestrebungen und ihrer Raserei. Er, Gautier, stellt die Liebe zum Schönen, nur zum Schönen, mit allen seinen Unterarten dar, ausgedrückt in einer Sprache, wie sie dafür nicht besser geeignet sein kann. Und man beachte, daß fast alle bedeutenden Schriftsteller, in allen Jahrhunderten, Männer, die wir heute Senioren oder Equipenführer nennen würden, unter sich gleichwertige, wenn nicht gleiche Männer hatten, die fähig waren, für sie einzuspringen. Wenn somit eine Zivilisation abstirbt, so genügt es, ein Gedicht einer besonderen Gattung aufzufinden, damit es uns eine Idee von den gleichartigen in Verlust geratenen gibt und dem kritischen Geist die lückenlose Wiederherstellung der Kette des Schaffens gestattet. Dank seiner Liebe zum Schönen, einer unendlichen, fruchtbaren und sich stets verjüngenden Liebe (als Beispiel für sie ziehe man eine Parallele zwischen seinen beiden letzten Feuilletons über Petersburg und über die Newa und *Italia* oder *Tra los montes*), ist Théophile Gautier ein Schriftsteller von einem neuen und dabei einzigartigen Verdienst. Von ihm läßt sich wahrhaftig sagen, daß er bis zum heutigen Tag keinen Ebenbürtigen besitzt.

Um von dem Werkzeug, das dieser Liebe zum Schönen so vortrefflich dient, ich meine seinen Stil, in angemessener Form zu sprechen, müßten mir gleichwertige Hilfsmittel zur Verfügung stehen, die gleiche Kenntnis einer Sprache, die niemals Schwäche zeigt, dasselbe großartige Wörterbuch, dessen Blätter, bewegt von göttlichem Hauch, sich stets an der rechten Stelle aufschlagen, um das gegebene Wort, das einzig passende Wort, herausspringen zu lassen, kurz, der gleiche Sinn für Ordnung, der jeden Strich und jede Schattierung dort anbringt, wohin sie gehören, und dem nicht das Leiseste entgeht. Bedenkt man, daß Gautier mit dieser wunderbaren Gabe ein unerhörtes Verständnis für die Übereinstimmung und Symbolik im Weltall vereint, diese Fundgrube aller Metaphern, dann wird man begreifen, wieso er es unaufhörlich, unermüdlich und unfehlbar zuwege bringt, das Geheimnisvolle, in dem die Gegenstände der Schöpfung uns vor Augen treten, in Worten auszudrücken. Im Wort, im *Verbum,* liegt etwas Heiliges, das uns verbietet, daraus ein Glücksspiel zu machen. Eine Sprache richtig zu beherrschen, ähnelt beschwörender Zauberkunst. Da beginnt die Sprache wie eine tiefe und klingende Stimme zu sprechen; da erheben sich Denkmäler und ragen auf aus der Tiefe des Raums, da verziehen die Tiere und Pflanzen, die das Häßliche und das Böse vorstellen, ihre unmißverständlichen Fratzen, da erweckt der Wohlgeruch übereinstimmende Gedanken und Erinnerungen; da flüstert oder brüllt die Leidenschaft ihre ewig gleiche Sprache. Der Stil Théophile Gautiers ist von einer Treffsicherheit, die entzückt, erstaunt und an die Wunder denken läßt, die beim Spiel mit Hilfe höchster mathematischer Wissenschaft erzielt werden. Ich erinnere mich, als ich (ich war damals noch sehr jung) das erstemal die Werke unseres Dichters genoß und dabei nachempfand, wie jede Schattierung richtig angebracht war, jeder Hieb saß, so daß mich ein Zittern überfiel und die Bewunderung in mir eine Art Nervenkrise auslöste. Nach und nach gewöhnte ich mich an die Vollendung und ließ mich auf den Wellen dieses schönen und glänzenden Stils dahintreiben, wie einer, der auf einem zuverlässigen Pferde reitet, auf dem er ruhig träumen kann, oder der auf einem Schiff fährt, das fest genug ist, um Stürmen, die kein Steuermann voraussieht, zu trotzen, und in aller Muße sich diese fehlerlose Pracht beschauen darf, die die Natur in den Stunden, in denen sie genial ist, schafft. Dieser angeborenen und sorgfältig gepflegten Gabe verdankte Théophile Gautier es, daß er imstande war, sich oft (wir alle haben es gesehen) an irgendeinen beliebigen Tisch, etwa in einer Redaktion, zu setzen und irgend etwas, eine Kritik oder einen Roman, aus dem Ärmel zu schütteln, das alle

Kennzeichen des Vollendeten und Tadellosen an sich trug und das am nächsten Tag bei den Lesern ebensolches Vergnügen hervorrief, wie es die Setzer der Druckerei durch die Schnelligkeit, mit der es verfaßt wurde, und die Schönheit, mit der es geschrieben war, erstaunt hatte. Erinnert diese Geschwindigkeit, mit der er jedes Problem von Stil und Abfassung löst, nicht an den strengen Grundsatz, den er einmal gesprächsweise in meiner Gegenwart fallen ließ und den er sich zweifellos immer zur Pflicht macht: »Wer bei einer Idee, angenommen, sie sei noch so subtil und unvorhergesehen, versagt, der ist kein Schriftsteller. Etwas Unausdrückbares gibt es nicht.«

IV

Diese ständige, ungewollte, weil angeborene Suche nach dem Schönen und Malerischen mußte den Autor zu der seinem Temperament entsprechenden Gattung des Romans führen. Der Roman und die Novelle besitzen den wunderbaren Vorzug der Anpassungsfähigkeit. Sie eignen sich für jede Veranlagung, umfassen alle Stoffe und verfolgen jeden beliebigen Zweck. Einmal ist es die Suche nach der Leidenschaft, ein andermal die Suche nach der Wahrheit; der eine Roman spricht zur Menge, der andere zu einem Kreis von Eingeweihten; dieser folgt den Spuren des Lebens vergangener Epochen, jener denen von stummen Dramen, die sich im Hirn eines einzelnen abspielen. Der Roman, der einen so wichtigen Platz neben dem Gedicht und der Geschichtsschreibung einnimmt, ist eine Mischgattung, deren Bereich wahrlich keine Grenzen kennt. Wie viele andere Mischlinge ist er ein verwöhntes Kind des Glücks, dem alles gelingt. Außer seiner unendlichen Freiheit unterliegt er keinen Unbequemlichkeiten und kennt keine Gefahren. Die Novelle, die gedrängter, knapper ist, genießt die ewigen Wohltaten des Zwanges: ihre Wirkung ist intensiver; und da die Zeit, die man dem Lesen einer Novelle widmet, weitaus kürzer ist als die, welche man benötigt, um einen Roman zu bewältigen, geht von der Gesamtwirkung nichts verloren.

Der Geist Théophile Gautiers, dichterisch, malerisch, besinnlich wie er ist, mußte diese Form lieben, sie hegen und sie in alle die mannigfachen Kostüme kleiden, nach denen ihm gerade der Sinn stand. Aber auch in den verschiedenen Gattungen der Novelle, in denen er sich versuchte, hatte er Erfolg. Die Groteske und die Posse beherrscht er meisterhaft. Es ist so recht die Fröhlichkeit des einsamen Träumers, die ab und zu dem Erguß zurückgehaltener Heiterkeit die Schleusen öffnet und die dabei die Grazie *sui generis,* die vornehmlich sich selbst gefallen möchte, zu wahren weiß. Wo er jedoch höchste Vollendung erreicht hat, wo sich sein Talent am sichersten und am eindringlichsten erwiesen hat, das ist auf dem Gebiet jener Art von Novelle, die ich die *poetische Novelle* nennen möchte. Man kann ohne weiteres behaupten, daß von allen Formen des Romans und der Novelle, die je den menschlichen Geist beschäftigt und unterhalten haben, die Form des Sittenromans die beliebteste gewesen sei; sie ist es, die der großen Menge am meisten zusagt. So wie Paris vor allem von Paris zu hören liebt, so gefällt sich die Menge in den Spiegeln, in welchen sie sich selbst erblickt. Erhält jedoch der Sittenroman nicht durch hohes, natürliches Geschmacksempfinden des Verfassers seinen Glanz, dann läuft er sehr Gefahr, flach und, da in Sachen der Kunst die Nützlichkeit am Grad des Adels gemessen werden kann, völlig wertlos zu werden. Wenn Balzac aus dieser alltäglichen Gattung etwas Bewundernswertes, immer Fesselndes und oft Erhabenes machen konnte, so deshalb, weil er die ganze Kraft seines Wesens hineinwarf. Wie oft habe ich darüber gestaunt, daß Balzacs großer Ruhm darin bestand, für einen Beobachter zu gelten; in meinen Augen lag sein Hauptverdienst darin, daß er ein Hellseher war, ein leidenschaftlicher Hellseher. Alle seine Romanfiguren sind vom gleichen lebendigen Feuer erfüllt, das ihn selbst beseelt. Alle seine Dichtungen sind farbenfroh wie Träume. Angefangen von den Höhen der Aristokratie bis hinunter in die Niederungen der Plebs sind alle handelnden Personen seiner *Komödie* erpichter aufs Leben, rühriger und schlauer im Kampfe, geduldiger im Unglück, gieriger im Genuß, engelhafter in der Demut, als es uns die Komödie des wirklichen Lebens zeigt. Kurz, bei Balzac sind alle genial, selbst die Portiersfrauen. Alle seine Seelen sind bis zu den Zähnen mit Willen bewaffnet. Der echte Balzac, wie er leibt und lebt! Und da alle Wesen der äußeren Welt sich seinem geistigen Auge ganz besonders plastisch und in ergreifender Karikatur darboten, ließ er seine Gestalten sich krampfhaft verzerren; er schwärzte ihre Schatten und erhellte ihre Lichter. Sein unerhörter Hang zur Kleinmalerei, der mit zu seiner maßlosen Sucht, alles zu sehen und alles sehen zu lassen, alles zu erraten und alles erraten zu lassen, gehört, zwang ihn überdies, die wichtigsten Linien noch kräftiger auszuziehen, um das Gesamtbild zu wahren. Manchmal erinnert er mich an gewisse Kupferstecher, die mit der Ätzung nie zufrieden sind und die die Hauptritzungen der Platte so lange vertiefen, bis daraus Schluchten werden. Dieser erstaunlichen Veranlagung in ihm verdanken Wunderwerke ihr Entstehen. Und dabei nennt alle Welt diese Veranlagung: die Fehler Balzacs. Besser würde man gerade diese seine Vorzüge nennen. Wen gibt es denn sonst, der so glückliche Gaben besäße und der sich rühmen könnte, es zu verstehen, eine Methode anzuwenden, die ihm mit tödlicher Sicherheit gestattete, die gewöhnlichste Alltäglichkeit in Licht und Purpur zu kleiden? Wer brächte dies zustande? Nun, um die Wahrheit zu sagen, wer dies nicht tut, der tut nicht gerade viel.

Die Muse Théophile Gautiers wohnt in einer höhern Sphäre. Sie kümmert sich wenig – zu wenig, meinen einige –, wie Herr Schulz, Herr Schmid oder Herr Jedermann seinen Tag verbringt, und ob Frau Schulz den Artigkeiten ihres Nachbars, des Gerichtsvollziehers, die Zuckerplätzchen des Drogisten vorzieht, der zu seiner Zeit einer der flottesten Tänzer des Tivoli gewesen war. Diese Mysterien regen sie nicht auf. Sie gefällt sich in Höhen, die nicht so stark besucht sind wie die Rue des Lombards: Sie liebt die furchterregenden, die rauhen Landschaften oder jene, denen der Zauber der Eintönigkeit entströmt, die blauen Ufer Ioniens oder blendenden Sandflächen der Wüste. Sie liebt es, in mit allem Prunk verzierten Gemächern zu wohnen, durchzogen vom Wohlgeruch erlesener Parfums. Ihre handelnden Gestalten sind Götter, Engel, der Priester, der König, der Geliebte, der Reiche, der Arme, usw. . . . . Sie liebt es, versunkene Städte wieder auferstehen und Tote in neuer Jugend ihre unterbrochene Sprache der Leidenschaft wiederholen zu lassen. Sie entlehnt vom Gedicht nicht etwa das Versmaß und den Reim, doch seinen Prunk und seine knappe Energie der Sprache. Indem sie sich so des gewöhnlichen Kleinkrams der Wirklichkeiten des Heute entledigt, geht sie in aller Freiheit ihrem Traum von Schönheit nach; doch auch sie, wäre sie nicht so schmiegsam und so gehorsam und nicht die

Tochter eines Meisters, der allem, worauf er seinen Blick nur richten mag, Leben einzuhauchen versteht, liefe große Gefahr, nicht genügend *sichtbar* und *greifbar* zu sein. Kurz, um die Metapher ganz beiseite zu lassen, die Novelle der poetischen Gattung gewinnt ungemein an Würde; ihre Sprache ist edler, allgemeiner; aber ihr droht eine große Gefahr, nämlich die, viel von der Wirklichkeit oder dem magischen Zauber der Wahrscheinlichkeit zu verlieren. Und doch, wer erinnert sich nicht an das Fest des Pharao, die Sklavinnen und die Heimkehr des triumphierenden Heers in *Roman de lo momie*? Die Phantasie des Lesers fühlt sich in die Wirklichkeit versetzt; sie atmet die Wirklichkeit; sie berauscht sich an einer zweiten, vom Zauberstab der Muse geschaffenen Wirklichkeit. Ich habe das Beispiel nicht eigens ausgesucht; ich griff nach dem, das sich als erstes meiner Erinnerung darbot; ich hätte ebensogut zwanzig andere anführen können.

Blättert man in den Werken eines machtvollen Meisters, der seines Willens und seiner Hand stets sicher ist, dann wird einem die Wahl schwer, weil jedes einzelne Stück dem Auge oder der Erinnerung den gleichen Eindruck von Trefflichkeit und Vollendung bietet. Ich würde indessen gern, nicht nur als Probe einer Kunst der schönen Rede, sondern auch als Probe von einem rätselhaften Zartgefühl (denn das Register der Gefühle ist bei unserm Dichter ein viel weiteres, als man allgemein glaubt), die so bekannte Geschichte vom *Roi Candaule* empfehlen. Zugegeben, es war schwer, ein abgebrauchteres Thema zu finden, ein Drama, in dem alle Welt die Lösung des Knotens noch leichter voraussehen konnte. Echte Schriftsteller lieben jedoch Schwierigkeiten. Das ganze Verdienst (wenn wir von der Sprache absehen wollen) liegt somit in der Wiedergabe. Wenn es überhaupt ein gewöhnliches, abgebrauchtes, jeder Frau zugängliches Gefühl gibt, so ist es das der Scham. Hier aber trägt das Schamgefühl einen ins Höchste gesteigerten Charakter, es ist gleichsam eine Religion. Es ist der Kult des Weibes mit sich selbst; es ist ein archäisches, asiatisches Schamgefühl, etwas von dem Gewaltigen der antiken Welt, eine echte Blume des Treibhauses, des Harems oder des Frauengemachs. Der profane Blick verunreinigt sie nicht weniger als der Mund oder die Hand. Betrachten heißt besitzen. Candaule hat seinen Freund Gyges die geheimen Schönheiten der Gattin sehen lassen; Can-

134

daule ist somit schuldig, er hat zu sterben. Von nun an kommt nur Gyges als Gatte in Frage für eine Königin, die auf sich selbst eifersüchtig ist. Doch besitzt Candaule nicht eine zwingende Entschuldigung? Ist er nicht das Opfer eines Gefühls, das ebenso befehlend wie sonderbar ist, das Opfer der Unmöglichkeit für einen nervös und künstlerisch veranlagten Mann, die Last unermeßlichen Glückes ohne Vertrauten zu tragen? Sicher ist diese Auslegung des Themas, diese Analyse der Gefühle, aus denen die Handlung erwächst, der Fabel Platos weitaus überlegen, der Gyges zu einem Hirten und Besitzer eines Talismans macht, mit dessen Hilfe es ihm ein leichtes ist, die Gattin seines Königs zu verführen.

So schreitet sie in wechselvollem Schritt einher, diese seltsame Muse mit ihren mannigfachen Gewändern, eine kosmopolitische Muse, begabt mit der Geschmeidigkeit eines Alkibiades; einmal die Stirn bekränzt mit der Mitra des Orients, mit erhabener und weihevoller Miene, die Bänder im Winde wehend; ein andermal stolz sich blähend wie eine Königin von Saba des Bänkels, in der Hand den kleinen kupfernen Sonnenschirm, auf einem Porzellanelefanten reitend, wie er die Kamine des galanten Jahrhunderts schmückt. Am meisten liebt sie es jedoch, an den duftenden Gestaden des Mittelmeers zu stehen und uns in ihrer goldenen Rede zu erzählen von ›jenem Ruhm, der Griechenland hieß, und jener Größe, die sich Rom nannte‹; dann fühlt sie sich wohl, »die wahre Psyche, die aus dem wahren Heiligen Land zurückkehrt«.

Dieser angeborene Geschmack für die Form und die Vollendung der Form mußte notwendigerweise aus Théophile Gautier einen kritischen Autor, wie er einzig dasteht, machen. Keiner verstand besser als er, das Glück auszudrücken, welches der Fantasie der Anblick eines schönen Gegenstands der Kunst bereitet, mochte dieser Anblick auch der quälendste und schrecklichste sein, den man sich auszudenken vermag. Es ist dies eines der wunderbaren Privilegien der Kunst, daß das Abscheuliche, künstlerisch ausgedrückt, zur Schönheit wird und daß der *Schmerz,* sobald er Rhythmus und Takt erhält, den Geist mit stiller *Freude* erfüllt. Als Kritiker hat Théophile Gautier in seinen *Salon-*Berichten und in seinen Reisebeschreibungen die Schönheit Asiens, die Schönheit Griechenlands, die Schönheit Roms, die Schönheit Spaniens, die Schönheit Flanderns, die

Schönheit Hollands und die Schönheit Englands gekannt, geliebt und erklärt. Als sich die Werke aller Künstler Europas in der Avenue Montaigne feierlich wie zu einer Art ästhetischem Konzil versammelten, wer sprach denn da als erster und am besten über jene englische Schule, welche die Gebildetsten im Publikum höchstens aus einigen Erinnerungen an Reynolds und Lawrence beurteilen konnten? Wer erfaßte sofort die unterschiedlichen, in ihrem Wesen neuen Verdienste Leslies – der beiden Hunt, der eine der Naturalist, der andere der Führer des Präraphaelismus – Maclises, mit seiner kühnen Komposition, mitreißend und seiner selbst sicher – Millais', dieses Dichters der Kleinmalerei – J. Chalons, des Malers der nachmittäglichen Feste im Park, galant wie Watteau, träumerisch wie Claude – Grants, dieses Erben Reynolds' – Hooks, des Malers der *Venetianischen Träume* – Landseers, dessen Tiere kluge Augen haben – dieses sonderbaren Paton, der einen von Fuseli träumen läßt und der mit der Geduld eines andern Zeitalters pantheistische Ideen aufs feinste ausarbeitet – Catermotes, dieses Malers historischer Aquarelle – und dieses andern, dessen Namen mir entfallen ist (Cockerell oder Kendall?), ein versonnener Baumeister, der auf dem Papier Städte erbaut, deren Brücken Elefanten zu Pfeilern haben, welche zwischen ihren Beinen riesige Dreimaster im Schmucke aller Segel durchfahren lassen? Wer war es, der es verstand, seinen Geist sofort zu einem britischen zu machen? Wer fand die Worte, die die bezaubernde Frische und die fliehende Tiefe des englischen Aquarells wiederzugeben vermochten? Wo immer ein Erzeugnis der Kunst zu beschreiben und zu erklären ist, dort ist Gautier zur Stelle und stets bereit.

Ich bin überzeugt, daß es seinen zahllosen Feuilletons und seinen ausgezeichneten Reisebeschreibungen zu verdanken ist, daß alle jungen Leute (die, denen der Hang zum Schönen angeboren war) die zusätzliche Bildung erwarben, die ihnen gefehlt hatte. Théophile Gautier hat ihnen die Liebe zur Malerei beigebracht, so wie Victor Hugo ihnen die Neigung zur Archäologie angeraten hatte. Diese dauernde, mit so viel Geduld fortgesetzte Arbeit war härter und verdienstvoller, als es auf den ersten Blick erscheinen mag; denn seien wir uns dessen bewußt, Frankreich, das französische Publikum (wenn wir von einigen Künstlern und einigen Schriftstellern absehen), ist nicht künstlerisch, von Natur aus künstlerisch veranlagt; dieses Publikum besteht aus Philosophen, Moralisten, Technikern, Liebhabern von Erzählungen und Anekdoten, niemals jedoch aus Künstlern aus freiem Willen. Es fühlt, vielmehr es urteilt nur allmählich, analytisch. Andere, begnadetere Völker fühlen unmittelbar, sofort, synthetisch.

Dort, wo nur das Schöne gesehen werden sollte, sucht unser Publikum nur das Wahre. Dann, wenn er Maler sein sollte, macht sich der Franzose zum Literaten. Eines Tages sah ich im Salon der jährlichen Kunstausstellung zwei Soldaten bestürzt ein Kücheninterieur betrachten: »Ja, wo ist denn Napoleon?« sagte der eine (der Katalog hatte sich in der Nummer geirrt, und die Küche war mit der Zahl bezeichnet, die rechtmäßig zu einer berühmten Schlacht gehört hätte). »Dummkopf!« sagte der andere, »siehst du denn nicht, daß man das Essen für seine Rückkehr kocht?« Sie gingen fort, zufrieden mit dem Maler, sowie zufrieden mit sich selbst. Das ist Frankreich. Ich erzählte diese Anekdote einem General, der darin einen Anlaß fand, die unerhörte Intelligenz des französischen Soldaten zu bewundern. Er hätte sagen sollen: die unerhörte Intelligenz aller Franzosen in Sachen der Malerei. Sogar die beiden Soldaten sind Literaten!

V

Aber leider ist Frankreich auch nicht dichterisch veranlagt. Alle durch die Bank, selbst die am wenigsten *chauvinistischen* unter uns, wußten wir Frankreich an der Table d'hôte, an fernen Gestaden zu verteidigen; hier aber, zu Hause, unter uns, wollen wir es verstehen, die Wahrheit zu sagen: Frankreich ist nicht dichterisch veranlagt; ja, um alles zu sagen, es empfindet sogar einen angeborenen Abscheu vor der Dichtkunst. Von den Schriftstellern, die sich des Verses bedienen, wird es immer die am meisten prosaischen bevorzugen. Ich glaube wahrhaftig – verzeiht mir, ihr, die ihr die Muse wirklich liebt –, daß es mir am Anfang dieser Studie an Mut gebrach, wenn ich behauptete, für Frankreich sei das Schöne nur leicht zu verdauen, wenn es politisch gewürzt werde. Gerade das Gegenteil hätte ich sagen müssen: Gleichgültig, welche Politik die Würze sei, das Schöne führt stets zu Verdauungsstörungen, oder besser gesagt, der französische Magen verweigert seine Aufnahme augenblicklich. Dies kommt, wie ich glaube, nicht nur daher, daß die Vorsehung Frankreich eher für die Suche nach dem Wahren geschaffen hat, als für die nach dem Schönen, sondern auch daher, daß der utopische, kommunistische, alchimistische Charakter all dieser Hirne ihm nur eine einzige und ausschließliche Leidenschaft gestattet: die für die sozialen Formeln. Hier will jeder allen gleichen, aber nur unter der Bedingung, daß sie alle ihm gleichen. Diese Tyrannei voll innerer Widersprüche hat einen Kampf zur Folge, der sich bloß auf die Gesellschaftsform erstreckt, kurz, auf Gleichrichtung, auf allgemeine Ähnlichkeit. Daher der Untergang und die Unterdrückung jedes originalen Charakters! Es kommt daher nicht nur beim Stand der Literaten vor, daß wahre Dichter wie fabelhafte und fremdartige Wesen erscheinen; sondern man kann wohl behaupten, daß hier auf allen Gebieten schöpferischer Tätigkeit der große Mann ein Ungeheuer ist. Ganz im Gegenteil hierzu wuchert in andern Ländern die Originalität im Überfluß wie ein wilder Rasen. Dort gestattet ihr die Sitte dies.

Lieben wir daher unsere Dichter insgeheim und im Verborgenen! Im Ausland besitzen wir das Recht, uns ihrer zu rühmen. Unsere Nachbarn sagen: Shakespeare und Goethe! Wir können ihnen antworten: Victor Hugo und Théophile Gautier! Man wird vielleicht Erstaunen empfinden, daß ich mich über die Gattung, welche dem letzteren vornehmlich zur Ehre gereicht, die seinen Hauptanspruch auf Ruhm bedeutet, weniger verbreite, als ich es über andere getan habe. Ich kann hier gewiß keinen vollständigen Lehrgang über Poesie und Prosodik abhalten. Wohl haben wir in unserer Sprache genügend zahlreiche, genügend feine Ausdrücke, um eine bestimmte Dichtungsgattung zu definieren; werde ich diese Ausdrücke aber zu finden wissen? Mit den Versen verhält es sich so wie mit gewissen schönen Frauen, bei denen Originalität und Korrektheit ein und dasselbe geworden sind; man denkt über sie nicht nach, man *liebt* sie. Théophile Gautier hat *einerseits* die große Schule der Melancholie fortgesetzt, die Chateaubriand gegründet hatte. Seine Melancholie ist sogar in ihrem Wesen positiver, fleischlicher und reicht in manchem an die Traurigkeit der Antike heran. In der *Komödie des Todes* und unter denen, welche

138

durch den Aufenthalt in Spanien angeregt sind, gibt es Gedichte, aus denen der Schwindel und Schrecken von dem Nichts aufsteigt. Man lese als Beispiel die über Zurbaran und Valdes-Leal nach; die wunderbaren Worte über den Satz, der auf dem Zifferblatt der Uhr von Urrugna steht: *Vulnerant omnes, ultima necat;* schließlich die großartige Symphonie, die den Titel *Finsternis* trägt. Ich sage Symphonie, weil dieses Gedicht mich manchmal an Beethoven denken läßt. Ja, bei diesem Dichter, dem man Sinnlichkeit zum Vorwurf macht, kann es sogar vorkommen, daß seine Melancholie so heftig wird, daß er voll und ganz in den Schrecken des Katholizismus verfällt. *Andererseits* hat er der Dichtkunst ein neues Element zugeführt, das ich Tröstung durch die Künste, durch alle malerischen Gegenstände, die das Auge erfreuen und den Geist unterhalten, nennen möchte. In dieser Beziehung ist er ein wahrer Neuerer; er hat den französischen Vers mehr sagen lassen, als er bis zum heutigen Tage je gesagt hat; er hat es verstanden, ihn mit Tausenden von lichtvollen und hervorstechenden Kleinigkeiten auszuschmücken, ohne daß der Zuschnitt des Ganzen oder der allgemeine Umriß einen Schaden davontrüge. Seine Dichtung schreitet erhaben und köstlich einher wie Höflinge in ihrer Festkleidung. Im übrigen ist es eine Eigentümlichkeit der wahren Dichtung, in gleichmäßigem Strome zu fließen, so wie die großen Flüsse, die sich dem Meere nähern, deren Tod und deren Unendlichkeit zu besitzen und alles zu vermeiden, was sich überstürzt und unter Erschütterungen abspielt. Die lyrische Poesie stürmt vorwärts, doch sind ihre Bewegungen elastisch und ausgeglichen. Alles Schroffe und Brüske mißfällt ihr, und sie überläßt es dem Drama oder dem Sittenroman. Der Dichter, dessen Talent wir so leidenschaftlich lieben, kennt alle diese großen Fragen von Grund auf, und er hat es dadurch glänzend bewiesen, daß er systematisch und unablässig die Erhabenheit des Alexandriners in den achtsilbigen Vers einführte (Emaux et Camées). Hier in erster Linie zeigt sich das ausgezeichnete Ergebnis, das sich durch Vereinigung des doppelten Elementes, Malerei und Musik, erzielen läßt, durch den Rhythmus der Musik und den regelmäßigen und symmetrischen Purpur eines strengeren Reims.

Muß ich ferner an diese Reihe von kleinen, mehrstrophigen Gedichten erinnern, die galante oder träumerische Zwischenspiele sind, die teilweise Skulpturen, teilweise Blumen, teilweise Schmuckstücken gleichen, alle aber in feinere Farben getaucht sind als die Chinas oder Indiens und einen reineren und entschiedeneren Schnitt besitzen als Marmor- oder Kristallgegenstände? Jeder, der die Poesie liebt, weiß sie auswendig.

VI

Ich habe versucht (ist es mir aber auch wirklich gelungen?), der Bewunderung Ausdruck zu verleihen, welche mir die Werke Théophile Gautiers einflößen, und die Gründe darzulegen, welche dieser Bewunderung Berechtigung verleihen. Manche – selbst unter den Schriftstellern gibt es solche – werden meine Meinung nicht teilen. Alle jedoch werden sie sich in Kürze zu eigen machen. In den Augen des Publikums ist er heute bloß ein mitreißender Geist; vor der Nachwelt wird er einer der Meister unter den Schriftstellern sein, nicht nur Frankreichs, sondern Europas. Durch seinen Spott, seinen kaustischen Humor, seine feste Entschlossenheit, niemals zum Geprellten zu werden, ist er nur ein wenig Franzose; wäre er aber ganz und gar Franzose, dann wäre er kein Dichter.

Muß ich noch einige Worte über seine so reinen, so liebenswürdigen Sitten verlieren, über seine Gefälligkeit, seine Aufrichtigkeit, dann, wenn er sich Aufrichtigkeiten erlauben kann, wenn er nicht dem *feindlichen Philister* gegenübersteht, über seine große Pünktlichkeit, deren er sich bei der Erfüllung aller seiner Pflichten befleißigt? Wozu? Alle Schriftsteller hatten oft und oft Gelegenheit, seine vornehmen Eigenschaften schätzen zu lernen.

Bisweilen wirft man seinem Geist eine Lücke auf dem Gebiet der Religion und der Politik vor. Ich könnte, wenn ich es wollte, einen neuen Artikel schreiben, der diese irrige Ansicht mit Erfolg zurückwiese. Ich weiß, und das genügt mir, daß mich Leute mit Geist verstehen werden, wenn ich ihnen sage, daß das Bedürfnis nach Ordnung, von dem sein klarer Verstand durchdrungen ist, an sich schon genüge, um ihn vor jedem Irrtum auf politischem und religiösem Gebiet zu bewahren, und daß er mehr als irgendein anderer das Gefühl für die Welthierarchie besitze, das die Natur von oben bis unten auf alle Abstufungen des Unendlichen geschrieben hat. Andere wiederum haben mitunter von seiner offenbaren Kälte, von seinem Mangel an *Menschlichkeit* gesprochen. Alle jene, die die Menschlichkeit so gern im Munde führen, verfehlen nie, bei Themen, die philanthropische Deklamation gut zulassen, das berühmte Wort zu zitieren: *Homo sum; nihil humani a me alienum puto.* Ein Dichter wäre jedoch berechtigt, darauf zu erwidern: Ich habe mir so hohe Pflichten gestellt, daß ich *quidquid humani a me alienum puto!* Meine Aufgabe liegt außerhalb des Menschlichen! Aber auch ohne sein Vorrecht zu mißbrauchen, könnte er einfach entgegnen (ich, der ich sein so zartes und mitfühlendes Herz kenne, weiß, daß er hierzu berechtigt ist): »Ihr haltet mich für kalt und seht dabei nicht, daß ich mir künstlich Ruhe auferlege, eine Ruhe, die ihr mit eurer Häßlichkeit und eurer Barbarei unaufhörlich stören wollt, ihr Menschen der Prosa und des Verbrechens! Das, was ihr Gleichgültigkeit nennt, ist nichts als die Ergebung der Hoffnungslosigkeit; nur ganz selten kann der Mitleid haben, der die Schlechten und die Dummen für unheilbar ansieht. Nur weil ich den trostlosen Anblick eurer Tollheit und eurer Herzlosigkeit vermeiden möchte, richte ich meine Augen unverwandt und eigensinnig auf die Muse in ihrer makellosen Reinheit.«

Dieser Hoffnungslosigkeit, je überzeugen oder bessern zu können, ist es zweifellos zuzuschreiben, daß wir in den letzten Jahren Gautier manches Mal scheinbar nachgeben und ab und zu dem Herrn Fortschritt und der allmächtigen Dame Industrie einige Lobesworte widmen sehen konnten. Man darf ihn bei einer solchen Gelegenheit nicht allzu schnell beim Wort nehmen und muß sich in einem solchen Fall eben sagen, die Verachtung mache bisweilen die Seele zu nachsichtig. Sie behält dann eben ihre wahren Gedanken für sich und gibt einfach durch ein leises Zugeständnis (das nur der richtig zu werten vermag, der in der Dunkelheit klare Sicht bewahrt) zu verstehen, daß sie mit der ganzen Welt in Frieden leben möchte, selbst mit der Industrie und dem Fortschritt, diesen beiden despotischen Feinden der Poesie.

Ich habe verschiedene Leute ihr Bedauern darüber ausdrükken hören, daß Gautier niemals ein öffentliches Amt ausgeübt hat. Sicher ist, daß er in vielen Dingen, besonders aber auf dem Gebiet der schönen Künste, Frankreich hervorragende Dienste hätte leisten können. Zieht man jedoch alles in Erwägung, so ist es besser so. Mag das Genie eines Mannes auch noch so vielseitig sein und sein guter Wille noch so groß, ein öffentliches Amt wird ihm stets etwas von seiner Größe nehmen; mitunter wird seine Freiheit darunter leiden, bisweilen selbst sein Weitblick. Ich für mein Teil ziehe es vor, den Verfasser der *Comédie de la Mort,* von *Une Nuit de Cléopâtre,* von *La Morte amoureuse,* von *Tra los montes,* von *Italia,* von *Caprices et Zigzags* und von so vielen andern Meisterwerken, das bleiben zu sehen, was er bis heute war: einer, der den ganz Großen der Vergangenheit ebenbürtig ist, ein Vorbild für die, die nach uns kommen, ein Diamant, wie er in einer Zeit, beherrscht von Unwissenheit und Materialismus, immer seltener wird, mit einem Wort: ein vollendeter Literat.

Eugène Delacroix
Sein Werk und sein Leben

An den Redakteur der Opinion Nationale

Mein Herr,
Ich möchte noch einmal, ein letztes Mal, dem Genie Eugène Delacroix' huldigen, und ich bitte Sie, den wenigen Seiten, auf denen ich versuchen will, so kurzgefaßt wie möglich die Geschichte seines Talents, den Grund für seine überragende Bedeutung, die meines Erachtens noch nicht zur Genüge erkannt ist, und schließlich einige Anekdoten und einige Bemerkungen über sein Leben und seinen Charakter festhalten, in Ihrem Journal eine wohlwollende Aufnahme zu bereiten.

Ich hatte das Glück, seit meiner frühen Jugend (seit 1845, soweit ich mich erinnern kann) mit dem berühmten Verstorbenen in Freundschaft verbunden zu sein, und während dieser Verbindung, bei der die Hochschätzung von meiner und die Nachsicht von seiner Seite gegenseitiges Vertrauen und Einvernehmen nicht ausschlossen, vermochte ich nach Herzenslust die sorgfältigsten Beobachtungen nicht nur über seine Methode, sondern auch über die intimsten Eigenschaften seiner großen Seele anzustellen.

Sie werden wohl nicht erwarten, mein Herr, daß ich hier eine bis in Einzelheiten gehende Analyse der Werke Delacroix' vornehme. Abgesehen davon, daß ein jeder von uns nach Maßgabe seiner Kräfte und im Einklang mit den Gelegenheiten, bei denen der große Maler dem Publikum die fortschreitenden Arbeiten seines Denkens zeigte, eine solche bereits vorgenommen hat, ist ihre Liste so lang, daß eine derartige Analyse, wollte man auch jedem seiner hauptsächlichsten Werke nur einige Zeilen widmen, fast einen ganzen Band füllen würde. Es muß daher genügen, wenn hier bloß eine lebendige Zusammenfassung geboten wird.

Seine Monumentalgemälde bedecken die Wände des *Salon du Roi* in der Deputiertenkammer, der Bibliothek der Deputiertenkammer, der Bibliothek des Luxembourg-Palais, der Apollogalerie im Louvre und des Friedenssaales im Stadthaus. Dieser Wandschmuck enthält eine ungeheure Menge von allegorischen, religiösen und historischen Vorwürfen, die alle dem vornehmsten Bereich des Geistes angehören. Was seine sogenannten Staffeleigemälde, seine Skizzen, seine Grau-in-Grau-Zeichnungen, seine Aquarelle usw. betrifft, so erreicht ihre Liste annähernd die Zahl von zweihundertsechsunddreißig.

Die großen Stücke, die in den verschiedenen *Salons* ausgestellt waren, beziffern sich auf siebenundsiebzig. Ich entnehme diese Zahlen dem Katalog, den Théophile Silvestre seiner ausgezeichneten Notiz über Eugène Delacroix in seinem *Geschichte der lebenden Maler* betitelten Buche folgen ließ.

Ich selbst habe es mehrmals versucht, diesen gewaltigen Katalog aufzustellen; doch zerbrach meine Geduld an dieser unglaublichen Fruchtbarkeit, und schließlich habe ich, des Kampfes müde, es aufgegeben. Wenn sich Théophile Silvestre geirrt hat, so konnte er sich nur nach unten irren.

Ich glaube, mein Herr, worauf es hier ankommt, ist einfach, die charakteristische Eigenschaft des Genies Delacroix' zu suchen und sich zu bemühen, sie zu definieren, zu erforschen, worin er sich von seinen berühmtesten Vorgängern unterscheidet, ohne ihnen irgendwie nachzustehen; und schließlich, soweit das geschriebene Wort dies überhaupt zuläßt, die Zauberkunst aufzuzeigen, dank der es ihm gegeben war, das *Wort* durch plastischere und passendere Bilder zu vermitteln, als dies irgendeinem andern Schöpfer des gleichen Berufes gelungen wäre – mit einem Wort, zu zeigen, welche besondere Aufgabe die Vorsehung Eugène Delacroix bei der historischen Entwicklung der Malerei übertragen hat.

I

Wer ist Delacroix? Welches waren seine Rolle und seine Aufgabe in dieser Welt? So stellt sich die erste zu prüfende Frage. Ich will mich kurz fassen und bestrebt sein, zu einer sofortigen

Entscheidung zu kommen. Flandern hat Rubens, Italien hat Raffael und Veronese; Frankreich hat Lebrun, David und Delacroix.

Ein oberflächlicher Geist könnte sich vielleicht im ersten Augenblick an der Verbindung dieser Namen stoßen, die so verschiedene Eigenschaften und Methoden vertreten. Ein aufmerksameres geistiges Auge wird jedoch sofort sehen, daß zwischen allen etwas Gemeinsames und Verwandtschaftliches besteht, eine Art Brüderschaft oder Vetternschaft, welche von ihrer Liebe zum Großen, zum Nationalen, zum Gewaltigen und zum Universellen herrührt, einer Liebe, die stets in der sogenannten dekorativen Malerei und in den großen Werken zum Ausdruck kam.

Auch viele andere haben zweifellos große Werke geschaffen; diejenigen jedoch, welche ich nannte, haben sie in der Art geschaffen, die am meisten geeignet ist, eine ewige Spur im Gedächtnis der Menschheit zu hinterlassen. Welcher ist nun der größte unter diesen so verschiedenen Männern? Das mag ein jeder nach seinem Geschmack entscheiden, je nachdem, ob sein Temperament ihn dazu treibt, dem strahlenden, fast leutseligen, zeugenden Überfluß eines Rubens den Vorzug zu geben, der sanften Erhabenheit und eurhythmischen Ordnung eines Raffael, der paradiesischen, dem Nachmittag gleichenden Farbe eines Veronese, der ernsten und angespannten Strenge eines David oder der dramatischen und gleichsam literarischen Redseligkeit eines Lebrun.

Keiner von diesen Männern ist ersetzlich; obgleich sie alle das gleiche Ziel im Auge hatten, haben sie verschiedene, ihrer eigenen Natur entnommene Mittel angewandt. Delacroix, der zuletzt Gekommene, hat mit bewunderungswürdiger Leidenschaft und Inbrunst das zum Ausdruck gebracht, was die andern nur auf unvollständige Weise vermittelten. Vielleicht auf Kosten von etwas anderem, so wie es ja auch jene taten? Möglich, doch steht nicht diese Frage zur Prüfung.

Nicht nur ich, auch viele andere außer mir haben nicht unterlassen, sich über die verhängnisvollen Folgen auszusprechen, die ein Genie mit sich bringt, das in hohem Grade persönlich ist; und es mag schließlich wohl möglich sein, daß die schönsten Ausdrucksformen des Genies anderswo als im Himmel, also auf dieser armen Erde, wo die Vollkommenheit selbst unvollkommen ist, nur um den Preis eines unumgänglichen Opfers zu erreichen wären.

Aber, mein Herr, werden Sie wohl sagen, welches ist denn dieses geheimnisvolle Etwas, das Delacroix zum Ruhme unseres Jahrhunderts besser als jeder andere vermittelt hat? Das Unteilbare ist es, das Unfühlbare, der Traum, die Nerven, die *Seele;* und das ist ihm – beachten Sie es wohl, mein Herr – einzig und allein mit den Mitteln der Linie und der Farbe gelungen; es ist ihm mit der Vollkommenheit des vollendeten Malers gelungen, mit der Strenge des verfeinerten Literaten, mit der Beredsamkeit des passionierten Musikers. Im übrigen ist es eines der Merkmale, an denen sich der geistige Zustand unseres Jahrhunderts erkennen läßt, daß die Künstler bestrebt sind, wenn schon einander nicht zu ergänzen, so wenigstens sich gegenseitig neue Kräfte zu leihen.

Delacroix ist der *suggestivste* von allen Malern, derjenige, dessen Werke, selbst wenn man die zweitrangigen und untergeordneten aussucht, am meisten zum Denken anregen und die einem die meisten poetischen Gefühle und Gedanken ins Gedächtnis zurückrufen, solche, die einem wohl bekannt sind, die man jedoch bereits für immer in die Nacht der Vergangenheit entflohen glaubte.

Das Werk Eugène Delacroix' erscheint mir mitunter wie eine Art Mnemotechnik der Größe und der angeborenen Leidenschaft der Menschheit des Alls. Dieser einzigartige und völlig neue Vorzug Delacroix', der ihm erlaubte, einfach durch die Linie die menschliche Gebärde, und sei sie noch so heftig, auszudrücken und durch die Farbe das, was man die Atmosphäre des menschlichen Dramas oder den Seelenzustand des Schöpfers nennen möchte – dieser durchaus originelle Vorzug hat ihm immer die Sympathie aller Poeten erworben; und wenn es gestattet wäre, aus einem rein materiellen Phänomen eine philosophische Bestätigung abzuleiten, dann, mein Herr, würde ich Sie bitten, darauf zu achten, daß man unter der Menge, die herbeigeströmt war, um ihm die letzte Ehre zu erweisen, viel mehr Literaten als Maler zählen konnte. Um die brutale Wahrheit auszusprechen: diese letzteren haben ihn nie vollkommen verstanden.

II

Und was ist dabei letzten Endes so erstaunlich? Wissen wir denn nicht, daß das Zeitalter eines Michelangelo, eines Raffael, eines Leonardo da Vinci, ja wir können ruhig sagen, selbst eines Reynolds, seit langem vorbei ist und daß sich das allgemeine geistige Niveau der Künstlerschaft bemerkenswert gesenkt hat? Ohne Zweifel wäre es ungerecht, wollte man unter den Künstlern des Tages Philosophen suchen, Dichter oder Gelehrte; doch ließe sich rechtmäßig von ihnen fordern, daß sie etwas mehr Interesse an der Religion, der Poesie und der Wissenschaft zeigten, als sie es zu tun pflegen.

Was wissen sie denn von dem, was außerhalb ihrer Ateliers liegt? Was lieben sie? Was bringen sie zum Ausdruck? Dagegen war Eugène Delacroix gleichzeitig ein von Liebe zu seinem Beruf erfaßter Maler und ein Mann von allgemeiner Bildung; im Gegensatz zu andern modernen Künstlern, die in der Mehrzahl kaum mehr als berühmte oder unbekannte Farbenkleckser sind, traurige Handwerker, ob alt oder jung, nichts als Arbeiter, von denen die einen es verstehen, akademische Figuren zu fabrizieren, die andern Früchte, andere wiederum Tiere.Eugène Delacroix liebte alles, verstand sich darauf, alles zu malen und wußte alle Talentarten auszukosten. Er war der empfänglichste Geist für alle Erfahrungen und alle Eindrücke, der eklektischste und unparteilichste Genießer.

Selbstverständlich war er ein großer Leser. Die Lektüre der Dichter hinterließ in ihm großartige und rasch entworfene Bilder, fertige Gemälde sozusagen. So sehr er sich auch von seinem Lehrer Guérin in der Arbeitsweise und in der Farbe unterschied, so hat er doch von der großen republikanischen und kaiserlichen Schule die Liebe zu den Dichtern und einen gewissen besessenen Geist des Wetteifers mit dem geschriebenen Wort geerbt. David, Guérin, Girodet entzündeten ihren Geist an der Berührung mit Homer, mit Vergil, mit Racine und mit Ossian. Delacroix wurde zum erschütternden Vermittler Shakespeares, Dantes, Byrons und Ariosts. Eine bedeutende Ähnlichkeit und ein leichter Unterschied.

Dringen wir aber bitte etwas tiefer in das ein, was man die Belehrung durch den Meister nennen könnte, eine Belehrung, welche, soweit es meine Person angeht, nicht nur durch die aufeinanderfolgende Betrachtung aller seiner Werke und durch die gleichzeitige Betrachtung einiger davon erfolgte, so wie auch Sie sie auf der Weltausstellung von 1855 genießen konnten, sondern auch durch die zahlreichen Gespräche, welche ich mit ihm führte.

III

Delacroix war leidenschaftlich in die Leidenschaft verliebt und suchte mit kalter Entschlossenheit die Mittel, um die Leidenschaft auf die erkennbarste Art darzustellen. Bei diesem Doppelcharakter finden wir, nebenbei gesagt, zwei Merkmale, welche nur die gediegensten Genies auszeichnen, die höchsten Genies, die kaum geschaffen sind, um den verängstigten, leicht zu befriedigenden Seelen zu gefallen, denen, die in schlaffen, weichen, unvollkommenen Werken eine ausreichende Kost finden. Maßlose Leidenschaft, verbunden mit unerhörtem Willen, daraus bestand dieser Mann.

Deshalb sagte er auch ständig: »Da ich es für das Wichtigste halte, den Eindruck zu vermitteln, den der Künstler durch die Mitwirkung der Natur erhält, ist es da nicht notwendig, daß dieser mit den Fähigkeiten zu schnellster Vermittlung ausgerüstet ist?«

Es ist klar, daß in seinen Augen die Einbildungskraft die wertvollste Gabe war, die wichtigste Fähigkeit, daß aber diese Fähigkeit ohnmächtig und unfruchtbar blieb, wenn ihr nicht die rasche Geschicklichkeit zu Diensten stand, welche der großen herrischen Fähigkeit in ihren ungeduldigen Launen folgen konnte. Gewiß, er hatte es nicht nötig, das stets weißglühende Feuer seiner Einbildungskraft anzufachen; aber er fand den Tag immer zu kurz, um die Mittel des Ausdrucks zu studieren.

Dieser immerwährenden Besorgnis sind die dauernden Untersuchungen, die er mit den Farben, der Qualität der Farben anstellte, zuzuschreiben, ebenso sein Interesse für alles, was die Chemie berührte, und seine Auseinandersetzungen mit den Farbenfabrikanten. Darin kommt er Leonardo da Vinci nahe, der von den gleichen Anfechtungen bestürmt wurde.

Trotz seiner Bewunderung für die brennenden Erscheinungen des Lebens wird Eugène Delacroix niemals mit jener Horde von gewöhnlichen Künstlern und Literaten in einen Topf geworfen werden, deren kurzsichtige Intelligenz sich hinter dem ausdruckslosen und dunklen Wort *Realismus* verschanzt. Als ich Delacroix zum ersten Male sah, im Jahre 1845, wie ich glaube (wie rasch und gierig doch die Jahre vergehen!), da sprachen wir viel über Gemeinplätze, das heißt über die ausgedehntesten und dabei einfachsten Fragen, so zum Beispiel über die Natur. Hier, mein Herr, bitte ich sie um die Erlaubnis, mich selbst zitieren zu dürfen, denn eine Neufassung dürfte kaum an die Worte heranreichen, die ich seinerzeit fast unter dem Diktat des Meisters niederschrieb:

»Die Natur ist nichts als ein Wörterbuch«, wiederholte er häufig. Um die Weite des Sinns, der in diesen Worten liegt, richtig zu begreifen, muß man sich die gewöhnlichen und zahlreichen Verwendungsarten des Wörterbuchs vorstellen. Man sucht darin den Sinn der Worte, die Entstehung der Worte, die Etymologie der Worte, kurz, man entnimmt ihm die Elemente, aus denen sich ein Satz oder eine Erzählung zusammensetzt; aber noch nie hat jemand das Wörterbuch als eine *Komposition* im poetischen Sinne des Wortes angesehen. Die Maler, die der Einbildungskraft gehorchen, suchen in ihrem Wörterbuch die Elemente, die ihrer Vorstellung angepaßt sind, und indem sie sie auf eine bestimmte Kunstart zuschneiden, geben sie ihnen ein völlig neues Aussehen. Diejenigen, die keine Einbildungskraft besitzen, schreiben das Wörterbuch ab. Dies hat ein äußerst schweres Laster zur Folge, das Laster der Banalität, das hauptsächlich denen unter den Malern zu eigen ist, die durch ihr Fach der sogenannten unbeseelten Natur nähergerückt sind, zum Beispiel die Landschaftsmaler, die es im allgemeinen für einen Triumph ansehen, wenn die eigene Persönlichkeit nicht zum Vorschein kommt. Gezwungen, zu schauen und abzuschreiben, vergessen sie zu fühlen und zu denken.

Für den großen Maler waren, vielmehr sind alle Abteilungen der Kunst, von denen der eine diese, der andere jene für die Hauptabteilung hält, nur ganz niedrige Dienerinnen einer einzigen und überragenden Fähigkeit. Ist eine besonders genaue Ausführung erforderlich, so deshalb, damit der Traum ganz besonders genau vermittelt werde; muß die Ausführung äußerst schnell erfolgen, so deshalb, damit nichts von dem außergewöhnlichen Eindruck verlorengehe, der die Idee zur Schöpfung begleitete; daß sich die Aufmerksamkeit des Künstlers selbst auf die materielle Eignung der Werkzeuge erstrecken mag, ist mühelos vorstellbar, muß doch alle Vorsicht angewandt werden, um eine flinke und entscheidende Ausführung zu ermöglichen.

Nebenbei bemerkt habe ich nie eine so sorgfältig und fein hergerichtete Palette gesehen wie die Delacroix'. Sie wirkte wie ein fachmännisch zusammengestellter prächtiger Blumenstrauß.

Bei einem solchen Verfahren, das in seinem Wesen nur logisch ist, müssen alle Gestalten, ihre Anordnung zueinander, die Landschaft oder das Interieur, das ihnen als Hintergrund oder als Horizont dient, ihre Kleidung, kurz, es muß alles dazu beitragen, die Grundidee zu erleuchten, alles muß die dieser zugedachte Farbe tragen, ihre Livree sozusagen. So wie ein Traum in die ihm eigene Atmosphäre von Farbe getaucht ist, so ist es nötig, daß die schöpferische Idee, einmal zur Komposition geworden, den Farbengrund erhält, der ihrer Eigenart entspricht. Ein besonderer Farbton wird natürlich jeweils für die Partie des Gemäldes gewählt, welche zum Schlüssel des Ganzen werden und die übrigen Partien beherrschen soll. Jeder weiß, daß Gelb, Orange, Rot die Begriffe von Freude, Reichtum, Ruhm und Liebe erwecken und vorstellen; es gilt jedoch, Tausende von gelben oder roten Tönen und dazu noch alle übrigen Farben vernunftgemäß in Mengen zu verwenden, die im richtigen Verhältnis zur vorherrschenden Stimmung stehen. Die Kunst der Farbgebung steht in manchem der Mathematik und der Musik nahe.

Dabei geschieht jedoch die heikelste Arbeit mit Hilfe eines Gefühls, dem lange Übung eine Sicherheit verliehen hat, die mit Worten nicht zu bezeichnen ist. Man sieht, dieses hohe Gesetz der allgemeinen Harmonie verdammt alles Schreiende und Grelle, und sei der Maler noch so hoch berühmt, in Grund und Boden. Es gibt Gemälde von Rubens, die nicht bloß an ein Farbenfeuerwerk denken lassen, sondern an mehrere Feuerwerke, die man auf einmal am gleichen Ort abbrennt. Je größer ein Gemälde ist, um so breiter muß der Pinselstrich sein, dies bleibt unbestritten. Doch ist es gut, wenn die Pinselstriche nicht direkt ineinander verlaufen; der Übergang vollzieht sich ganz von selbst in der Entfernung, die vom Gesetz der Harmonie, das sie verbunden hat, vorgeschrieben ist. Die Farbe gewinnt dadurch an Kraft und Frische.

Ein gutes Gemälde, soll es getreulich dem Traume gleichen, des Kind es ist, will geschaffen werden wie eine Welt. So wie die Schöpfung, wie wir sie heute sehen, das Endergebnis von mehreren Schöpfungen ist, und zwar so, daß die folgende die vorhergehende jeweils ergänzt, so besteht eine Gemälde, wenn es harmonisch ausgeführt ist, aus einer Reihe von übereinandergemalten Gemälden, wobei jede neue Lage dem Traume mehr Wirklichkeit verleiht und ihn um eine weitere Stufe der höchsten Vollendung näher bringt. Im Gegensatz hierzu erinnere ich mich, in den Ateliers von Paul Delaroche und Horace Vernet Riesengemälde gesehen zu haben, die, obwohl begonnen, im Entwurf nicht fertig waren, das heißt, sie waren in einzelnen Partien vollkommen ausgefertigt, während verschiedene andere erst durch schwarze oder weiße Umrisse angedeutet waren. Diese Art zu Werk zu gehen ließe sich mit einer rein manuellen Arbeit vergleichen, die eine bestimmte Menge von Flächenraum in festgesetzter Zeit zu bedecken hat, oder mit einer langen Straße, die in eine große Zahl von Teilstrecken unterteilt ist. Ist eine Teilstrecke einmal zurückgelegt, ist sie erledigt; und wenn die ganze Straße durchmessen ist, dann ist der Künstler von seinem Gemälde befreit.

Alle diese Vorschriften unterliegen naturgemäß mehr oder weniger großen Abweichungen, je nach dem Temperament des einzelnen Künstlers. Ich bin indessen überzeugt, daß es für die, welche mit reicher Vorstellungskraft begabt sind, das sicherste Verfahren darstellt. Die Folge ist, daß ein zu weites Abgehen von dem eben erwähnten Verfahren Zeugnis dafür ablegt, daß irgendeinem untergeordneten Fach der Kunst ungewöhnliche und ungerechtfertigte Bedeutung beigemessen wurde.

Ich fürchte nicht den Einwand, es wäre widersinnig, anzunehmen, daß das gleiche Verfahren von einer Menge verschiedener Einzelwesen angewendet werden könnte. Denn es ist klar, daß Rhetorik und Prosodie keine willkürlich erfundene Tyrannei sind, sondern eine Sammlung von Regeln, nach denen der Ordnungssinn des geistigen Wesens verlangt; und niemals haben Rhetorik und Prosodie die Entstehung einer ausgesprochenen Originalität verhindert. Das Gegenteil, nämlich, daß sie zur Entfaltung einer Originalität beigetragen haben, wäre weitaus richtiger.

Um mich kurz zu fassen, bin ich gezwungen, eine ganze Menge von der Hauptformel abgeleiteter Nebenregeln zu übergehen, jener Hauptformel, in der sozusagen der gesamte Formelschatz der wahren Ästhetik enthalten ist und die folgendermaßen ausgedrückt werden kann: Das ganze sichtbare Universum ist nichts als ein Vorratslager von Bildern und Zeichen, denen die Fantasie Platz und relativen Wert anzuweisen hat, eine Art Futter, das die Fantasie erst verdauen und umformen muß. Alle Fähigkeiten der menschlichen Seele haben sich der Fantasie unterzuordnen, die sie alle gleichzeitig in Beschlag nimmt. Ebenso wie eingehende Kenntnis des Wörterbuches nicht notwendigerweise die Kenntnis der Kunst der Komposition mit sich bringt, ebenso bedeutet die Kunst der Komposition noch nicht allumfassende Phantasie. Es muß somit ein *guter* Maler nicht unbedingt ein *großer* Maler sein; dagegen ist ein großer Maler zwangsläufig ein guter Maler, denn umfassende Fantasie schließt in sich Kenntnis aller Hilfsmittel und den Wunsch, sie zu erwerben.

Auf Grund der Begriffe, die ich soeben schlecht und recht beleuchtet habe (es wäre noch so manches zu sagen, speziell über das, worin alle Künste übereinstimmen, sowie über die Ähnlichkeiten des anzuwendenden Verfahrens!), wird es einem klar, daß sich die ungeheuer große Klasse der Künstler, das heißt der Männer, die es sich zur Aufgabe machen, das Schöne auszudrücken, deutlich in zwei Lager scheidet. Das eine, welches sich selbst *realistisch* nennt – ein doppelsinniges Wort, dessen Sinn nicht ganz eindeutig ist – und das wir, um den darin enthaltenen Irrtum zu charakterisieren, *positivistisch* nennen möchten, erklärt: »Ich will die Dinge so darstellen wie sie sind oder wie sie wären, selbst unter der Annahme, daß ich selbst gar nicht vorhanden bin.« Die Welt ohne den Menschen! Und das andere, das fantasiebegabte Lager sagt: »Ich will die Dinge mit meinem Geist erleuchten und ihren Abglanz auf alle andern Geister strahlen lassen.« Obwohl diese beiden einander vollkommen entgegengesetzten Lehren es vermögen, die Bedeutung eines jeden Vorwurfs zu erhöhen, respektive zu vermindern, angefangen von der religiösen Szene bis zum ganz bescheidenen Landschaftsstück, mußte trotzdem der Mann von

Fantasie sich in der Regel in der religiösen Malerei und im Fantasiestück offenbaren, während die sogenannte Genremalerei und das Landschaftsbild anscheinend den trägen und nur schwer aufzurüttelnden Geistern weite Möglichkeiten bieten mußten.

Die Fantasie Delacroix'! Sie hat stets ohne Furcht die schwierigen Höhen der Religion erklommen; der Himmel gehörte ihr ebenso wie die Hölle, wie der Krieg, wie der Olymp und wie die Sinnenlust. Er ist der echte Typus des Maler-Poeten! Er ist einer der ganz wenigen Auserwählten, und im Bereich der Weite seines Geistes liegt auch die Religion. Seine Fantasie, brennend wie die Totenkerzen, strahlt in allen Flammen und in ihrem ganzen Purpur; die Leidenschaft mit ihrem ganzen Schmerz macht ihn leidenschaftlich; die Kirche erleuchtet ihn mit ihrem ganzen Glanz. Je nach Eingebung gießt er über die Leinwand Blut, Licht oder Finsternis aus. Ich glaube, am liebsten erhöhte er sogar die Erhabenheit des Evangeliums noch zusätzlich mit dem Feierlichen, das ihm angeboren ist.

Ich sah eine kleine *Verkündigung* von Delacroix, auf welcher der Engel, der zu Maria kam, nicht allein war, sondern von zwei andern Engeln geführt wurde, und die Wirkung dieser himmlischen Hofzeremonie war überwältigend und bezaubernd. Eines seiner Jugendgemälde, *Christus am Ölberg* (»Herr, wende den Becher von mir ab«), ist übergossen von fraulicher Zärtlichkeit und dichterischer Gesalbtheit. Der Schmerz und der Prunk, die beide in der Religion so stark zum Ausdruck kommen, finden in seinem Geiste stets Widerhall.

Und erst vor kurzem erklärte ich zum Thema der bewußten Engelskapelle in Saint-Sulpice *(Die Vertreibung Heliodors aus dem Tempel* und *Jakob ringt mit dem Engel)*, seiner letzten großen Arbeit, die so albern kritisiert wurde:

Niemals, nicht in der *Milde Trajans* und auch nicht im *Einzug der Kreuzfahrer in Konstantinopel* hat Delacroix ein übernatürliches Farbenspiel dargeboten, in dem sein Glanz und seine Kenntnisse besser zutage getreten wären, niemals einen zeichnerischen Entwurf, in dem das *gewollt* Epische mehr zum Ausdruck gekommen wäre. Ich weiß wohl, daß einige Leute, wahrscheinlich sind es Maurer, mag sein, sie sind sogar Baumeister, im Hinblick auf dieses letzte Werk das Wort *Dekadenz* fallen ließen. Hier ist der Ort, wo daran erinnert werden muß, daß große Meister, ob Dichter oder Maler, Hugo oder Delacroix, ihren zaghaften Bewunderern immer um einige Jahre vorangehen.

Das Publikum ist dem Genie gegenüber eine Uhr, die nachgeht. Wer unter den klarsehenden Menschen versteht nicht, daß das erste Gemälde eines Meisters bereits alle andern im Keim in sich trug? Daß er aber die ihm angeborenen Gaben vervollkommnet, sie mit Vorbedacht schärft, daß er aus ihnen neue Wirkungen hervorholt, daß er selbst seine Natur zur Hergabe des Letzten antreibt, das ist unvermeidlich, vorgezeichnet und lobenswert. Gerade das ist das Hauptmerkmal des Genies Delacroix', daß es eine Dekadenz nicht kennt; es läßt nur Fortentwicklung erkennen. Nur waren seine ursprünglichen Vorzüge so mitreißend und so reich, machten auf die Geister, selbst die gewöhnlichsten, einen so starken Eindruck, daß sie den täglichen Fortschritt nicht merken; einzig die, welche zu denken verstehen, vermögen ihn klar zu erkennen.

Ich sprach eben vom Gerede von ein paar Maurern. Mit diesem Wort will ich jene Klasse von groben und schwerfälligen Geistern brandmarken (ihre Zahl ist unendlich groß), welche die Gegenstände nur nach ihren Umrissen oder, was noch schlimmer ist, nach ihren drei Dimensionen bewerten: Breite, Länge und Tiefe, ganz genau so wie die Wilden und die Bauern. Ich mußte mir oft anhören, wie Leute dieser Sorte eine Rangordnung der Eigenschaften aufstellten, die für mich vollkommen unverständlich blieb; zum Beispiel, wenn einer behauptete, die Fähigkeit, die diesem gestatte, einen richtigen Umriß zu zeichnen, oder jenem einen Umriß von übernatürlicher Schönheit, sei der Fähigkeit überlegen, die es verstehe, verschiedene Umrisse wie ein Zauberer zu vereinigen. So wie diese Leute behaupten, träumt die Farbe nicht, denkt sie nicht, spricht sie nicht. Und wenn ich das Werk eines der eigens so genannten Koloristen betrachte, dann gebe ich mich, scheint es, einem unlauteren Vergnügen hin; am liebsten würden sie mich einen Materialisten nennen, um den aristokratischen Beinamen eines Spiritualisten sich vorzubehalten.

Diese oberflächlichen Geister ahnen ja gar nicht, daß die beiden Fähigkeiten nie ganz voneinander zu trennen sind und daß beide das Erzeugnis eines einzigen, sorgsam gepflegten Urkeims sind. Die äußere Natur liefert dem Künstler bloß die sich stets erneuernde Gelegenheit, diesen Keim zu pflegen; sie ist nur ein loser Haufen von Material, das Stück für Stück in Ordnung zu bringen der Künstler höflich eingeladen ist, ein *incitamentum*, ein Wecker für die schlummernden Fähigkeiten. Um mich ganz richtig auszudrücken, es gibt in der Natur keine Linie und keine Farbe. Erst der Mensch erschafft die Linie und die Farbe. Beides sind Abstrakta, die ihren Adel vom gleichen Ursprung herleiten.

Ein geborener Zeichner (nehmen wir an, er sei noch ein Kind) beobachtet in der Natur, sei sie nun unbewegt oder bewegt, gewisse Unebenheiten, die ihm Freude bereiten und die er zu seinem Vergnügen vermittels Linien auf dem Papier festhält, wobei er, so wie es ihm einfällt, die Krümmungen übertreibt oder verkleinert. So lernt er das Zierliche, das Elegante, das Charakteristische in der Zeichnung herauszuarbeiten. Nehmen wir nun an, ein Kind wäre dazu ausersehen, den Zweig der Kunst, der Farbe heißt, zu vervollkommnen: In diesem Falle wird es aus dem Widerstreit oder aus dem glücklichen Zusammentreffen zweier Töne und aus dem Vergnügen, das es dabei empfindet, das unbegrenzte Wissen um die Kombinationen der Farbtöne schöpfen. In beiden Fällen war die Natur einfach nur die Triebfeder.

Die Linie und die Farbe regen alle beide zum Denken und zum Träumen an: die Lustempfindungen, die daraus herrühren, sind verschiedener Natur, jedoch vollkommen gleichwertig und gänzlich unabhängig vom Vorwurf des Gemäldes.

Ein Gemälde von Delacroix, selbst wenn es sich zu weit entfernt befindet, als daß man die Anmut der Umrisse oder die mehr oder weniger dramatische Beschaffenheit des Sujets beurteilen könnte, erfüllt einen doch bereits mit übernatürlichen Lustempfindungen. Es scheint einem, als käme eine magische Wolke auf einen zu und hüllte einen ein. Dunkel und doch köstlich, leuchtend und dabei still, setzt sich der Eindruck einem für ewige Zeiten im Gedächtnis fest und legt Zeugnis für den echten, den vollkommenen Künstler der Farbe ab. Und die Analyse des Sujets wird, sobald man näher tritt, von diesem ersten Vergnügen nichts wegnehmen und ihm nichts hinzufügen, liegt seine Quelle doch anderswo, weit außerhalb jedes geheimen Gedankens.

Ich könnte das Beispiel auch umkehren. Eine gut gezeichnete Figur erfüllt einen mit einem Vergnügen, das mit dem Vorwurf absolut nichts zu tun hat. Ob erfreulich oder schreckerregend, jedenfalls verdankt diese Figur ihren Reiz nur der zeichnerischen Linie, durch die sie sich vom Raume abhebt. Die Glieder eines Märtyrers, die blutig geschlagen werden, der Körper einer hingestreckten Nymphe erregen eine Art von Gefallen, dessen Elemente mit dem Sujet nichts zu tun haben; verhält es sich bei jemand anders, so bin ich gezwungen zu glauben, er sei ein Henker oder ein Wüstling.

Aber ach! Wozu denn, wozu diese unnützen Wahrheiten immer von neuem wiederholen?

Vielleicht aber, mein Herr, werden Ihre Leser diese Redekunst weit weniger zu schätzen wissen als die Einzelheiten über die Persönlichkeit und die Gewohnheiten unseres tiefbetrauerten großen Malers, die ihnen zu geben ich selbst schon ungeduldig bin.

IV

Vor allem in den Schriften Eugène Delacroix' zeigt sich dieser Zwiespalt der Natur, von dem ich sprach. Viele gab es, wie Sie, mein Herr, wissen dürften, die über die Vernunft seiner niedergeschriebenen Ansichten und die Mäßigung seines Stiles staunten, die einen unter Bedauern, die andern mit Billigung. *Les Variations du beau,* die Studien über Poussin, Prud'hon, Charlet und alle übrigen Arbeiten, die im *Artiste,* damals im Besitze Ricourts, oder in der *Revue des Deux Mondes* erschienen, bestätigen bloß diese Doppelnatur großer Künstler, die sie dazu treibt, als Kritiker die Eigenschaften, welche sie in ihrer Tätigkeit als Schaffende am meisten entbehren und die die Antithese zu denen bilden, die sie im Überfluß besitzen, mit größerem Vergnügen zu loben und zu analysieren. Hätte Eugène Delacroix das gelobt und gepriesen, was wir an ihm vor allem bewundern, das Gewalttätige, die Plötzlichkeit der Gebärde, das Ungestüme in der Komposition, das Magische der Farbe, wahrlich, es wäre ein Anlaß zum Staunen gewesen. Weshalb das suchen, was man in fast allzugroßer Menge besitzt, und wie nicht das rühmen, was uns seltener scheint und schwerer zu erlangen ist? Immer, mein Herr, werden wir die gleiche Erscheinung bei genialen Schöpfernaturen eintreten sehen, ob Maler oder Literaten, immer dann, wenn sie ihre Fähigkeiten der Kritik zuwenden. Zur Zeit des großen Kampfes der beiden Schulen, der Klassik und der Romantik, rissen einfältige Geister den Mund auf, wenn sie Eugène Delacroix unaufhörlich Racine, La Fontaine und Boileau rühmen hörten. Ich kenne einen Dichter, der selbst stürmisch und überempfindlich veranlagt ist und den die symmetrische und trockene Melodie eines Verses von Malherbe in nicht enden wollende Verzückung versetzt.

So vernünftig, gescheit und klar in Stil und Absicht uns übrigens die literarischen Fragmente des großen Malers erscheinen mögen, so widersinnig wäre es, wollte man glauben, sie seien leicht und mit der sicheren Führung geschrieben, die seinen Pinsel auszeichnete. So sicher er sich beim *Schreiben* seiner Gedanken auf die Leinwand fühlte, ebenso viele Sorgen bereitete ihm das *Malen* seiner Gedanken auf das Papier. »Die Feder«, pflegte er zu sagen, »ist nicht mein Werkzeug; ich fühle, daß ich richtig denke, aber das Bedürfnis nach Ordnung, dem zu gehorchen ich gezwungen bin, erschreckt mich. Würden Sie glauben, daß es mir Kopfschmerzen bereitet, wenn ich eine Seite zu schreiben habe?« Aus diesen Hemmungen, der Folge fehlender Gewohnheit, werden manche ein wenig abgebrauchte, ein wenig manirierte, an das Empire gemahnende Redewendungen erklärlich, die dieser angeboren vornehmen Feder allzuoft entschlüpften.

Was dem Stile Delacroix' einen sichtbareren Stempel aufdrückt, ist seine Knappheit und eine gewisse unauffällige Intensität, das Gewohnheitsergebnis der Konzentration aller Kräfte auf einen gegebenen Punkt. »The hero is he who is immovably centred«, sagt der Moralist von jenseits des Ozeans, Emerson, der, mag er auch für das Haupt der langweiligen Bostoner Schule gelten, nichtsdestoweniger eine gewisse Schärfe in der Art des Seneca besitzt, die sich wohl eignet, einen Denkprozeß anzuschneiden. »Ein Held ist, wer unwandelbar konzentriert bleibt.« – Der Grundsatz, den der Führer des amerikanischen Transzendentalismus auf die Lebensführung und auf das Gebiet der Geschäfte anwenden will, ist ebenso auf das Gebiet der Dichtung und der Kunst anwendbar. Ebensogut könnte man sagen: »Ein literarischer Held, das heißt ein echter Schriftsteller ist der, welcher unwandelbar konzentriert bleibt.« Es wird Sie daher nicht überraschen, mein Herr, daß Delacroix eine ausgesprochene Sympathie für die knappen und konzentrierten Schriftsteller hatte, diejenigen, deren Prosa mit Verzierungen nicht zu überladen ist, die gleichsam den raschen Flug der Gedanken nachahmen und deren Rede einer Gebärde gleicht, wie zum Beispiel Montesquieu. Ich kann Ihnen ein interessantes Beispiel für eine solche ergiebige und poetische Kürze anführen. Zweifellos haben Sie, so wie ich, dieser Tage in der *Presse* eine hochinteressante und besonders schöne Studie Paul de Saint-Victors über die Decke der Apollogalerie gelesen. Die verschiedenen Auffassungen von der Sintflut, die verschiedenen Arten von Auslegungen der Legenden über die Sintflut, die moralische Bedeutung der Episoden und Handlungen, aus denen sich die Gesamtheit dieses wunderbaren Gemäldes zusammensetzt, nichts ist vergessen, und das Gemälde selbst ist bis in seine kleinsten Einzelheiten beschrieben in diesem ansprechenden, ebenso geistreichen wie farbigen Stil, von dem uns der Verfasser bereits so viele Proben gegeben hat. Trotzdem hinterläßt das Ganze im Gedächtnis nur ein verschwommenes Farbenbild, so etwa wie das ganz unbestimmte Licht einer Vergrößerung. Vergleichen Sie diesen weitschweifigen Artikel mit den wenigen Zeilen, die ich folgen lasse, welche meiner Meinung nach viel energischer und viel eher geeignet sind, ein Bild zu vermitteln, selbst wenn man annimmt, daß das Bild, das sie kurz schildern, gar nicht existiert. Ich kopiere einfach das Programm, das Delacroix an seine Freunde verteilte, als er sie zur Besichtigung des Bildes, um das es sich hier handelt, einlud.

APOLLO BESIEGT DIE PYTHONSCHLANGE

»Der Gott, hoch zu Wagen, hat bereits einen Teil seiner Pfeile verschossen; seine Schwester Diana reicht ihm ihren Köcher. Bereits von den Geschossen des Gottes der Wärme und des Lebens durchbohrt, windet sich das Ungetüm in seinem Blute und haucht dabei, was ihm von seinem Leben und seiner ohnmächtigen Wut noch übrigblieb, in feurigen Schwaden aus. Die Gewässer der Sinflut sind bereits im Fallen und hinterlassen auf den Berggipfeln die Leichname von Menschen und Tieren oder führen sie mit sich. Die Götter sind empört, die Erde mißgestalteten Ungetümen, unreinen Produkten des Schlamms, ausgeliefert zu sehen. Sie haben sich wie Apollo bewaffnet; Minerva, Merkur stürzen sich auf sie, um sie zu vernichten, damit die ewige Weisheit die Einöde des Weltalls wieder neu bevölkern könne. Herkules zermalmt sie mit seiner Keule. Vulkan, der Gott des Feuers, jagt die Nacht und die unreinen Dünste vor sich her, während Boreas und die Zephyre die Wasser mit ihrem Hauche trocknen und die letzten Wolken auseinanderjagen. Die Nymphen der Ströme und Flüsse haben ihr Schilfbett und ihre noch mit Schlamm und Schmutz beschmierten Krüge wiedergefunden. Die furchtsameren Gottheiten betrachten von weitem diesen Kampf der Götter und der Elemente. Indessen steigt hoch vom Himmel die Siegesgöttin hernieder, um den siegreichen Apollo zu bekränzen, und die Götterbotin Iris läßt ihre Schärpe in den Lüften wehen, als Sinnbild des Triumphs des Lichtes über die Finsternis und die Empörung der Gewässer.«

Ich weiß, der Leser wird gezwungen sein, vieles zu erraten, fast möchte ich sagen, mit dem Verfasser des Textes mitzuarbeiten; glauben Sie aber wirklich, mein Herr, daß meine Bewunderung für den Maler mir in diesem Falle Trugbilder vortäuscht und daß ich mich gänzlich irre, wenn ich behaupte, hier die Spur von aristokratischen Gewohnheiten zu finden, solche, die man von guter Lektüre und jener Rechtschaffenheit des Denkens annimmt, die Männer von Welt, Soldaten, Abenteurer oder selbst einfache Höflinge manchmal aus dem Handgelenk wunderschöne Bücher schreiben ließ, welche wir, die wir vom Fach sind, nicht umhinkönnen zu bewundern?

V

Eugène Delacroix war eine merkwürdige Mischung von Skeptizismus, Höflichkeit, Dandytum, glühendem Willen, Verschlagenheit, Herrschsucht und schließlich einer Art besonderer Güte und gemäßigter Zärtlichkeit, die stets Begleiterin des Genies ist. Sein Vater gehörte zu jener Rasse von starken Männern, deren letzte Repräsentanten wir noch in unserer Kindheit kannten; die einen glühende Apostel Jean-Jacques Rousseaus, die andern entschlossene Schüler Voltaires, die alle mit der gleichen Verbissenheit an der französischen Revolution mitgewirkt und von denen die Überlebenden, ob Jakobiner oder Cordeliers[1], sich völlig guten Glaubens (es ist wichtig, dies im Auge zu behalten) den Ideen Bonapartes angeschlossen hatten.

Eugène Delacroix hat stets Spuren dieses revolutionären Ursprungs bewahrt. So wie von Stendhal kann man von ihm sagen, daß er davor Angst hatte, der Geprellte zu sein. Skeptisch und aristokratisch, kannte er die Leidenschaft und das Übernatürliche nur durch seinen erzwungenen Umgang mit dem Traum. Ein Hasser der Massen, sah er in ihnen nur Bilderstürmer, und die Gewaltakte, die im Jahre 1848 an einigen seiner Bilder verübt wurden, waren nicht dazu angetan, ihn zur politischen Gefühlsduselei unserer Tage zu bekehren. Ja, er hatte sogar, in seinem Stil, seinem Benehmen und seinen Ansichten, etwas von Victor Jacquemont an sich. Ich weiß, daß der Vergleich ein wenig beleidigend ist; ich wünsche daher auch, daß er nur mit äußerster Zurückhaltung aufgenommen werde. In Jacquemont ist etwas vom aufrührerischen bürgerlichen Schöngeist und eine Spottsucht, die gleicherweise bereit ist, die Diener Brahmas wie die Jesu Christi irrezuführen. Delacroix, gewarnt durch den dem Genie stets innewohnenden guten Geschmack, konnte niemals in solche Niedrigkeit verfallen. Mein Vergleich bezieht sich somit bloß auf den Geist der Vorsicht und der Nüchternheit, der ein Merkmal beider ist. Ebenso schienen die Erbmale, welche das achtzehnte Jahrhundert auf seiner Veranlagung hinterlassen hatte, vornehmlich jener Klasse entlehnt, die den Utopisten gleich fernsteht wie den Rasenden, der Klasse der höflichen Skeptiker, der Sieger und Überlebenden, die mehr die Nachfolger Voltaires als Jean-Jacques Rousseaus waren. So erschien denn auch auf den ersten Blick Eugène Delacroix einfach wie ein aufgeklärter Mensch, im ehrenvollen Sinne des Wortes, wie ein vollendeter Gentleman, ohne Vorurteile ohne Leidenschaften. Und erst durch beharrlicheren Verkehr konnte man hinter den Firnis gelangen und die dunklen Gelasse seiner Seele ahnen. Der Mann, mit dem man ihn eher auf Grund seiner äußeren Haltung und seines Benehmens vergleichen könnte, wäre Mérimée. Da war dieselbe scheinbare, leicht affektierte Kälte, der gleiche Mantel von Eis, der eine schamhafte Emp-

---

[1] So hießen die Franziskanermönche wegen des Stricks, den sie um den Leib trugen. Während der französischen Revolution hatte ein politischer Klub im Franziskanerkloster seinen Sitz. Dieser ist hier gemeint.

findlichkeit verdeckte und eine glühende Leidenschaft für das Gute und das Schöne; da war unter derselben Heuchelei von Egoismus dieselbe Aufopferung für die geheimen Freunde und die Ideen, für die er eine Vorliebe hatte.

In Eugène Delacroix war viel von einem Wilden; das war die wertvollste Seite seiner Seele, die Seite, die ganz dem Malen seiner Träume und der Pflege seiner Kunst geweiht war. Er hatte viel von einem Weltmann in sich; diese Seite war dazu bestimmt, die erstere zu verschleiern und sie entschuldbar erscheinen zu lassen. Wie ich glaube, war es eine der größten Sorgen seines Lebens, die Zornausbrüche seines Herzens zu verheimlichen und nicht das Aussehen eines Mannes von Genie zu haben. Sein herrschsüchtiger Geist, ein nur zu berechtigter, aber unseliger Geist, verschwand fast gänzlich unter Tausenden von Artigkeiten. Man hätte sagen können: ein Vulkankrater, der künstlerisch unter Blumensträußen verborgen ist.

Ein weiterer Zug von Ähnlichkeit mit Stendhal war sein Hang zu einfachen Formeln, kurzen Maximen für eine gute Lebensführung. Wie alle Menschen, die um so mehr für Methode eingenommen sind, je mehr ihr heißes und empfindliches Temperament sie davon abzubringen scheint, liebte Delacroix es, kleine Sinnsprüche der ausübenden Moral zu formulieren, wie sie Narren und Tagediebe, die nichts tun, geringschätzig de la Palisse zuschreiben würden, die aber das Genie nicht verachtet, da es der Einfachheit nah verwandt ist, gesunde, kräftige, einfache und harte Lebensregeln, die dem als Harnisch und Schild dienen, den das Verhängnis seines Genies in eine immerwährende Schlacht jagt.

Brauche ich Ihnen erst zu sagen, daß der gleiche Geist von fester und verächtlicher Klugheit die Ansichten Delacroix' auf politischem Gebiete beseelte? Er glaubte, daß sich nichts ändere, obwohl alles den Anschein erweckte, als änderte es sich, und daß bestimmte, regelmäßig wiederkehrende Epochen in der Geschichte der Völker unfehlbar immer wieder analoge Erscheinungen herbeiführten. Kurz, seine Gedanken über Dinge dieser Art kamen sehr, besonders was ihre kalte und traurige Resignation betrifft, den Gedanken eines Historikers nahe, der für meine Person einzig dasteht, und den Sie selbst, mein Herr, des bin ich sicher, nicht umhin konnten, mehr als einmal zu bewundern, da Sie, obwohl Sie diesen Thesen feindlich gegenüberstehen, doch ein Talent zu schätzen wissen. Ich meine Herrn Ferrari, den scharfsinnigen und gelehrten Verfasser der *Geschichte der Staatsräson.* Daher mußte auch der Plauderer, der sich in Gegenwart Delacroix' in Ausbrüchen kindischer Begeisterung für die Utopie erging, gar bald die Wirkung seines bitteren, von sarkastischem Mitleid durchdrungenen Lachens über sich ergehen lassen; und wenn einer so unvorsichtig war, in seiner Gegenwart das große Hirngespinst der Moderne, den Riesenballon der Vervollkommnungsfähigkeit und des unbegrenzten Fortschritts steigen zu lassen, dann fragte er ihn gern: »Wo sind denn Ihre Phidiasse? Wo sind Ihre Raffaels?«

Glauben Sie mir indessen, daß dieser harte, gesunde Verstand Delacroix keineswegs seines angenehmen Wesens beraubte. Dieser temperamentvolle Unglaube, diese Weigerung, sich anführen zu lassen, würzte wie Byronsches Salz seine so poetische und farbige Unterhaltung. Weniger seinem langjährigen weltlichen Umgang, als vielmehr sich selbst, das heißt seinem Genie, dem Bewußtsein seines Genies, verdankte er eine wunderbare Selbstsicherheit, Ungezwungenheit der Manieren, gepaart mit einer Höflichkeit, die wie ein Prisma alle Abstufungen, angefangen von herzlicher Gutmütigkeit bis zur untadeligen Arroganz zuließ. Er verfügte bestimmt über zwanzig verschiedene Arten, »mein lieber Herr« zu sagen, die für ein geübtes Ohr eine merkwürdige Tonleiter der Gefühle bedeuteten. Denn ich muß es schließlich wohl aussprechen, zumal ich darin einen weiteren Lobesanlaß sehe: Eugène Delacroix besaß, obwohl er ein Mann von Genie war oder weil er ein Mann von Genie war, viel von einem Dandy. Er selbst gab zu, daß er sich in seiner Jugend ein Vergnügen daraus gemacht hatte, sich den grobsinnlichsten Eitelkeiten des Dandytums zu ergeben, und er erzählte unter Lachen, jedoch nicht ohne eine gewisse Selbstgefälligkeit, wie er unter Mithilfe seines Freundes Bonnington sich lebhaft angestrengt habe, den Geschmack für englischen Schnitt in Schuhwerk und Kleidung bei der eleganten Jugend einzuführen. Ich setze voraus, daß Ihnen diese Nebensächlichkeit nicht nutzlos erscheinen wird, denn es gibt keine überflüssige Erinnerung, wenn man den Charakter gewisser Männer zu beschreiben hat.

Wie ich Ihnen schon sagte, war es vor allem die natürliche Seite der Seele Delacroix', welche, trotz des abschwächenden

Schleiers einer überfeinerten Zivilisation, den aufmerksamen Beobachter frappierte. Alles in ihm war Energie, aber eine Energie, die von den Nerven und vom Willen kam; denn körperlich war er schwächlich und zart. Ein Tiger, der auf seine Beute lauert, hat weniger Licht in seinen Augen und weniger ungeduldiges Zittern in seinen Muskeln, als unser großen Maler sehen ließ, wenn seine ganze Seele angespannt auf eine Idee blickte oder sich eines Traums bemächtigen wollte. Die physiologische Beschaffenheit seiner Physiognomie, sein Teint, der dem eines Peruaners oder Malaien glich, seine großen schwarzen Augen, die sich jedoch verkleinerten, wenn er vor Aufmerksamkeit zwinkerte, und die schienen, als wollten sie vom Licht kosten, seine reichlichen und glänzenden Haare, seine eigensinnige Stirne, seine zusammengepreßten Lippen, denen eine ständige Willensanspannung einen grausamen Ausdruck verlieh, kurz, seine ganze Persönlichkeit erweckte die Idee exotischen Ursprungs. Mehr als einmal passierte es mir, wenn ich ihn ansah, daß mir die alten Herrscher Mexikos in den Sinn kamen, jener Montezuma, dessen opfergewandte Hand an einem Tage dreitausend Menschen auf dem pyramidenförmigen Sonnenaltar hinzuschlachten verstand, oder einer jener Hindufürsten, denen selbst im Glanz der prächtigsten Feste eine unbefriedigte Gier aus dem Innersten der Augen leuchtet, eine unerklärliche Sehnsucht, etwas wie Erinnerung und Schmerz um Ungekanntes. Beachten Sie bitte, daß an der Grundfarbe der Gemälde Delacroix' auch die der orientalischen Landschaft und dem Innern des orientalischen Hauses eigentümliche Färbung ihren Anteil hat, so daß der Eindruck, den sie bewirkt, dem in jenen intertropischen Ländern empfundenen völlig gleicht; jene Länder, wo überstarke Streuung des Lichtes für ein empfindliches Auge, trotz der Intensität der lokalen Farben, ein gleichsam dämmerhaftes Gesamtergebnis schafft. Die Moralität seiner Werke, vorausgesetzt, daß es gestattet sei, in der Malerei von Moral zu sprechen, trägt gleichfalls deutlich Molochcharakter. Alles in seinem Werk ist nur Verheerung, Mord und Brand; alles legt Zeugnis gegen die ewige und unverbesserliche Barbarei des Menschen ab. Die brennenden und rauchenden Städte, die erschlagenen Opfer, die geschändeten Frauen, ja selbst die Kinder unter den Hufen der Pferde oder unter dem Dolch der rasenden Mütter, dieses ganze Werk, ich betone es,

gleicht einer Schreckenshymne, erdacht zu Ehren des unab-
wendbaren Schicksals und des unheilbaren Schmerzes.
Manchmal konnte er auch – denn es fehlte ihm nicht an Zartheit
– seinen Pinsel dem Ausdruck zärtlicher und freudiger Gefühle
weihen; aber auch dabei war noch eine starke Zugabe von inku-
rabler Bitterkeit, und die Sorglosigkeit und Freude (sonst immer die Begleiter des harmlosen Vergnügens) fehlten völlig.
Ein einziges Mal hat er, wie ich glaube, sich im Lustigen und
Possenhaften versucht und ist, als hätte er erraten, daß dies für
seine Veranlagung zu abseits und zu tief sei, nie mehr darauf zu-
rückgekommen.

VI

Ich kenne verschiedene Persönlichkeiten, die mit Recht sagen
können: *Odi profanum vulgus;* wer von ihnen aber kann sieg-
haft hinzufügen *et arceo*? Der zu häufig ausgeteilte Händedruck
erniedrigt den Charakter. Wenn jemals ein Mensch einen durch
Gitter und Schlösser gut versperrten Elfenbeinturm besaß, so
war es Eugène Delacroix. Wer vermochte seinen Elfenbeinturm, nämlich sein Geheimnis, mehr zu lieben? Ich glaube, am
liebsten hätte er ihn mit Kanonen bestückt und in einen Wald
oder auf einen unzugänglichen Felsen geschafft. Wer liebte
mehr das *home,* Heiligtum und Höhle zugleich? So wie andere
das Geheimnis zur Ausschweifung suchen, so suchte er das Geheimnis zur Eingebung, und hier war es, wo er wahre Orgien
von Arbeit abhielt. »The one prudence in life is concentration;
the one evil is dissipation«, sagt der amerikanische Philosoph,
den wir bereits zitiert haben.

Diese Lebensregel hätte auch Delacroix niedergeschrieben
haben können; sicher ist aber, daß er sie aufs strengste eingehal-
ten hat. Er war zu sehr Weltmann, um die Welt nicht zu verach-
ten; und die Mühe, die er darauf verwandte, nicht allzu erkennbar *er selbst* zu sein, trieb ihn zwangsläufig dazu, unsere Gesellschaft vorzuziehen. *Unsere* besagt nicht nur den ergebenst Ge-
fertigten; sondern noch ein paar andere, Junge und Alte, Journalisten, Dichter, Musiker, in deren Gegenwart er sich unbe-
hindert entspannen und gehenlassen konnte.

In seiner wundervollen Studie über Chopin nennt Liszt Delacroix unter der Zahl der ausdauerndsten Besucher des Musi-ker-Poeten und sagt, er habe es geliebt, bei den Klängen dieser leichten und leidenschaftlichen Musik in tiefe Träumerei zu verfallen, dieser Musik, die einem glänzenden Vogel gleicht, der über den Schrecken eines Abgrunds dahinflattert.

Dank der Aufrichtigkeit unserer Bewunderung war es uns vergönnt – obwohl noch sehr jung an Jahren zu jener Zeit –, dieses so wohlbehütete Atelier zu betreten, wo unserm rauhen Klima zum Trotz eine äquatoriale Temperatur herrschte und wo das Auge zuallererst von der nüchternen Feierlichkeit und der der alten Schule eigenen Strenge betroffen wurde. So hatten wir in unserer Kindheit die Ateliers der ehemaligen Rivalen Davids geschaut, ergreifende Helden, die längst nicht mehr sind. Man hatte so richtig das Gefühl, die Klause könnte un-möglich von einem leichtfertigen, von tausend widerstreitenden Launen geplagten Geist bewohnt sein.

Da gab es keine rostigen Ritterrüstungen, keine malaiischen Krise, kein altes gotisches Eisengerümpel, keine Schmucksa-chen, keinen Plunder, keinen Kram, nichts, was den Besitzer des Hangs zum Zeitvertrieb und zu zeitweiliger Unstetigkeit aus kindischer Träumerei hätte anklagen können. Ein wunder-volles Porträt von Jordaens, das er, weiß Gott wo, aufgestöbert hatte, einige Studien und einige Skizzen von des Meisters eige-ner Hand mußten diesem riesigen Atelier als Schmuck genü-gen, wo ein gemildertes und verhängtes Licht die Andacht be-leuchtete.

Man dürfte diese Kopien wohl bei der Versteigerung der Zeichnungen und Bilder Delacroix', die für den kommenden Januar angesetzt ist, zu sehen bekommen. Er besaß zwei deut-lich zu unterscheidende Methoden des Kopierens. Die eine, frei und großzügig, bestand halb aus Treue und halb aus Verrat; in ihr verwendete er viel von sich selbst. Aus diesem Verfahren er-gab sich eine reizvolle Verbindung, die den Geist in angenehme Ungewißheit versetzte. Diesen paradoxen Eindruck hatte ich vom Anblick einer großen Kopie der *Wunder des heiligen Be-nedikt* von Rubens. Bei der andern Manier wird Delacroix der gehorsamste und ergebenste Sklave seines Vorbildes, und er er-zielte eine so getreue Nachbildung, daß diejenigen, die diese Wunder nicht gesehen haben, daran zweifeln könnten. So ver-hält es sich mit zwei Kopien nach Köpfen von Raffael, die im

Louvre hängen, bei denen der Ausdruck, der Stil, die Manier in so vollendeter Natürlichkeit getroffen sind, daß man nach Belieben die Originale für die Nachbildungen nehmen könnte und umgekehrt.

Nach einem Frühstück, leichter als das eines Arabers, und nachdem er seine Palette mit peinlichster Genauigkeit zusammengestellt hatte, mit der gleichen Sorgfalt wie etwa eine Blumenbinderin oder ein Schaufensterdekorateur zu Werke geht, machte sich Delacroix daran, den unterbrochenen Gedanken wiederzufinden; bevor er sich in seine stürmische Arbeit stürzte, befielen ihn öfters Krisen von Schwäche und Furcht und Nervenzustände, die an die Wahrsagerin denken lassen, welche vor dem Gotte flüchtet, oder Jean-Jacques Rousseau in Erinnerung rufen, der trödelte, in den Papieren wühlte und seine Bücher hin- und herrückte, bis er endlich die Feder aufs Papier setzte. War aber einmal der Bann des Künstlers überwunden, dann hörte er erst auf, bis ihn körperliche Müdigkeit überwältigte.

Als wir eines Tages über dieses, Künstler und Schriftsteller immer beschäftigende Thema plauderten, nämlich Arbeitshygiene und Lebensauffassung, sagte er zu mir:

»Früher einmal, in meiner Jugend, konnte ich mich nicht an die Arbeit machen, wenn mir nicht für den Abend ein Vergnügen in Aussicht stand, Musik, Ball oder gleichgültig welche andere Zerstreuung. Heute aber besitze ich keine Ähnlichkeit mehr mit einem Schüler, heute könnte ich unaufhörlich und ohne jede Hoffnung auf Belohnung arbeiten. Zudem«, fügte er hinzu, »wenn Sie wüßten, wie nachsichtig einen fleißige Arbeit macht und wie wenig wählerisch in bezug auf seine Vergnügungen. Wenn jemand seinen Tag gut ausgefüllt hat, ist er bereit, genug Geist beim Dienstmann an der Ecke zu finden und mit ihm Karten zu spielen.«

Diese Bemerkung erinnerte mich an Machiavelli, der mit den Bauern würfelte. Nun gewahrte ich eines Tages, an einem Sonntag, Delacroix im Louvre in Begleitung seiner alten Bediensteten, jener, die ihn so ergeben betreut und durch dreißig Jahre bedient hat, und er, der Elegante, Verfeinerte, Gebildete nahm keinen Anstand, dieser braven Frau, die ihm übrigens mit naiver Hingabe zuhörte, die Geheimnisse der assyrischen Bildhauerkunst zu zeigen und zu erklären. Sofort kam mir wieder die Erinnerung an Machiavelli und unser seinerzeitiges Gespräch in den Sinn.

Die Wahrheit ist, daß in den letzten Jahren seines Lebens all das, was man Vergnügen nennt, daraus verschwunden war und daß ein einziges, bitteres, gebieterisches, schreckliches an Stelle aller andern getreten war, die Arbeit, die zu der Zeit keine Leidenschaft mehr war, sondern Raserei hätte heißen können.

Wenn Delacroix die Stunden des Tages dem Malen gewidmet hatte, sei es in seinem Atelier, sei es auf den Gerüsten, auf die ihn seine großen dekorativen Arbeiten riefen, verspürte er noch weitere Kräfte in seiner Liebe zur Kunst, und er hätte den Tag für schlecht ausgefüllt angesehen, wenn die Abendstunden nicht dazu verwendet worden wären, beim Schein der Lampe zu zeichnen, das Papier mit Träumen, mit Projekten zu bedecken, mit Gestalten, aufgefangen in den Zufälligkeiten des Lebens, bisweilen auch die Zeichnungen anderer Künstler zu kopieren, deren Temperament dem seinen gerade am fernsten stand; denn er besaß eine Leidenschaft für Notizen, für Entwürfe, und er frönte ihr, wo immer er sich befinden mochte. Während einer ziemlich langen Zeit hatte er die Gewohnheit, bei den Freunden zu zeichnen, bei denen er sein Abende verbrachte. Diesem Umstand verdankt Herr Villot eine ansehnliche Menge von hervorragenden Zeichnungen aus dieser ergiebigen Feder.

Einmal sagte er zu einem jungen Manne meiner Bekanntschaft: »Wenn Sie nicht genug Flinkheit besitzen, die Skizze eines Mannes, der sich aus dem Fenster stürzt, in der Zeit anzufertigen, die er benötigt, um vom vierten Stock bis auf das Pflaster zu fallen, werden Sie nie große Werke schaffen können.« In dieser kolossalen Übertreibung finde ich die Besorgnis seines ganzen Lebens wieder, die, wie man weiß, darin bestand, nicht schnell genug und mit genügender Sicherheit arbeiten zu können, da sich sonst die Intensität der Handlung oder Idee verflüchtigen könnte.

Delacroix war, wie viele andere auch beobachten konnten, ein gesprächiger Mensch. Das Amüsante dabei ist jedoch, daß er vor dem Gespräch Angst hatte wie vor einer Ausschweifung, einer Verzettelung, bei der er Gefahr lief, seine Kräfte zu verlieren. Womit er einen empfing, wenn man bei ihm eintrat, war folgendes: »Heute morgen werden wir nicht plaudern, nicht wahr? Oder nur ganz wenig, ganz wenig.«

Und dann schwatzte er drei Stunden lang. Sein Geplauder war glänzend, geistreich, doch voll von Begebenheiten, von Erinnerungen und von Anekdoten; kurz, man kam dabei auf seine Kosten.

War er durch Widerspruch aufgebracht, dann trat er zeitweilig den Rückzug an, und statt sich auf seinen Gegner frontal zu stürzen, wobei die Gefahr besteht, die Gewalttätigkeiten der Tribüne in das Geplänkel des Salons hineinzutragen, spielte er eine Zeitlang mit seinem Gegner, um schließlich mit unvorhergesehenen Beweisgründen und Tatsachen wieder zum Angriff überzugehen. Es war so richtig die Konversation eines Menschen, der den Kampf liebt und dabei Sklave einer listigen, absichtlich zurückweichenden Höflichkeit voll Finten und plötzlichen Attacken bleibt.

In der vertraulichen Zurückgezogenheit des Ateliers ließ er sich gern dazu herbei, über seine Zeitgenossen unter den Malern seine Meinung abzugeben, und bei solchen Gelegenheiten war es der Fall, daß wir oft die Nachsicht des Genies bewundern konnten, die von einer Art besonderer Unbefangenheit und Bereitschaft zum Genuß herrühren mag.

Er hatte eine erstaunliche Schwäche für Descamps, der heute wohl tief in der Meinung gesunken ist, der sich aber zweifellos in seinem Geiste noch durch die Macht der Erinnerung behauptete. Das gleiche gilt für Charlet. Einmal ließ er mich zu sich kommen, eigens um mich, noch dazu in heftiger Form, wegen eines respektlosen Artikels herunterzuputzen, den ich gegen dieses verhätschelte Lieblingskind des Chauvinismus verbrochen hatte. Vergebens versuchte ich ihm zu erklären, daß es nicht der Charlet der ersten Zeit sei, den ich tadelte, sondern der Charlet der Dekadenz, nicht der ruhmvolle Geschichtsschreiber der Grognards[2], sondern der Schöngeist der Kneipen. Ich habe niemals seine Verzeihung erlangen können.

Er bewunderte Ingres auf bestimmten Gebieten und bedurfte sicher großer Beherrschung in der Kritik, um aus Vernunft zu bewundern, was er aus Temperament ablehnen mußte. Er hat sogar sorgfältig die Fotografien einiger dieser bis ins kleinste ausgearbeiteten, bleigrauen Porträts kopiert, in denen das harte

---

[2] Brummbär, so wurden die alten Soldaten der napoleonischen Zeit genannt.

und scharfe Talent Ingres' am besten zu werten ist, dieses Mannes, der um so wendiger ist, je beschränkter er ist.

Die scheußliche Farbe Horace Vernets hinderte ihn nicht, die persönliche Kraft zu fühlen, welche die meisten seiner Gemälde beseelt, und er fand erstaunliche Ausdrücke, um das Sprühende und den unermüdlichen Eifer zu loben. Seine Bewunderung für Meissonier ging ein wenig zu weit. Er hatte sich, fast mit Gewalt, in den Besitz der Zeichnungen gesetzt, die zur Vorbereitung der Komposition *Barrikade* gedient hatten, den besten Gemälden Meissoniers, dessen Talent, nebenbei bemerkt, weit eindringlicher mit dem einfachen Bleistift zum Ausdruck kommt als mit dem Pinsel. Von ihm sagte er oft, so als träumte er beunruhigt von der Zukunft: »Er ist es, der von uns allen am sichersten sein kann weiterzuleben!« Ist es nicht merkwürdig, wenn man sieht, wie einer, der so große Werke geschaffen hat, einen beneidet, der sich nur in kleinen auszeichnet?

Der einzige Mensch, der es zuwege brachte, diesem aristokratischen Mund einige grobe Worte entfahren zu lassen, war Paul Delaroche. In dessen Werken fand er zweifellos keine Entschuldigung, und er bewahrte eine unzerstörbare Erinnerung an die Leiden, die ihm dieses schmutzige und widerwärtige Malen verursacht hatte, »aus Tinte und Schuhwichse«, wie Théophile Gautier einmal gesagt hat.

Der Mann jedoch, den er am liebsten dazu erkor, um sich in endlosen Plaudereien zu verlieren, war der, der ihm am wenigsten ähnelte, sowohl im Talent als auch in den Ideen, sein richtiger Antipode, ein Mann, dem noch nicht die Gerechtigkeit zuteil wurde, die ihm gebührt, und dessen Hirn, obgleich vernebelt wie der kohlegeschwärzte Himmel seiner Vaterstadt, eine Menge von Bewundernswertem birgt. Ich nenne den Namen: Es ist Paul Chenavard.

Die verworrenen Theorien des Malers und Philosophen aus Lyon ließen Delacroix lächeln; dabei betrachtete der abstrakte Pädagoge die Wonnen der reinen Malerei als etwas Frivoles, wenn nicht gar Sündhaftes. Aber so weit entfernt sie beide voneinander standen, ja gerade wegen dieser Entfernung, liebten sie es, sich einander zu nähern, und wie zwei Schiffe, die mit Enterhaken aneinander hängen, konnten sie voneinander nicht mehr los. Da sie zudem beide äußerst belesen und mit einem bemerkenswerten Sinn für Geselligkeit begabt waren, begegneten sie sich auf dem gemeinsamen Boden der Bildung. Wie man weiß, ist dies gewöhnlich nicht die Eigenschaft, in der Künstler zu glänzen pflegen.

Chenavard wurde so für Delacroix zu einer seltenen Zufluchtsstätte. Es war wirklich ein Vergnügen, die beiden sich in ihrem harmlosen Gefecht erregen zu sehen; die Rede des einen gewichtig wie ein Elefant, der in voller Kriegsausrüstung einherschreitet, die Rede des andern vibrierend wie ein ebenso scharfes wie biegsames Florett. In den letzten Stunden seines Lebens äußerte unser großen Maler den Wunsch, seinem Freund und Widersacher die Hand zu drücken. Leider war dieser gerade weit fort von Paris.

VII

Empfindsame und zartbesaitete Frauen werden wohl Mißfallen darüber äußern, wenn sie erfahren, daß ähnlich wie Michelangelo (man denke an den Schluß eines seiner Sonette: »Bildhauerei! Göttliche Bildhauerei, du bist meine einzige Geliebte!«) Delacroix die Malerei zu seiner einzigen Muse, seiner einzigen Geliebten, seiner alleinigen und ausreichenden Lust gemacht hat.

Es besteht kein Zweifel, daß er die Frau in den bewegten Zeiten seiner Jugend sehr geliebt hat. Wer hat nicht diesem furchtbaren Götzen zuviel geopfert? Und wer weiß nicht, daß gerade die, welche ihm am ergebensten gedient haben, sich darüber am meisten beklagen? Aber schon lange vor seinem Ende hatte er die Frau aus seinem Leben ausgeschlossen. Wäre er Moslem gewesen, hätte er sie vielleicht aus der Moschee gejagt, aber er hätte sich gewundert, hätte er sie diese betreten gesehen, da er nicht recht verstanden hätte, welche Art von Gespräch sie mit Allah führen könnte.

In diesen Dingen, wie in vielen andern, gewann bei ihm die orientalische Denkweise lebhaft und gebieterisch die Oberhand. Er betrachtete die Frau als einen Kunstgegenstand, entzückend und geeignet, den Geist anzuregen, aber dabei ein unfolgsamer und störender Kunstgegenstand, der an der Zeit und den Kräften zehrt, wenn man ihm die Schwelle zum Herzen freigibt.

Ich erinnere mich, als ich ihm einmal in der Öffentlichkeit das Gesicht einer Frau von origineller Schönheit und mit melancholischem Ausdruck zeigte, da wollte er zwar die Schönheit gelten lassen, als Antwort auf das übrige meinte er jedoch mit einem schwachen Lächeln: »Wie wollen Sie, daß die Frau melancholisch sein soll?« Womit er wohl darauf anspielen wollte, daß einer Frau das gewisse Etwas, worauf es ankommt, fehle, um das Gefühl der Melancholie zu kennen.

Leider ist dies eine recht beleidigende Theorie, und ich möchte daher keine entwürdigenden Ansichten über ein Geschlecht preisen, das oft glänzende Vorzüge bewiesen hat. Aber man wird mir wohl zugeben, daß es eine Theorie der Vorsicht ist, daß sich das Talent gar nicht genug in einer Welt, die so voll von Fallstricken ist, mit Vorsicht wappnen kann und daß der Mann von Genie das Vorrecht auf gewisse Doktrinen (unter der Bedingung, daß sie die Ordnung nicht stören) besitzt, die uns berechtigterweise bei einem gewöhnlicher Bürger oder einem einfachen Familienvater empören würden.

Hinzufügen muß ich, auf die Gefahr hin, einen Schatten auf sein Andenken zu werfen, in den Augen der wehmütig gestimmten Seelen vor allem, daß er ebensowenig eine schwache Seite für Kinder hatte. Die Kinder standen ihm immer nur mit von Konfitüre beschmierten Hängen vor Augen (etwas, was die Leinwand oder das Papier beschmutzt) oder trommelschlagend (was beim Nachdenken stört) oder zündelnd und gefährlich wie kleine Tiere, Affen etwa.

»Ich erinnere mich recht gut«, sagte er mitunter, »als ich ein Kind war, war ich ein Scheusal. Das Pflichtbewußtsein erwirbt man sich ganz langsam, und nur mit Hilfe des Schmerzes, der Züchtigung und der fortschreitenden Anwendung der Vernunft vermindert der Mensch nach und nach die ihm angeborene Bösartigkeit.«

So fand er dank seinem einfachen, gesunden Verstand den Rückweg zur katholischen Idee. Denn man kann sagen, daß das Kind im allgemeinen, verglichen mit dem Mann im allgemeinen, der Erbsünde weitaus näher ist.

VIII

Man hätte meinen können, Delacroix hätte alles Gefühl, dessen er fähig war – und er fühlte männlich und tief –, dem strengen Gefühl der Freundschaft vorbehalten. Es gibt Menschen, die sich vom ersten besten leicht hinreißen lassen, andere sparen den Gebrauch dieser göttlichen Gabe für große Gelegenheiten auf. Der große Mann, über den ich mit Ihnen mit so großem Vergnügen spreche – wenn er es auch nicht liebte, wegen Kleinigkeiten gestört zu werden –, verstand es, hilfsbereit, mutig und begeistert zu sein, wenn es um große Dinge ging. Diejenigen, die ihn gut gekannt haben, lernten bei so mancher Gelegenheit seine Treue, seine Pünktlichkeit und seine Gediegenheit, ganz nach englischer Art, in allen gesellschaftlichen Beziehungen schätzen. Wenn er auch anspruchsvoll gegenüber andern war, so war er sich selbst gegenüber nicht weniger streng.

Betrübt und unwillig will ich nur ein paar Worte über gewisse Anschuldigungen, die gegen Eugène Delacroix erhoben wurden, fallen lassen. Ich hörte, wie Leute ihn des Egoismus, ja selbst des Geizes bezichtigten. Beachten Sie, mein Herr, daß dieser Vorwurf von der nicht zu zählenden Klasse gewöhnlicher Seelen immer gegen die erhoben wird, die bestrebt sind, ihre Freigebigkeit ebenso am richtigen Ort zu betätigen wie ihre Freundschaft.

Delacroix war äußerst sparsam, für ihn die einzige Möglichkeit, um zu gegebener Zeit äußerst freigebig sein zu können; ich könnte dies durch mehrere Beispiele beweisen, doch täte ich es nur ungern ohne Erlaubnis von ihm sowie von denen, die seiner dankbar zu gedenken wissen.

Beachten Sie auch, daß viele Jahre lang seine Gemälde nur sehr schlecht zu verkaufen waren und daß die Ausschmückkungsarbeiten sein Honorar fast gänzlich verschlangen, wenn er nicht gar noch dabei zuzahlte. In einer großen Zahl von Fällen hat er seine Verachtung für das Geld bewiesen, dann nämlich, wenn arme Künstler den Wunsch zu erkennen gaben, eines von seinen Werken zu besitzen. So wie ein Arzt, der freigebig und großherzigen Sinnes ist, sich einmal seine Behandlung bezahlen läßt und sie ein andermal verschenkt, so schenkte auch er in einem solchen Falle seine Bilder her oder überließ sie zu irgendeinem Preis.

Und schließlich, mein Herr, erinnern wir uns daran, daß der höherstehende Mensch mehr als jeder andere auf die Verteidigung seiner Person bedacht bleiben muß. Man könnte sagen, die ganze Gesellschaft befände sich im Kriege gegen ihn. Dafür haben wir mehr als einmal die Bestätigung finden können. Seine Höflichkeit nennt man Kälte, seine Ironie, und sei sie noch so gemildert, Bosheit, seine Sparsamkeit Geiz. Wenn sich dagegen der Unglückliche nicht vorsorgend erweist, so wird, weit davon entfernt, ihn zu beklagen, die Gesellschaft sagen: »Geschieht ihm recht; seine Not ist die Strafe für seine Verschwendungssucht.«

Ich kann bezeugen, daß Delacroix in Sachen des Geldes und der Sparsamkeit völlig mit der Meinung Stendhals übereinstimmte, einer Meinung, die Größe mit Vorsicht zu vereinen weiß.

»Der Mann des Geistes«, sagte letzterer, »muß bestrebt sein, soviel zu erwerben, wie er unbedingt braucht, um von niemand abhängig zu werden (zur Zeit Stendhals bedeutete das ein Einkommen von 6000 Francs); hat er jedoch einmal diese Sicherheit erreicht und fährt er dann fort, seine Zeit zu verlieren, um sein Vermögen zu mehren, dann ist er ein Elender.«

Suche nach dem Notwendigen und Verachtung für das Überflüssige bedeutet, wie ein Weiser und Stoiker vorzugehen.

Eine der großen Sorgen unseres Malers in seinen letzten Jahren war das Urteil der Nachwelt und die ungewisse Haltbarkeit seiner Werke. Bald entzündete sich seine so feinfühlige Fantasie an der Idee unsterblichen Ruhms, bald sprach er in bittern Worten von der Empfindlichkeit der Leinwand und der Farben. Ein anderes Mal sprach er mit Neid von den alten Meistern, die fast alle das Glück genossen hatten, durch geschickte Kupferstecher überliefert zu werden, durch Leute, deren Nadel und Stichel es verstanden hatte, sich dem Talent jener anzupassen, und er bedauerte glühend, nicht auch einen gefunden zu haben, der ihn überlieferte. Diese Neigung zum Zerbröckeln des gemalten Werkes, verglichen mit der Dauerhaftigkeit des Druckwerks, war eines seiner gewohnten Gesprächsthemen.

Als dieser so zerbrechliche und eigensinnige, so nervöse und mutige Mann, dieser in der Geschichte der europäischen Kunst einzig Dastehende, der kränkliche und fröstelnde Künstler, der ohne Unterlaß davon träumte, die Wände mit seinen großartigen Ideen zu bedecken, von einem Blutsturz dahingerafft wurde, den er, scheint es, in seinen Krämpfen vorausgefühlt hatte, da empfanden wir alle etwas, das genau jener seelischen Depression, jenem Gefühl wachsender Einsamkeit glich, das uns der Tod Chateaubriands und der Balzacs bereits erfahren ließ, eine Empfindung, die sich erst vor kurzem wieder anläßlich des Hinscheidens Alfred de Vignys erneuerte.

Der Tod eines der Großen der Nation bringt eine Schwächung der Lebenskraft aller mit sich, eine Verdunkelung der Geisteskraft, die einer Sonnenfinsternis gleicht, den momentanen Schein des Weltuntergangs.

Ich glaube jedoch, daß dieser Eindruck vor allem jene stolzen Einsamen befällt, die sich eine Familie nur durch geistige Beziehungen gründen können. Was die übrigen Mitbürger betrifft, so lernen die meisten erst nach und nach verstehen, was das Vaterland mit dem Verlust des großen Mannes verlor und welche Leere er bei seinem Scheiden zurückläßt. Und darauf muß man sie noch stoßen.

Ich danke Ihnen von ganzem Herzen, mein Herr, daß Sie so freundlich waren, mich frei und offen sagen zu lassen, was mir die Erinnerung an eines der seltenen Genies unseres unglückseligen Jahrhunderts eingab – ein Genie, so arm und so reich zugleich, manchmal zu anspruchsvoll, manchmal zu nachsichtig und oft zu ungerecht.

Edgar Allan Poe
Sein Leben und seine Werke[1]

I

Es gibt Schicksale, über denen ein Unstern waltet; in der Literatur jedes Landes können wir Männer finden, die das Wort *Pechvogel* in rätselhaften Schriftzeichen in die tiefen Falten ihrer Stirn geschrieben haben. Es ist noch nicht lange her, da wurde ein Unglücklicher dem Gericht vorgeführt, der auf der Stirn eine sonderbare Tätowierung trug: *Kein Glück.* Der Mensch trug so überall das Kennwort seines Lebens mit sich herum wie ein Buch seinen Titel, und das Verhör bewies, daß sein Leben seinem Aushängeschild gemäß war. In der Geschichte der Literatur lassen sich analoge Schicksale verfolgen. Man möchte fast meinen, der blinde Racheengel habe sich einiger ganz bestimmter Männer bemächtigt und peitsche sie mit aller Kraft zur Erbauung der übrigen Menschheit. Und doch, wenn man ihr Leben aufmerksam durchforscht, findet man bei ihnen Talente, Tugenden, kurz vieles, was für sie einnimmt. Die Gesellschaft belegt sie mit einem besondern Bannfluch und wirft ihnen Charakterfehler vor, die sie selbst ihnen durch ihre ungerechten Verfolgungen beigebracht hat. Was tat E.T.A. Hoffmann nicht alles, um das Schicksal zu entwaffnen? Hoffmann mußte an Austrocknung des Rückenmarks gerade in dem so ersehnten Augenblick erkranken, da er endlich frei von Sorgen zu leben begann, da er endlich die ihm so teuere Bibliothek besaß, von der er stets geträumt hatte. Drei Dinge gab es, von denen Balzac träumte: eine große, wohlgeordnete Ausgabe seiner Werke, die Bezahlung seiner Schulden und eine Heirat, die er seit langem im Geiste gehegt und gepflegt hatte; dank einer Arbeit, deren Gesamtsumme die Einbildungskraft der Ehrgeizigsten zu erschrecken vermag, kommt die Ausgabe zustan-

---

[1] *Revue de Paris,* März und April 1852.

de, werden die Schulden bezahlt und vollzieht sich die Heirat. Man sollte meinen, daß Balzac glücklich war. Allein, das boshafte Geschick, das ihm erlaubt hatte, mit einem Fuß das gelobte Land zu betreten, raffte ihn im selben Augenblick daraus hinweg. Der Todeskampf Balzacs war in seiner Furchtbarkeit völlig seiner gewaltigen Kraft würdig.

Gibt es also eine teuflische Vorsehung, welche das Unglück von der Wiege an bereitet? Es ist also einer, dessen düsteres und vereinsamtes Talent das Fürchten lehrt, absichtlich in eine ihm feindliche Umgebung verbannt worden. Die zarte und feinfühlige Seele eines Vauvenargues treibt zögernd ihre kränklichen Blüten in der groben Atmosphäre einer Garnisonsstadt. Ein Geist, der die freie Luft liebt und sich nach Natur sehnt, quält sich hinter den erstickenden Wänden eines Seminars. Jenes übermütige, ironische, ultragroteske Talent, das sich bisweilen vor Lachen verschluckt und schluchzt, verbringt seine Zeit im Käfig eines weitläufigen Büros zusammen mit grünen Aktendeckeln und goldbebrillten Kollegen. Gibt es also Seelen, die dem Opferaltar bestimmt, sozusagen *geweiht,* sind und die in immerwährender Opferung ihrer selbst dem Tode und dem Ruhm entgegengehen müssen? Wird die Qual der Finsternis ewig diese edelsten der edlen Seelen umfangen? Vergebens wehren sie sich, wenden sie jede Vorsicht an, treiben sie die Klugheit bis zur Vollendung. Da versperren wir alle Öffnungen, wir drehen den Schlüssel zweimal um, wir dichten die Fenster mit Filz – und ach! Wir haben das Schlüsselloch vergessen; schon ist der Teufel bei uns herinnen.

Es beißt sie ihr eigener Hund und steckt sie an mit Tollwut, Es schwört ihr bester Freund und zeiht sie des Verrats am König.

Alfred de Vigny hat ein Buch geschrieben, in dem er zu beweisen suchte, daß der Platz des Dichters weder in der Republik noch im absoluten Königtum, noch in einer konstitutionellen Monarchie sei; und niemand hat ihm darauf geantwortet.

Das Leben Edgar Poes war ein höchst jammervolles Trauerspiel, und seine Lösung war infolge ihrer Alltäglichkeit um so schrecklicher. Die verschiedenen Dokumente, die ich las, haben mich zur Überzeugung gebracht, daß die Vereinigten Staaten für Poe ein ungeheurer Käfig waren, ein großes Buchhaltungsunternehmen, und daß er sein ganzes Leben lang vergebliche Anstrengungen machte, sich dem Einfluß dieser ihn abstoßenden Umgebung zu entziehen. In einer dieser Biographien heißt es, daß Poe, wenn er seinem Genie hätte Zügel anlegen und seine schöpferischen Kräfte in einer dem amerikanischen Wesen angemesseneren Form hätte verwenden wollen, ein Schriftsteller hätte sein können, der Geld macht, a making money author; daß, alles in allem, die Zeiten für einen Mann von Talent nicht die schlechtesten wären, daß er immer seinen Lebensunterhalt hätte finden können, vorausgesetzt, daß er sich auf Ordnung und Sparsamkeit verstanden und Maß gehalten hätte im Verbrauch der irdischen Güter. An einer andern Stelle erklärt ein Kritiker, ohne Scham zu empfinden, wie schön und groß das Genie Poes auch gewesen sein mag, es wäre für ihn besser gewesen, wenn er bloß Talent besessen hätte, da sich Talent leichter zu Geld machen ließe als Genie. In einer Mitteilung, die wir sogleich lesen werden und die von der Hand eines seiner Freunde stammt, wird zugegeben, daß es schwer sei, Poe bei einer Revue anzustellen, und daß man gezwungen wäre, ihn schlechter zu bezahlen als andere, weil er einen Stil schriebe, der zu sehr über dem allgemein gewohnten stünde. Dies erinnert mich alles an die widerwärtige väterliche Ermahnung: *Make money, my son, honestly, if you can, BUT MAKE MONEY. Welcher Ladengeruch,* wie de Maistre mit Bezug auf Locke sagte.

Wenn man mit einem Amerikaner spricht und dabei Poe erwähnt, wird er zugeben, daß er Genie besessen hat; er wird es sogar gern zugeben, ja vielleicht sogar stolz darauf sein, am Schluß wird er jedoch im Tone der Überlegenheit sagen: »Ich aber, ich bin ein Mann der Wirklichkeit!« Und dann wird er mit ein wenig sardonischem Lächeln von den großen Geistern sprechen, die es nicht verstehen, etwas zu bewahren; er wird vom unordentlichen Leben Poes sprechen, vom Alkohol, nach dem sein Atem roch und der sich an einer Kerzenflamme hätte entzünden können, von seinen Vagabundengewohnheiten; er wird sagen, er sei eine *erratische* Natur gewesen, ein Planet, der seine Bahn verlassen hätte und unablässig von New York nach Philadelphia, von Boston nach Baltimore, von Baltimore nach Richmond gerollt sei. Und wenn man dann, im Herzen bereits bewegt von einer offenbar so unglücklichen Existenz, sich die Bemerkung erlaubt, daß die Demokratie wohl auch ihre Übelstände besitze, daß sie trotz ihrer wohlwollenden Maske der Freiheit vielleicht nicht immer die freie Entfaltung der Individualität gestatte, daß es in einem Lande, wo es zwanzig, dreißig Millionen Souveräne gäbe, oft schwer sein möge, zu denken oder zu schreiben, und daß man übrigens gehört habe, daß in den Vereinigten Staaten eine viel grausamere und unerbittlichere Tyrannei herrsche, als ein Monarch sie je ausüben könnte, nämlich die öffentliche Meinung – dann, oh! Dann kann man sehen, wie sich seine Augen weiten und Blitze schießen, wie ihm der Geifer des verletzten Patriotismus auf die Lippen kommt und wie Amerika durch seinen Mund Beschimpfungen gegen die Metaphysik und gegen Europa, deren alte Mutter, ausstößt. Der Amerikaner ist ein Geschöpf der Wirklichkeit, eitel auf seine industrielle Stärke und ein wenig eifersüchtig auf den alten Kontinent. Und um mit einem Poeten, den der Schmerz und die Vereinsamung wahrscheinlich verrückt machen, Mitleid zu haben, dafür bleibt ihm keine Zeit. Er ist so stolz auf seine junge Größe, er hat ein so naives Vertrauen in die Allmacht der Industrie, er ist so sehr überzeugt, daß diese letzten Endes mit dem Teufel fertig werden würde, daß er nur so etwas wie Mitleid mit allen diesen Träumereien empfinden kann. »Vorwärts«, sagt er, »vorwärts, die Toten mögen bleiben, wo sie sind.« Er ist fähig, unbedenklich über die einsamen und freien Seelen hinwegzusteigen, und er ist bereit, sie mit der gleichen Unbekümmertheit mit Füßen zu treten, mit der dies seine unermeßlichen Bahnstrecken mit den abgeholzten Wäldern tun und mit der seine Riesenschiffe über die am Vortag in Brand geratenen hinwegfahren. Er hat es so eilig, ans Ziel zu kommen. Zeit und Geld ist für ihn alles.

Kurze Zeit bevor Balzac für immer in den schwarzen Schlund hinabstieg und dabei die edle Klage des Helden ausstieß, dem noch Großes zu tun beschieden ist, fiel Edgar Poe unter den Streichen eines schrecklichen Todes. Frankreich hat eines seiner größten Genies verloren und Amerika einen Romancier, einen Kritiker und einen Philosophen, der wahrlich nicht für dieses Land geschaffen war. Viele hierzulande wissen nicht, daß Poe gestorben ist, viele andere wieder glaubten, er wäre ein junger, reicher Herr, der nur wenig schriebe, der seine wunderlichen und schrecklichen Schöpfungen in frohesten Mußestunden verfaßte und der das literarische Leben nur von der Seite seltener und durchschlagendster Erfolge kannte. Die Wirklichkeit war gerade das Gegenteil hiervon.

Die Familie Poes gehörte zu den geachtetsten in Baltimore. Sein Großvater war während der Revolution Quarter Master General* und erfreute sich bei Lafayette großer Achtung und Freundschaft. Das letzte Mal, als er unser Land besuchte, bat er dessen Witwe, seine feierlichen Dankesbezeugungen für die Dienste, die ihr Gatte ihm geleistet hätte, entgegenzunehmen. Sein Urgroßvater hatte eine Tochter, des englischen Admirals Mac Bride geheiratet, so daß durch ihn die Familie Poe mit den erlauchtesten Häusern Englands verschwägert wurde. Der Vater Edgars erhielt eine ordentliche Erziehung. Nachdem er sich heftig in eine junge, schöne Schauspielerin verliebt hatte, floh er mit ihr und heiratete sie. Um sein Schicksal mit dem ihren noch enger zu verknüpfen, wollte er ebenfalls die Bretter des Theaters besteigen. Doch weder er noch sie besaßen das Zeug fürs Theater, und so lebten sie auf sehr traurige und dürftige Weise. Dabei kam der jungen Frau noch ihre Schönheit zugute, die das entzückte Publikum ihr mittelmäßiges Spiel ertragen ließ. Auf einer ihrer Tourneen kamen sie nach Richmond, und dort starben sie alle beide in einem Abstand von wenigen Wochen, alle beide am gleichen Übel: dem Hunger, den Entbehrungen, dem Elend.

So kam es, daß sie, ohne Nahrung, ohne Obdach, ohne einen Freund, ein kleines, armes, unglückliches Wesen dem Spiel des Zufalls überließen, ein Wesen, das allerdings von der Natur mit viel Anziehendem bedacht war. Ein reicher Kaufmann der Stadt namens Allan war von Mitleid gerührt. Er fand begeisterten Gefallen an dem hübschen Jungen, und da er keine Kinder besaß, adoptierte er ihn. Edgar Poe wurde somit in bestem Wohlstand erzogen und erhielt eine umfassende Bildung. Im Jahre 1816 begleitete er seine Adoptiveltern auf einer Reise nach England, Schottland und Irland. Vor ihrer Rückkehr in die Heimat gaben sie ihn zu Doktor Brandsby, der eine angesehene Erziehungsanstalt in Stoke-Newington, unweit London, leitete, und dort verbrachte er fünf Jahre.

* Die Zusammenlegung der Funktionen eines Generalstabschefs und Intendanten.

Alle die, welche über ihr eigenes Leben nachdenken und oft ihren Blick nach rückwärts wenden, um ihre Vergangenheit mit der Gegenwart zu vergleichen, die die Gewohnheit angenommen haben, an sich selbst mühelos psychologische Beobachtungen anzustellen, alle diese wissen, welchen ungeheuer wichtigen Platz das Jünglingsalter in der schließlichen Entwicklung des menschlichen Geistes einnimmt. In jenem Alter hinterlassen alle Gegenstände die tiefsten Spuren im zarten und leichtbeeindruckbaren Geiste; in diesem Alter leuchten die Farben am hellsten, sprechen die Sinne eine geheimnisvolle Sprache. Charakter, Geist, Stil eines Menschen formen sich in seiner frühen Jugendzeit auf Grund scheinbar alltäglicher Zufälligkeiten. Hätten alle Menschen, die im Rampenlicht der Öffentlichkeit standen, ihre Kindheitseindrücke aufgezeichnet, welch ausgezeichnetes psychologisches Nachschlagewerk besäßen wir! Die Färbung, die Geistesrichtung Poes sticht kraß vom Hintergrund der amerikanischen Literatur ab. Seine Landsleute finden, er sei kaum Amerikaner, und doch ist er kein Engländer. Es ist fast als ein glücklicher Zufall zu bezeichnen, daß ich in einer seiner Erzählungen, dem wenig bekannten *William Wilson,* einen merkwürdigen Bericht von seinem Leben in jener Schule zu Stoke-Newington aufstöbern konnte. Alle Erzählungen Edgar Poes sind sozusagen biographisch. Man findet im Werke stets den Menschen. Die Gestalten und die Handlung bilden den Rahmen und die Ausschmückung zu seinen eigenen Erinnerungen.

»Meine frühsten College-Erinnerungen knüpfen sich an ein weitläufiges, ungewöhnliches Gebäude in elisabethanischem Stil in einer nebligen Ortschaft Englands, wo es eine große Zahl riesiger und knorriger Bäume gab und wo alle Häuser außerordentlich altertümlich waren. Diese altehrwürdige Stadt bot tatsächlich einen unwirklichen Anblick, der den Geist umfing und ihn wie ein Traum umschmeichelte. Noch jetzt, in diesem Augenblick, glaube ich, den erfrischenden Schauer ihrer schattigen Alleen zu spüren, atme ich den Geruch, den ihre zahllosen Winkel ausströmen, und noch heute erzittere ich vor unerklärlicher Wollust in Erinnerung des tiefen und dumpfen Klanges der Glocke, die allstündlich mit ihrem feierlichen und unerwarteten Ruf die nebelgraue Luft durchschnitt, in die der gotische Glockenturm aus seinem verschlafenen Versteck aufragte.

Was mir von der Fähigkiet, Vergnügen zu empfinden, heute noch geblieben sein mag, das finde ich, wenn ich mich in diesen deutlichen Erinnerungen an das College verliere. Versunken im Elend, wie ich es bin, einem ach nur zu wirklichen Elend, möge man mir verzeihen, wenn ich in diesen bedeutungslosen, nebensächlichen Einzelheiten einen recht flüchtigen und kurzen Trost suche. Mögen sie übrigens noch so alltäglich und gewöhnlich erscheinen, in meiner Phantasie nehmen sie doch eine ganz besondere Bedeutung an, infolge ihrer engen Zusammengehörigkeit mit den Orten und dem Zeitabschnitt, wo ich heute die ersten unbestimmten Warnungen des Schicksals wiederzufinden meine, jenes Schicksals, das mich seitdem so sehr mit seinem düstern Schatten umfangen hat. Laßt mich also meinen Erinnerungen nachhängen.

Wie ich schon sagte, war das Haus alt und unregelmäßig gebaut. Das dazugehörige Gelände erstreckte sich weit und war von einer hohen, festen Mauer umgeben, die von einer Schicht Mörtel mit Glasscherben gekrönt war. Dieser Gefängniswall bildete die Grenze unseres Bereiches. Ein Blick darüber hinaus wurde uns bloß dreimal in der Woche gestattet; einmal jeden Samstagnachmittag, wenn wir in Begleitung von zwei Aufsehern einen gemeinsamen Spaziergang durch das umliegende Gelände machen durften; und zweimal am Sonntag, wenn wir mit dem feierlichen Ernst einer Truppe, die zur Parade ausrückt, zur einzigen Kirche des Ortes marschierten, um dem Früh- und Abendgottesdienst beizuwohnen. Unser Schulleiter war der Pfarrer dieser Kirche. Mit welch tiefem Gefühl der Bewunderung und des Staunens betrachtete ich ihn von unserer Bank im Hintergrund des Kirchenschiffs, auf der wir saßen, wenn er feierlichen und langsamen Schrittes die Kanzel bestieg! Konnte diese ehrfurchtgebietende Persönlichkeit in ihrer sanften und gesetzten Haltung, in ihrem so schön glänzenden und so ganz nach geistlicher Art wallenden Rock, in ihrer sorgfältig gepuderten Perücke, die steif und ungeheuer groß war, konnte das derselbe Mann sein, der soeben noch mit säuerlichem Gesicht und in schmieriger Kleidung, die Rute in der Hand, die drakonischen Schulgesetze anwandte? Oh, welche übermenschliche Ungereimtheit, so ungeheuerlich, daß jede Erklärung dafür unmöglich war!

Aus einer Ecke der massiven Mauer grinste einem eine massive Tür entgegen; sie war mit Nägeln beschlagen, mit Riegeln versehen, und darüber war ein Gewirr von Eisenstacheln. Welch lähmende Gefühle von Furcht sie einflößte! Sie wurde nie geöffnet, außer um uns bei unseren regelmäßigen Ausgängen, von denen ich bereits berichtete, aus- und einzulassen; jedes Knarren ihrer mächtigen Angeln strömte ein Mysterium aus und eine Welt von feierlichen und trübseligen Betrachtungen.

Das ausgedehnte Gehege war unregelmäßig geformt und in mehrere Abteilungen eingeteilt, von denen drei oder vier der größten den Garten für die Freizeit bildeten; er war eingeebnet und mit sauberem, hartem Kies bestreut. Ich erinnere mich gut, daß es weder Bäume noch Bänke, noch sonst irgend etwas in ihm gab; er lag hinter dem Hause. Vor der Vorderfront erstreckte sich eine kleine Anlage, in der stellenweise Buchsbaum und anderes Buschwerk wuchs; doch durften wir diese heilige Oase nur zu ganz seltenen Gelegenheiten betreten, wie etwa am ersten Schultag oder beim endgültigen Scheiden von der Schule, zu Weihnachten oder zu den Johannisferien; oder vielleicht kam es noch vor, wenn ein Freund oder ein Verwandter uns herausrufen ließ, daß wir auf diesem Wege in unsere Schlafräume eilten.

Aber das Haus! Welch schönes altes Bauwerk das war! Für mich war es ein wahrer Feenpalast. Die winkligen Gänge und Unterteilungen, in denen man sich nicht auskannte, nahmen wahrhaftig kein Ende. In manchem Moment war es schwer, mit Sicherheit zu sagen, welches Stockwerk das höhere und welches das tiefere war. Man konnte stets sicher sein, wollte man von einem Zimmer ins nächste gehen, daß einige Stufen dazwischenlagen. Zudem waren die Seitengänge zahllos, sie drehten und wendeten sich oft so um ihre eigene Achse, daß man jedes Bild verlor und daß unsere Vorstellungen von der Gesamtkonstruktion des Gebäudes denen glichen, mit deren Hilfe wir mit dem Begriff des Unendlichen operierten. Während meines fünfjährigen Aufenthaltes war ich niemals fähig, die genaue Lage innerhalb des Gebäudes für den kleinen Schlafsaal zu bestimmen, der mir und achtzehn bis zwanzig anderen Schülern gemeinsam zugewiesen war*.

---

* Eine häufige optische Täuschung bei Kindern, die es lieben, die Dinge zu komplizieren und zu vergrößern.

Der Lehrsaal war der geräumigste Saal des ganzen Hauses oder, wie ich unwillkürlich dachte, der ganzen Welt. Er war sehr lang, sehr schmal und bedrückend niedrig, mit Spitzbogenfenstern und einem eichengetäfelten Plafond. In einer entfernten Ecke befand sich schreckeinflößend ein Zelle von acht bis zehn Fuß im Quadrat, welche das Heiligtum darstellte, in dem sich während mehrerer Stunden unser Direktor, der ehrwürdige Doktor Brandsby, aufhielt. Sie war von solider Bauart, mit einer massiven Tür, die wir in Abwesenheit des Gebieters nie zu öffnen gewagt hätten; lieber wären wir des schrecklichsten Todes gestorben. In zwei andern Ecken waren ähnliche Zellen, die, um der Wahrheit die Ehre zu geben, zwar weitaus geringere Verehrung genossen, aber immer noch genug Schrecken einflößten. Die eine war die Klause des Lehrers für klassische Disziplinen, die andere die des Lehrers für Mathematik und Englisch. Über den Saal verstreut standen in endloser Unregelmäßigkeit kreuz und quer zahllose schwarze, alte und von der Zeit beschädigte Bänke und Pulte, tief vergraben unter Bergen von abgegriffenen Büchern und so reich versehen mit Anfangsbuchstaben, ausgeschriebenen Namen, grotesken Figuren und andern Meisterwerken des Schnitzmessers, daß die Form, die in alten Tagen ihre armselige Individualität ausmachte, völlig verlorengegangen war. An dem einen Ende des Saales stand ein Eimer mit Wasser und am andern eine Standuhr von unvorstellbaren Dimensionen.

Eingesperrt hinter den massiven Mauern dieser ehrwürdigen Akademie verbrachte ich ohne allzuviel Langeweile und Widerwillen die Jahre des ersten Lustrums meines Lebens. Das fruchtbare Hirn des Kindes bedarf nicht irgendwelcher Ereignisse der äußeren Welt, um sich zu beschäftigen und zu unterhalten, und die scheinbar düstere Einförmigkeit der Schulzeit war von intensiveren Erregungen erfüllt, als meine frühreifen Jünglingsjahre aus der Wollust schöpften oder es jene waren, die meine Mannesreife vom Verbrechen erwartet hat. Hierbei muß man jedoch in Erwägung ziehen, daß meine erste geistige Entwicklung etwas an sich hatte, was kaum gewöhnlich war, ja was sogar als ganz außergewöhnlich bezeichnet werden muß. Im allgemeinen hinterlassen die Begebenheiten der allerfrühsten Jugend bei dem ins reife Alter gelangten Menschen selten scharf ausgeprägte Eindrücke. Alles ist bloß ein grauer Schatten, ein wirres Gemenge unbestimmter Leiden und Freuden. Bei mir war dies jedoch keineswegs der Fall. Es muß wohl so sein, daß ich in meiner Kindheit mit der Eindringlichkeit eines erwachsenen Mannes das fühlte, was sich heute in meinem Gedächtnis in so lebendigen, so tiefen und dauerhaften Linien eingegraben findet wie die Prägung der karthagischen Münzen.

Und dabei eine an Geschehnissen (ich verstehe das Wort Geschehnisse im eingeschränkten Sinne der Gesellschaftsmenschen) so armselige Ernte für die Erinnerung! Das Aufstehen am Morgen, die zu lernenden Aufgaben, das Ableiern des Gelernten, die regelmäßigen Halburlaube und die Spaziergänge, die Freizeit im Hofe mit ihren Balgereien, ihren Spielen und ihren Ränken, alles das, was heute dank der Zauberei der Seele längst in Vergessenheit geraten ist, war damals dazu bestimmt, ein Überfließen von Gefühlen in sich zu bergen, eine Welt, reich an Vorfällen, ein Universum von verschiedenartigsten Emotionen und von Erregungen höchster Leidenschaft und höchstem Fieber. *Oh! Le beau temps que ce siècle de fer!**«

Was soll man zu diesem Ausschnitt sagen? Enthüllt sich hier nicht bereits ein wenig der Charakter dieses sonderbaren Menschen? Ich für mein Teil rieche den düsteren Hauch, der dieser Schilderung des College entströmt. Ich fühle, wie mich der Schauer der dunklen Jahre der Absperrung überkommt. Die Stunden im Karzer, das Unbehagen der schwächlichen und verlassenen Kindheit, die Angst vor dem Lehrer, unserem Feinde, den Haß der herrschsüchtigen Kameraden, die Einsamkeit des Herzens, alle diese Qualen der frühesten Jugend hat Edgar Poe nicht verspürt. Die zahlreichen Anlässe zu Trübsinn haben ihn nicht besiegt. Bei aller Jugend liebt er die Einsamkeit, vielmehr er fühlt sich nicht allein; er liebt seine Leidenschaften. Das fruchtbare Hirn des Kindes läßt alles angenehm, alles hell erscheinen. Man sieht bereits, daß die Beherrschung des Willens und der einsame Stolz in seinem Leben eine große Rolle spielen werden. Nun, möchte man nicht meinen, daß er den Schmerz ein wenig liebt, daß er den zukünftigen unzertrennlichen Begleiter seines Lebens vorausfühlt und daß er ihn mit schamloser Gier herbeiruft wie ein Gladiator? Der arme Junge hat weder Vater noch Mutter; trotzdem ist er glücklich; er rühmt sich

---

* Dieser Satz ist französisch. Die Werke Poes enthalten eine große Menge französischer Sätze.

seiner tiefen Eindrücke, tief wie die einer karthagischen Münze.

Edgar Poe verließ die Anstalt des Doktor Brandsby im Jahre 1822 und setzte seine Studien unter Anleitung der besten Lehrer fort. Er war bereits damals ein äußerst bemerkenswerter junger Mann, dank seiner Körpergewandtheit, seinen gelenkigen Kunststücken, wobei sich einer eigenartigen verführerischen Schönheit eine wunderbare dichterische Gedächtniskraft zugesellte, verbunden mit der frühentwickelten Fähigkeit der Improvisation im Erzählen. Im Jahre 1825 bezog er die Universität von Virginia, welche zur damaligen Zeit zu den Anstalten zählte, an denen das lockerste Leben herrschte. Edgar Poe zeichnete sich vor seinen Studienkollegen dadurch aus, daß er noch erpichter aufs Vergnügen war als sie. Er war bereits ein sehr geschätzter Student und machte in der Mathematik unglaubliche Fortschritte; er besaß besondere Eignung für die Physik und die Naturwissenschaften, worauf nebenbei hinzuweisen wäre, denn in mehreren seiner Werke läßt sich immer wieder eine große Vorliebe für die Wissenschaft feststellen; aber bereits zu jener Zeit trank er, spielte und beging so viele tolle Streiche, daß er der Universität verwiesen wurde. Auf die Weigerung Mister Allans hin, einige Spielschulden zu zahlen, war er unüberlegt genug, mit ihm zu brechen und nach Griechenland auf und davonzugehen. Dies war zur Zeit Botzaris' und der hellenischen Revolution. In Petersburg angekommen, waren seine Börse und seine Begeisterung bereits ein wenig erschöpft; es kam zu einem argen Streit mit den russischen Behörden, dessen Motiv unbekannt ist. Die Sache kam so weit, daß man behauptet, Edgar Poe sei nahe daran gewesen, die Erfahrungen mit den Grausamkeiten Sibiriens den frühreifen Kenntnissen von Menschen und Dingen hinzuzufügen*. Zum Schluß war er heilfroh, die Intervention und die Hilfe des amerikanischen Konsuls Henry Middleton zu erhalten, um in seine Heimat zurückkehren zu können. Im Jahre 1829 trat er in die Militärakademie in West Point ein. In der Zwischenzeit hatte Mister Allan, dessen erste Frau gestorben war, eine um viele Jahre jüngere Dame geheiratet. Er war damals fünfundsechzig

---

* Das Leben Edgar Poes, seine Abenteuer in Rußland und sein Briefwechsel sind seit langem von den amerikanischen Zeitungen angekündigt, aber niemals erschienen.

Jahre alt. Man erzählt sich, daß Poe sich der Dame gegenüber unanständig benahm und daß er die Heirat ins Lächerliche zog. Der alte Herr schrieb ihm einen sehr scharfen Brief, auf den er mit einem noch bittereren Brief antwortete. Der Riß war unheilbar, und kurze Zeit darauf starb Mister Allan, ohne seinem Adoptivsohn auch nur einen Groschen zu hinterlassen.

Hier finde ich in den biographischen Aufzeichnungen sehr rätselhafte Worte, sehr dunkle und sehr sonderbare Anspielungen in bezug auf die Lebensführung unseres künftigen Schriftstellers. Sehr scheinheilig und indem er hoch und heilig beteuert, daß er aber auch schon gar nichts sagen wolle, daß es eben Dinge gebe, die immer verborgen bleiben müssen (warum?), daß in einzelnen, besonders argen Fällen das Stillschweigen den Vortritt vor der geschichtlichen Wahrheit habe, wirft der Biograph auf Edgar Poe einen sehr ernsten Makel. Das Unterfangen ist um so gefährlicher, als es in der Dunkelheit schweben bleibt. Was, zum Teufel, will er damit sagen? Will er die Meinung erwecken, Poe hätte die Frau seines Adoptivvaters zu verführen gesucht? Es ist wirklich unmöglich, es zu erraten. Aber ich glaube, den Leser bereits mißtrauisch genug gegen die amerikanischen Biographen gemacht zu haben. Sie sind zu gute Demokraten, um ihre großen Männer nicht zu hassen, und das Übelwollen, das Poe nach dem beklagenswerten Ende seiner traurigen Laufbahn verfolgt, erinnert an den britischen Haß, der Byron verfolgte.

Poe verließ West Point, ohne einen Grad erworben zu haben, und begann seinen unseligen Lebenskampf. Im Jahre 1831 veröffentlichte er ein Bändchen Gedichte, das von den Revuen wohlwollend aufgenommen wurde, das aber niemand kaufte. Es ist die ewig gleiche Geschichte des Erstlingsbuches. Ein amerikanischer Kritiker, Mr. Lowell, sagt, daß in einem dieser Gedichte, das *An Helene* gerichtet ist, ein ambrosischer Hauch zu verspüren sei, und daß es einer griechischen Anthologie nicht zur Unzier gereichen würde. In diesem Gedicht kommen die Barken von Nicäa, Najaden, der Ruhm und die Schönheit Griechenlands und die Lampe Psyches vor. Beachten wir daneben in der noch jungen amerikanischen Literatur die Vorliebe für Nachempfindungen. Tatsache ist jedoch, daß es durch seinen harmonischen Rhythmus und seine klangvollen Reime – fünf Verse, zwei männliche und drei weibliche – an die glücklichen Versuche der französichen Romantik erinnert. Trotzdem ist zu sehen, daß Edgar Poe von seiner exzentrischen und blitzartig aufleuchtenden Bestimmung in der Literatur noch recht weit entfernt war.

Indessen schrieb der Unglückliche für Zeitungen, machte Zusammenstellungen und Übersetzungen für Bibliotheken und verfaßte blendende Artikel und Erzählungen für Revuen. Die Herausgeber nahmen sie gern an, sie bezahlten den armen jungen Mann jedoch so schlecht, daß er in bitterstes Elend geriet. So tief sank er, daß er sogar einen Augenblick lang *die Angeln der Pforten des Todes kreischen* hören konnte. Eines Tages schrieb eine Zeitung in Baltimore zwei Preise für das beste Gedicht und die beste Prosaerzählung aus. Ein Komitee von Literaten, dem Mr. John Kennedy angehörte, war mit der Beurteilung der Werke betraut. Dennoch machten sie sich kaum die Mühe, sie zu lesen; alles, was der Herausgeber von ihnen benötigte, war das Gewicht ihres Namens. Während sie so über dies und das sprachen, wurde die Aufmerksamkeit eines von ihnen von einem Manuskript angezogen, das sich durch die Schönheit, die Sauberheit und Regelmäßigkeit der Schriftzüge von den andern vorteilhaft unterschied. Noch in der letzten Zeit seines Lebens besaß Poe eine unvergleichlich schöne Schrift. (Ich finde diese Bemerkung echt amerikanisch.) Mr. Kennedy las für sich eine Seite und war so vom Stil betroffen, daß er den Aufsatz laut vorlas. Das Komitee erkannte den Preis mittels Zuruf dem ersten Genie zu, das leserlich schreiben konnte. Das geheime Kuvert wurde geöffnet und ergab den damals unbekannten Namen Poes.

Der Herausgeber sprach zu Mr. Kennedy über den jungen Schriftsteller in Ausdrücken, die diesen neugierig machten, ihn kennenzulernen. Das grausame Schicksal hatte Poe die klassischen Züge des Dichters mit leerem Magen verliehen. Es hätte ihn für diese Rolle nicht besser maskieren können. Mr. Kennedy erzählt, daß er einen jungen Mann antraf, den die Entbehrungen mager wie ein Skelett gemacht hatten, in einen fadenscheinigen Oberrock gekleidet, der nach wohlbekannter Taktik bis zum Kinn zugeknöpft war, der ausgefranste Hosen, zerrissene Schuhe trug, in denen sichtlich keine Strümpfe steckten, und bei allem dem eine stolze Mine zeigte, ein großartiges Gehaben und Augen, aus denen die Intelligenz herausleuchtete.

Kennedy sprach zu ihm wie ein Freund, was ihn auftauen ließ. Poe eröffnete ihm sein Herz, erzählte ihm seinen ganzen bisherigen Lebenslauf, sprach von seinem Ehrgeiz und seinen großen Plänen. Kennedy handelte rasch, er führte ihn in ein Kleidergeschäft – zu einem Trödler, hätte Lesage gesagt – und schenkte ihm anständige Kleidungsstücke; dann sorgte er dafür, daß er Bekanntschaften machte.

Zu der Zeit war es, daß ein gewisser Mr. Thomas White das Unternehmen des *Southern Literary Messenger* kaufte und Poe dazu ausersah, dieses gegen ein Jahresgehalt von 2500 Francs zu leiten. Unverzüglich heiratete Poe ein junges Mädchen ohne einen Pfenning Geld. (Dieser Satz ist nicht von mir; ich bitte den Leser, den leisen Unterton von Verachtung zu beachten, der in diesem *unverzüglich* liegt – der Unglückliche hielt sich also für reich – und in dieser Kürze, dieserTrockenheit, mit der ein wichtiges Ereignis bekanntgegeben wird; und dazu noch ein junges Mädchen ohne einen Pfennig Geld! *A girl without a cent!*) Man berichtet, daß zu jener Zeit die Trunksucht in seinem Leben bereits eine gewisse Rolle spielte; Tatsache ist jedoch, daß er Zeit fand, eine große Anzahl von Artikeln und schönen kritischen Aufsätzen für den *Messenger* zu schreiben. Nachdem er ihn einundeinhalb Jahre lang geleitet hatte, zog er sich nach Philadelphia zurück und redigierte das *Gentleman's Magazine*. Diese periodische Revue ging eines Tages im *Graham's Magazine* auf, und Poe fuhr fort, für dieses zu schreiben. 1840 veröffentlichte er *The Tales of the Grotesque and Arabesque*. 1844 finden wir ihn in New York als Leiter des *Broadway Journal*. 1845 erschien die kleine, wohlbekannte Ausgabe von Wiley und Putnam, die einen Gedichtteil und eine Reihe von Erzählungen enthält. Diese Ausgabe ist es, welcher die französischen Übersetzer fast alle Proben des Talents Edgar Poes entnommen haben, die in den Pariser Zeitungen erschienen sind. Bis zum Jahre 1847 veröffentlichte er in rascher Aufeinanderfolge verschiedene Werke, von denen wir sogleich sprechen werden. Hier vernehmen wir, daß seine Frau in einem Zustand äußerster Armut in einer Stadt namens Fordham, unweit von New York, starb. Unter den Literaten New Yorks wurde eine Sammlung veranstaltet, um Edgar Poes Not zu lindern. Kurze Zeit darauf sprachen die Zeitungen neuerlich von ihm als von einem, der an den Pforten des Todes steht. Diesmal ist es aber ernster, er hat das *Delirium tremens.* Eine bittere Notiz, die in einer Zeitung jener Tage erschien, zieh ihn der Verachtung gegen alle jene, die sich seine Freunde nannten, und des Abscheus vor der ganzen Welt. Indessen verdiente er Geld, und mit seinen literarischen Arbeiten konnte er halbwegs sein Leben fristen; ich fand jedoch in einigen Eingeständnissen der Biographen den Beweis, daß er scheußliche Schwierigkeiten zu überwinden hatte. Es scheint, daß er in den beiden letzten Jahren, in denen man ihn von Zeit zu Zeit in Richmond sah, bei den Leuten große Empörung wegen seines betrunkenen Benehmens hervorrief. Wenn man den ewig wiederkehrenden Beschwerden zu diesem Thema zuhört, möchte man meinen, daß alle amerikanischen Schriftsteller Muster von Nüchternheit seien. Bei seinem letzten Besuch konnte man ihn jedoch plötzlich sauber, elegant, tadellos sehen, mit liebenswürdigen Manieren und schön wie ein Genius. Mir fehlen offenbar die nötigen Quellen, und das Material, das mir vorliegt, ist nicht aufschlußreich genug, um den Grund für diese sonderbaren Veränderungen ersehen zu lassen. Vielleicht ist die Erklärung dafür in dem bewundernswerten mütterlichen Schutzgeist zu finden, der um ihn war und mit Engelswaffen gegen den bösen Dämon ankämpfte, der seinem Blute und den Leiden früherer Jahre das Dasein verdankte.

Gelegentlich dieses letzten Besuches in Richmond hielt er zwei öffentliche Vorlesungen. Zu diesen Vorlesungen, die im literarischen Leben der Vereinigten Staaten eine große Rolle spielen, ist einiges zu sagen. Es gibt kein Gesetz, das verbietet, daß ein Schriftsteller, ein Philosoph, ein Dichter oder wer immer sonst zu reden weiß, eine Vorlesung, eine öffentliche Diskussion über irgendeinen literarischen oder philosophischen Gegenstand ankündigt. Er mietet einen Saal. Jeder bezahlt einen Beitrag für das Vergnügen, sich anzuhören, wie jemand schlecht und recht Ideen verkündet und Phrasen drischt. Das Publikum kommt oder kommt nicht. Im letzteren Falle ist es eben eine Fehlspekulation gewesen, wie es jede andere gewagte kaufmännische Spekulation ebenso hätte sein können. Allein, wenn die Vorlesung von einem berühmten Schriftsteller abgehalten wird, dann ist der Zulauf groß, und sie wird zu einer Art literarischer Feier. Wie man sieht, handelt es sich dabei um etwas Ähnliches wie die Sessel des Collège de France, die jedermann zur Verfügung stehen. Man denkt dabei unwillkürlich an Andrieux, an La Harpe, an Baour-Lormian und erinnert sich an diese sogenannte literarische Restauration, die nach dem Abebben der französischen Revolution in den Lyzeen, Athenäen und Kasinos stattfand.

Edgar wählte als Vorwurf für seinen Vortrag ein Thema, das immer interessant ist und das bei uns stark umstritten wurde. Er kündigte an, daß er über das *Prinzip der Dichtung* sprechen werde. Es gibt in den Vereinigten Staaten seit langem eine utilitaristische Bewegung, die, wie alles übrige, auch die Dichtkunst mit sich reißen möchte. Da gibt es humanitäre Dichter, Dichter des allgemeinen Wahlrechtes, Dichter, welche die Abschaffung der Gesetze über die Getreidebewirtschaftung besingen, und Dichter, die für die Erbauung von *workhouses* sind. Ich schwöre, daß ich nicht auf Leute hierzulande anspiele. Es ist nicht meine Schuld, wenn gleiche Meinungsverschiedenheiten verschiedene Nationen aufregen. In seinen Vorlesungen erklärte Poe jenen den Krieg. Er behauptete nicht wie gewisse fanatische, von Goethe und andern marmorkalten und nicht mehr menschlichen Dichtern um den Verstand gebrachte Sektierer, daß alles Schöne im wesentlichen ohne Nutzen sei; aber er machte es sich zur Hauptaufgabe, gegen das zu kämpfen, was er geistreich das *große dichterische Ketzertum der Moderne* nannte. Die Ketzerei besteht in der Idee von der direkten Nützlichkeit. Wie man sieht, gab Edgar Poe in gewisser Hinsicht der französichen romantischen Bewegung recht. Er sagte: »Unser Geist besitzt grundlegende Fähigkeiten, deren Zweck jeweils verschieden ist. Die einen dienen der Befriedigung der Forderungen der Vernunft, andere der Wahrnehmung von Farben und Formen, wieder andere erfüllen einen aufbauenden Zweck. Letzteren Fähigkeiten verdanken die Logik, die Malerei, die Mechanik ihre Entstehung. Und so wie wir Nerven besitzen, um Wohlgerüche in uns aufzunehmen, Nerven, die uns das Gefühl für schöne Farben verleihen und die uns gestatten, uns an der Berührung mit wohlgeformten Körpern zu ergötzen, so besitzen wir eine grundlegende Fähigkeit, das Schöne wahrzunehmen: Diese Fähigkeit hat ihren eigenen Zweck und ihre eigenen Mittel. Das Ergebnis dieser Fähigkeiten ist die Dichtung: Sie wendet sich an den Sinn für das Schöne und nicht an einen andern. Es hieße ihr ein Unrecht antun, unterwürfe

190

man sie dem gleichen Prüfungsmaßstab wie die andern Fähigkeiten, zudem findet sie niemals auf andere Stoffe Anwendung als auf die, welche notwendigerweise die Nahrung für das intellektuelle Organ bilden, dem sie ihre Entstehung verdankt. Daß somit die Dichtung in der Folge nützlich wird, steht außer Zweifel, es ist dies jedoch nicht ihr Zweck; es ist bloß Zugabe. Niemand ist erstaunt, wenn eine Markthalle, ein Landungssteg oder sonst irgendein industrielles Bauwerk den Forderungen des Schönen Genüge leistet, mag darin auch nicht der Hauptzweck und vornehmliche Ehrgeiz des Ingenieurs oder Baumeisters bestanden haben.«

Poe belegte seine Behauptung mit verschiedenen Ausschnitten aus Kritiken über die Dichter seines Landes und mit Rezitationen englischer Dichter. Man bat ihn, seinen *Raben* zu lesen. Es ist dies ein Gedicht, mit dem die amerikanische Kritik großes Wesen macht. Sie spricht von ihm als von einer höchst bemerkenswerten Leistung der Verskunst, einem vielseitigen und verschlungenen Rhythmus, einer geschickten Verflechtung der Reime, kurz, es schmeichelt ihrem Nationalstolz, der ein wenig auf die Meisterleistungen Europas eifersüchtig ist. Es scheint jedoch, daß die Zuhörerschaft von der Art, wie der Verfasser sein Gedicht deklamierte, enttäuscht war, da er es nicht verstand, seinem Werk den rechten Glanz zu verleihen. Ein wohl reiner Vortrag, jedoch mit dumpfer Stimme, eine monotone Tongebung, ziemliche Unbekümmertheit um die musikalischen Effekte, die seine geschickte Feder sozusagen vorgezeichnet hatte, befriedigten die, welche sich von der Gelegenheit, den Vortragenden mit dem Verfasser vergleichen zu können, ein Fest versprochen hatten, nur äußerst mäßig. Ich bin darüber keineswegs erstaunt. Das kommt bei ernstzunehmenden und konzentrierten Geistern sehr oft vor. Tieffühlende Schriftsteller sind keine Redner, und das ist ein Glück.

Eine sehr große Zuhörerschaft füllte den Saal bis zum letzten Platz. Alle, die Edgar Poe seit den Tagen, da er noch unbekannt gewesen war, nicht gesehen hatten, strömten in Massen herbei, um ihren berühmt gewordenen Landsmann betrachten zu können. Dieser schöne Empfang erfüllte sein armes Herz mit Freude. Er schwoll vor wohlberechtigtem und entschuldbarem Stolz. Er zeigte sich so entzückt, daß er davon sprach, sich dauernd in Richmond niederzulassen. Das Gerücht ging um, er wolle sich wieder verheiraten. Aller Augen richteten sich auf eine ebenso reiche wie schöne Witwe, eine alte Leidenschaft Poes, von der man vermutet, daß sie das Urbild seiner *Lenore* sei. Indessen mußte er für einige Zeit nach New York gehen, um eine neue Ausgabe seiner *Erzählungen* zu veröffentlichen. Zudem erhielt er eine Aufforderung von dem Gatten einer sehr reichen Dame dieser Stadt, die Gedichte seiner Frau zu ordnen, sie mit Anmerkungen zu versehen, ein Vorwort zu schreiben usw....

Poe verließ also Richmond; beim Antritt der Reise klagte er jedoch über Schüttelfrost und Schwäche. In Baltimore angekommen, fühlte er sich immer noch ziemlich schlecht und nahm zur Stärkung eine kleine Menge Alkohol zu sich. Es war das erste Mal seit mehreren Monaten, daß der verfluchte Alkohol wieder über seine Lippen kam; leider genügte es, den Teufel wieder zu erwecken, der in ihm schlief. Ein Tag unmäßigen Genusses führte zu einem neuerlichen Anfall von *Delirium tremens,* seiner alten Bekanntschaft. Am Morgen fanden ihn Polizisten in besinnungslosem Zustand am Boden liegend. Da er ohne Geld, ohne Freunde und ohne feste Wohnung war, überführten sie ihn ins Spital, und dort starb der Verfasser von *Die schwarze Katze* und *Eureka* am 7. Oktober 1849 im Alter von siebenunddreißig Jahren.

Außer einer Schwester in Richmond hinterließ Edgar Poe keine Verwandten. Seine Frau war einige Zeit vor ihm gestorben, und Kinder hatten sie keine gehabt. Sie war eine geborene Clemm und mit ihrem Gatten weitläufig verwandt. Ihre Mutter war Poe innigst zugetan. Sie war während seiner ganzen Unglückszeit an seiner Seite gewesen und wurde von seinem vorzeitigen Ende zutiefst getroffen. Das Band, das ihre Seelen einte, war durch den Tod ihrer Tochter in keiner Weise gelockert worden. Eine so große Ergebenheit, eine so edle, so unerschütterliche Zuneigung tut Edgar Poe alle Ehre an. Bestimmt mußte einer, der eine so grenzenlose Freundschaft zu erwecken verstand, Tugenden besitzen und seine geistige Persönlichkeit verführerisch gewesen sein.

Mr. Willis hat einen kleinen Aufsatz über Poe veröffentlicht, dem ich folgenden Ausschnitt entnehme:

»Die erste Kenntnis, die wir davon erhielten, daß Mr. Poe in unserer Stadt Aufenthalt genommen hatte, stammte von einer Dame, die sich als die Mutter seiner Frau vorstellte. Sie war auf der Suche nach einer Beschäftigung für ihn. Sie begründete sein Benehmen damit, daß sie uns auseinandersetzte, er wäre krank, ihre Tochter durch und durch leidend, und die Lage der beiden wäre so schlimm, daß sie sich zu dieser Vorsprache verpflichtet gefühlt hätte. Die gefaßte Haltung der Dame, die ihre Ergebenheit, die völlige Hingabe ihres zarten Lebens an eine von Kummer erfüllte zärtliche Liebe schön und heilig erscheinen ließ, die sanfte und traurige Stimme, mit der sie ihre dringende Fürsprache vorbrachte, ihr Benehmen, das einer andern Zeit entstammte und doch aus Gewohnheit und ungewollt hoheitsvoll und distinguiert war, das Lob und die Schätzung, mit der sie von den Verdiensten und Talenten ihres Schwiegersohnes sprach, alles ließ uns erkennen, daß wir uns in Gegenwart eines jener Engel befanden, die Frauengestalt annehmen, wenn es das Unglück anderer Menschen zu lindern gilt.

Und welch rauhes Schicksal hatte sie zu überwachen und zu beschützen!

Mr. Poe schrieb mit langweiliger Schwerfälligkeit und *in einem Stil, der viel zu hoch über dem allgemeinen intellektuellen Niveau lag, als daß man ihn hätte teuer bezahlen können.* Er steckte immer in Geldverlegenheiten und entbehrte oft mit seiner kranken Frau der allernotwendigsten Dinge zum Leben. Jeden Winter, Jahre hindurch, bot diese unermüdliche Dienerin des Genies das rührendste Schauspiel, das wir in unserer Stadt je gesehen hatten, wie sie, ärmlich und ungenügend bekleidet, mit einem Gedicht, das sie zu verkaufen hatte, oder mit einem Artikel über einen literarischen Vorwurf von Zeitung zu Zeitung zog, bisweilen erklärte sie bloß mit stockender Stimme, daß er krank sei, und wenn sie für ihn bat, sagte sie nie mehr als: *Er ist krank,* welches immer die Gründe sein mochten, deretwegen er nicht schrieb; und nie hätte sie es zugelassen, daß durch ihre Tränen und ihre Erzählungen von Not hindurch ihre Lippen auch nur eine Silbe entschlüpft wäre, welche man als Zweifel, als Anklage oder als Schwinden ihres Vertrauens in das Genie und die guten Absichten ihres Schwiegersohnes hätte deuten können. Sie verließ ihn auch nach dem Tode ihrer Tochter nicht. Sie fuhr fort als Engel zu walten, lebte bei ihm, kümmerte sich um ihn, wachte über ihm und beschützte ihn, und wenn ihn die Versuchung überkam, dann vermochte sie noch trotz ihres Kummers und der Einsamkeit ihrer zurückgestoßenen Gefühle, trotz ihrer Entsagung, die über Nacht zur Verlassenheit wurde, trotz ihrer Entbehrungen und Leiden für ihn zu bitten. Wenn weibliche Hingabe, die einer ersten Liebe entstammt und durch menschliche Leidenschaft genährt wird, schon ihren Gegenstand verklärt und heiligt, wie dies ja allgemein anerkannt und zugegeben wird, wie sehr muß zugunsten dessen, der sie entfachte, erst eine Hingabe sprechen, so rein, so uneigennützig und so überirdisch heilig wie diese.

Vor uns liegt ein Brief, den diese Dame, Mrs. Clemm, an dem Morgen schrieb, an dem sie den Tod des Menschen erfuhr, dem ihre nimmermüde Liebe galt. Er wäre die beste Bittschrift, die wir für sie anfertigen könnten, doch wollen wir nur einige Worte daraus entnehmen – dieser Brief ist so heilig wie ihre Einsamkeit –, um einen Beweis für die Richtigkeit des eben entworfenen Bildes zu erbringen und um dem Appell, den wir zu ihren Gunsten erheben wollen, mehr Eindringlichkeit zu verleihen:

›Ich erfuhr heute morgen vom Tod meines vielgeliebten Eddie. Können Sie mir irgendwelche Einzelheiten, irgendwelche näheren Umstände bekanntgeben . . .? Oh! Verlassen Sie Ihre arme Freundin nicht in ihrem bittern Schmerz . . . Sagen Sie M., er möge zu mir kommen; ich muß mich ihm gegenüber eines Auftrags meines armen Eddie entledigen . . . Ich habe wohl nicht nötig, Sie zu bitten, seinen Tod anzuzeigen und gut von ihm zu sprechen. Ich weiß, daß Sie es tun werden. Sagen Sie aber bestimmt, welch liebevoller Sohn er mir war, seiner armen verzweifelten Mutter!‹

Wie besorgt diese arme Frau um den Ruf ihres Schwiegersohnes ist! Ist das nicht schön! Ist das nicht groß! Bewundernswert, wie das, was frei ist, das Schicksalsgebundene übertönt, wie der Geist über das Fleisch erhaben ist, wie deine Zuneigung hoch über allen menschlichen Zuneigungen schwebt! Könnten doch unsere Tränen über den Ozean gelangen, die Tränen all derer, die, wie dein armer Eddie, unglücklich, unstet sind, die das Elend und das Leid oft auf den Weg des Lasters gestoßen haben, könnten sie doch in dein Herz träufeln! Könnten doch diese Zeilen, Ausdruck der aufrichtigsten und ehrfurchtsvollsten Bewunderung, Gefallen vor deinem mütterlichen Auge finden! Dein gleichsam göttliches Bild wird ewig über der Märtyrergeschichte der Literatur schweben.

Der Tod Poes löste in Amerika ehrliche Bewegung aus. Aus den verschiedensten Teilen der Staaten ertönten Bezeugungen ehrlichen Schmerzes. Bisweilen läßt der Tod so manches verzeihen. Wir sind glücklich, einen Brief Longfellows erwähnen zu dürfen, der ihm um so mehr zu Ehre gereicht, als Poe ihm recht übel mitgespielt hat: ›Welch betrübliches Ende hatte doch Poe, ein Mann, der so reich mit Genie begabt war! Ich habe ihn niemals persönlich gekannt, aber ich hatte immer höchste Achtung vor seiner erzählerischen und dichterischen Stärke. Seine Prosa ist bemerkenswert kraftvoll, klar und dennoch überfließend, und seinen Versen entströmt ein eigenartiger melodischer Reiz, ein Hauch von echter, völlig bestrickender Poesie. Und was die Herbheit seiner Kritik anbelangt, so habe ich sie stets nur der Reizbarkeit einer mehr als sensiblen Veranlagung zugeschrieben, die alles Falsche, wo immer es sich zeigt, erbittert.‹«

Er scherzt wohl mit seinem *Überfließen,* der langatmige Verfasser von *Evangeline.* Hält er Edgar Poe denn für einen Spiegel?

II

Es bereitet sehr großes und sehr lehrreiches Vergnügen, die Züge eines so großen Mannes mit seinen Werken zu vergleichen. Die Lebensbeschreibungen, die Mitteilungen, die über die Sitten, die Gewohnheiten, das Äußere von Künstlern und Schriftstellern Aufschluß geben, haben stets eine nur zu berechtigte Neugier erweckt. Wer hat nicht schon bisweilen die Schärfe seines Stils und die Klarheit seiner Gedanken im Schnitt des Profils eines Erasmus wiederzufinden gesucht, ihre Wärme und ihren Überschwang in Köpfen wie die Diderots und Merciers, die eine Mischung von Großsprechertum und Biederkeit darstellen, die eigensinnige Ironie im beharrlichen Lächeln Voltaires, seine Kampfbereitschaft und befehlende Macht in weit in die Ferne blickenden Augen und den markigen Zügen eines Joseph de Maistre, Adler und Stier in einem? Wem ist noch nicht der Gedanke gekommen, *Die menschliche Komödie* aus der mächtigen und komplizierten Stirn- und Gesichtsbildung Balzacs enträtseln zu wollen?

Edgar Poe war ein wenig über den Durchschnitt groß, doch von sehr kräftig gebauter Statur, seine Hände und Füße waren klein. Bevor seine Konstitution angegriffen war, war er zu erstaunlichen Kraftleistungen fähig. Man möchte fast sagen, und wie ich glaube, kann man es immer wieder wahrnehmen, daß die Natur denen, die sie zu großen Dingen bestimmt hat, das Leben schwermacht. Aussehend als wären sie Schwächlinge, besitzen sie das Zeug zu Athleten, sie sind ebenso für das Vergnügen wie für die Leiden tauglich. Während Balzac den Proben zu *Ressources de Quinola* beiwohnte, sie leitete und selbst alle Rollen spielte, las er die Korrekturen seiner Bücher; er aß mit den Schauspielern, und wenn alles müde zu Bett ging, kehrte er leichten Herzens zur Arbeit zurück. Jeder weiß, daß er das normale Maß an Schlaflosigkeit und Enthaltsamkeit überschritt. Edgar Poe zeichnete sich in seiner Jugend besonders in allen Übungen aus, bei denen es auf Geschicklichkeit und Kraft ankommt; das lag ein wenig im Rahmen seines Talents: Berechnung und Lösung von Aufgaben. Eines Tages wettete er, daß er von einem der Kais Richmonds aus den James-Fluß sieben Meilen weit stromaufwärts schwimmen und noch am gleichen Tag zu Fuß zurückkehren werde. Er tat es. Es war ein glühend heißer Sommertag, und doch litt er darunter nicht mehr als sonst. Haltung, Gebärden, Auftreten, die Art, wie er den Kopf trug, alles stempelte ihn zu einem Manne, der sich in höchstem Maße von allen andern unterschied. Er war von Natur aus gezeichnet, war einer von jenen, die in einem Klub, in einem Kaffeehaus, auf der Straße das Auge des Beobachters fesseln und ihn nachdenklich machen. Wenn jemals das Wort *fremdartig,* mit dem in modernen Beschreibungen so viel Mißbrauch getrieben wurde, richtig angewendet wurde, so bestimmt auf die Art von Schönheit, die Poe zu eigen war. Seine Züge waren nicht kräftig, aber ziemlich regelmäßig, der Teint von einem hellen Braun, der Gesichtsausdruck traurig und zerstreut, und obwohl er weder Zorn noch Anmaßung zur Schau trug, wirkte er ein wenig quälend. Seine eigenartig schönen Augen erschienen beim ersten Hinsehen dunkelgrau, bei näherer Prüfung jedoch von einem unbestimmbaren leicht violetten Schimmer überzogen. Die Stirne war großartig, nicht etwa, daß sie an die lächerlichen Ausmaße erinnerte, die unfähige Künstler erfinden, wenn sie, um dem Genie zu schmeicheln, es in einen Wasserkopf verwandeln, nein, man hätte eher sagen können, daß eine überströmende innere Kraft die Organe für das Denken und den gedanklichen Aufbau übermächtig entwickelt hatte. Indessen waren die Partien, in die die Kraniologen den Sinn für das Malerische verlegen, zwar vorhanden, doch schien es, als wären sie von der hochmütigen und anmaßenden Tyrannei des Vergleichs, des Gedankenaufbaues und der Forschung nach den Ursachen verdrängt, unterdrückt, zur Seite geschoben. Auf dieser Stirne thronte auch in ruhigem Stolze der Sinn für das Ideale und das absolut Schöne, der ästhetische Sinn in seiner höchsten Entwicklungsform. Trotz all dieser Vorzüge machte dieser Kopf keinen angenehmen und harmonischen Gesamteindruck. En face gesehen, erregte und erzwang er Aufmerksamkeit durch den gebieterischen und inquisitorischen Ausdruck, der von der Stirne ausging, das Profil jedoch enthüllte das Nichtvorhandensein von so manchem; vorn und hinten war die Masse des Gehirns gewaltig, dagegen in der Mitte nur in mäßiger Menge vorhanden; somit ungeheueres animalisches und intellektuelles Vermögen und ein Fehlen an der Stelle, wo das Erhabene und die Eigenschaften des Gemüts ihren Sitz haben. Der hoffnungslose Widerhall von Melancholie, der durch die Werke Poes geht, spricht eine Sprache, die zu Herzen geht, das soll nicht geleugnet werden, trotzdem ist zu sagen, daß diese Melancholie sich absichtlich absondert und wenig für die Gemeinschaft mit andern Menschen übrig hat. Ich kann mich des Lachens nicht enthalten, wenn ich an die wenigen Zeilen denke, die ein in den Vereinigten Staaten äußerst geschätzter Schriftsteller, dessen Name ich vergessen habe, einige Zeit nach dem Tode Poes geschrieben hat. Ich zitiere aus dem Gedächtnis, stehe aber für den Sinn ein: »Ich habe eben wieder die Werke des armen Poe gelesen. Welch wunderbarer Dichter! Welch erstaunlicher Erzähler! Welch außerordentlich begabter und übernatürlicher Geist! Wahrlich *der* Kopf unseres Landes! Nun, ich gäbe seine siebzig mystischen, analytischen und grotesken Erzählungen darum, wenn er in diesem wunderbar reinen Stile, der ihn uns so gewaltig überlegen machte, ein Büchlein für den Hausschatz, ein einziges Buch für die Familie hätte schreiben können. Um wieviel größer wäre Poe dann!« Von einem Edgar Poe ein Buch für die Familie verlangen! So ist es denn wahr, daß in jedem Klima die menschliche Dummheit die gleiche bleibt und der Kritiker schwere Schoten an zartes Zierstrauchwerk hängen möchte.

Poe hatte schwarze, von einigen weißen Fäden durchzogene Haare, einen struppigen Schnurrbart, den zu pflegen und zu glätten er zu vergessen pflegte. Er zog sich geschmackvoll an, jedoch ein wenig nachlässig. Sein Benehmen war ausgezeichnet, sehr höflich und völlig sicher. Seine Art zu sprechen verdient jedoch besondere Erwähnung. Als ich das erste Mal einen Amerikaner darüber befragte, antwortete er mir mit herzlichem Lachen: »Ach ja, er besaß eine Art der Konversation, die nicht ganz folgerichtig war!« Nach einigen Erklärungen begriff ich, daß Poe weite Sprünge in der Welt der Gedanken zu machen liebte, wie ein Mathematiker, der vor weit fortgeschrittenen Schülern vorträgt und lange Reden dabei hält. Tatsächlich war es eine äußerst ersprießliche Konversation. Er war kein Schönredner, und überdies haßte er das Konventionelle in der Rede ebenso wie in der Schrift; doch machten tiefes Wissen, die Kenntnis mehrerer Sprachen, eingehende Studien und Ideen, die er in verschiedenen Ländern aufgelesen hatte, diese Rede ungemein belehrend. Kurz, er war einer, mit dem zu verkehren sich lohnte, speziell für Leute, welche die Freundschaft nach dem geistigen Gewinn messen, den sie aus dem Verkehr ziehen können. Es scheint jedoch, daß Poe in der Wahl seiner Zuhörer sehr wenig wählerisch war. Ob seine Zuhörerschaft fähig wäre, seine fein durchdachten abstrakten Gedankengänge zu verstehen oder die großartigen Einfälle zu bewundern, die unaufhörlich blitzartig den düstern Himmel seines Hirns durchzuckten, darüber machte er sich wenig Sorge. Er setzte sich in einer Kneipe neben irgendeinen schmierigen Burschen und entwickelte ihm mit allem Ernst die großen Linien seines schrecklichen Buches *Eureka,* wobei er unbeirrt und ungerührt blieb, so als diktierte er einem Sekretär oder als disputierte er mit Kepler, Bacon oder Swedenborg. Es ist dies ein besonderer Zug seines Charakters. Niemals hat ein Mansch sich in höherem Maße über die Regeln der Gesellschaft hinweggesetzt, sich weniger aus vorübergehenden Zuschauern gemacht oder aus der Frage, warum man ihn an gewissen Tagen nur in die unteren Räume eines Kaffeehauses einließ und ihm den Zutritt zu den Lokalitäten verweigerte, wo die *anständigen Leute* saßen und tranken.

Nie hat eine Gesellschaft derartiges ruhig hingenommen, am wenigsten aber die Gesellschaft Englands oder Amerikas. Allein schon sein Genie war etwas, was erst verziehen werden mußte; er hatte im *Messenger* eine furchtbare Treibjagd auf die Mittelmäßigkeit veranstaltet; seine Kritik war unnachsichtig und hart, wie eben die eines höherstehenden und einsamen Menschen, der für nichts anderes als für Geistiges Interesse hat. Der Augenblick kam, wo ihn vor all diesen menschlichen Dingen Ekel erfaßte und allein die Metaphysik ihm etwas bedeutete. Poe, der mit seinem strahlenden Geiste sein junges und noch unfertiges Heimatland blendete, der andererseits durch sein Betragen Männer, die sich für seinesgleichen hielten, zurückstieß, wurde durch dieses Verhängnis zu einem der unglücklichsten Schriftsteller. Alter Groll erhob sich wider ihn, um ihn herum wurde es einsam. In Paris, in Deutschland hätte er Freunde finden können, denen es nicht schwergefallen wäre, ihn zu verstehen und ihm zu helfen. In Amerika mußte er um jeden Bissen Brot kämpfen. Daraus erklärt sich völlig einleuchtend seine Trunksucht und der ständige Domizilwechsel. Er ging durchs Leben, als wäre es die Sahara, und wechselte den Ort wie ein Araber.

Es gibt auch noch andere Gründe: die argen wirtschaftlichen Schwierigkeiten zum Beispiel. Wir haben gesehen, daß er sich als frühreifer junger Mann plötzlich den Wechselfällen des Lebens ausgesetzt sah. Poe war fast immer allein; dazu kam, daß die fürchterliche Anspannung seines Gehirns und die Angestrengtheit seiner Arbeit ihn zwangen, im Wein und in Spirituosen die Wonne des Vergessens zu finden. Was andern Beschwerden bereitet, daraus zog er Erleichterung. Also: Literarische Anfeindungen, Schwindelgefühl vor dem Unendlichen, wirtschaftliche Schwierigkeiten, Hohn des Elends. Poe floh vor alledem in das Dunkel des Rausches, als wäre es das Dunkel des Grabes; denn er trank nicht wie ein Genießer, sondern wie ein Barbar; kaum war ein Tropfen Alkohol über seine Lippen gekommen, als er sich auch schon am Schanktisch aufpflanzte und Glas um Glas so lange trank, bis sein guter Engel ersäuft und seine Fähigkeiten nicht mehr vorhanden waren. Es ist eine fast unglaubliche Tatsache, die jedoch von allen denen, die ihn kannten, bestätigt wird, daß weder die Reinheit, die Vollendung seines Stils noch die Klarheit seines Denkens, noch sein

Eifer für die Arbeit und für schwierige Untersuchungen durch diese schreckliche Gewohnheit eine Beeinträchtigung erfuhren. Die Fertigstellung der Mehrzahl seiner guten Arbeiten erfolgte vor oder nach einem solchen Anfall. Nach Erscheinen von *Eureka* gab er sich dem Trunke bis zur Raserei hin. An dem Morgen, als in New York die Revue *Whig* den *Raben* veröffentlichte, während der Name Poe in aller Munde war und alle Welt sein Gedicht besprach, ging er torkelnd und sich an den Häuserwänden festhaltend über den Broadway*.

Die Trunksucht bei Literaten ist eine der am häufigsten vorkommenden und bedauernswertesten Erscheinungen des modernen Lebens; aber vielleicht gibt es dabei doch mildernde Umstände. Zur Zeit eines Saint-Amant, eines Chapelle und eines Collet besoffen sich die Literaten auch, doch war es ein fröhlicher Suff, in Gesellschaft der Edlen und Großen, die selbst in der Literatur gut bewandert waren und die Schenke nicht fürchteten. Ja selbst so manche Dame und so manches Fräulein erröteten nicht gleich, weil sie dem Weine gerne zusprachen, wie die Geschichte von jener Dame beweist, die von ihrer Dientsmagd in Gesellschaft Chapelles angetroffen wurde, wobei beide nach dem Souper heiße Tränen um Pindar vergossen, den armen, der durch die Schuld unwissender Ärzte hätte sterben müssen. Im achtzehnten Jahrhundert setzt sich der Brauch fort, er ändert sich jedoch ein wenig. Die Schule Retifs trinkt, doch ist sie bereits eine Schule von Parias, eine unterirdische Welt. In seinem hohen Alter wurde Mercier in der Rue du Coq-Honoré angetroffen; Napoleon war am Himmel des achtzehnten Jahrhunderts aufgestiegen, Mercier, ein wenig angeheitert, sagte, er lebe nur noch aus Neugierde**. Heute hat das Trinken in der Literatur einen unheilvollen und verderblichen Charakter angenommen. Es gibt keine besondere Klasse von literarisch Gebildeten mehr, die sich daraus eine Ehre machte, mit Literaten freundschaftlich zu verkehren. Diese selbst hindert ihre Arbeit, die sie voll und ganz in Anspruch nimmt, und der Haß zwischen den einzelnen Schulen an geselligen Zusammenkünften. Und was die Frauen betrifft, so hindert deren unvollständige Erziehung, ihre politische und literarische Unmaßgeblichkeit viele Schriftsteller, in ihnen mehr

---

* Gerade hier befand sich der Laden eines Verlegers Poes.
** Kannte Victor Hugo diesen Ausspruch?

als ein Haushaltungsgerät oder einen Luxusgegenstand zu sehen. Einmal die Mahlzeit eingenommen und das Animalische befriedigt, tritt der Dichter in die endlose Einsamkeit des Geistes, manchmal ist er seines Berufes müde. Was beginnen? So gewöhnt sich eben sein Geist an die Idee, seine Kraft sei unbesiegbar, und er kann nicht mehr der Hoffnung widerstehen, im Trinken die ruhigen oder erschreckenden Gesichter – seine alten Bekannten – wiederzufinden. Ebendieser Änderung der Sitten und Gebräuche, die aus der Welt der Literaten eine Klasse für sich gemacht hatte, muß zweifellos auch der ungeheure Verbrauch an Tabak zugeschrieben werden, den die modernen Literaten haben.

III

Ich will versuchen, eine Idee vom allgemeinen Charakter zu geben, der die Werke Edgar Poes beherrscht. Sie alle zu analysieren ist ein Ding der Unmöglichkeit, will man nicht einen ganzen Band vollschreiben, denn dieser merkwürdige Mensch hat trotz seines ungeregelten und diabolischen Lebens viel produziert. Poe erscheint uns in dreierlei Gestalt: als Kritiker, als Dichter und als Romancier, und dabei steckt im Romancier noch etwas von einem Philosophen.

Als er zum Leiter des *Messenger* bestellt wurde, wurde ausbedungen, daß er 2500 Francs pro Jahr erhalten sollte. Für dieses sehr bescheidene Gehalt hatte er sich mit der Lektüre und der Auswahl der Artikel zu befassen, die für den Inhalt der Nummer des laufenden Monats bestimmt waren, ferner oblag ihm die Redaktion der sogenannten *Herausgeberrubrik,* das heißt die Besprechung aller erschienenen Werke und die Stellungnahme zu allen literarischen Ereignissen. Außerdem leistete er oft selbst einen Beitrag mit einer Novelle oder einem dichterischen Erzeugnis. Diese Arbeit verrichtete er fast zwei Jahre hindurch. Dank seiner rührigen Leitung und der Originalität seiner Kritik zog der *Literary Messenger* bald die Aufmerksamkeit aller auf sich. Vor mir liegt eine Sammlung der Nummern dieser beiden Jahre: die *Herausgeberrubrik* ist recht ansehnlich, die Artikel sind sehr lang. Oft finden sich in der gleichen Nummer die Besprechung eines Romans, eines Gedichtbandes, eines medizinischen, physikalischen oder geschichtlichen Werkes. Alles ist mit größter Sorgfalt geschrieben und läßt bei seinem Verfasser die Kenntnis verschiedener Literaturen und eine Eignung für Wissenschaftliches erkennen, die an die französischen Schriftsteller des achtzehnten Jahrhunderts erinnert. Es scheint, daß Edgar Poe die Zeit der vorangegangenen Elendjahre gut ausgenützt und die verschiedensten Gedanken gewälzt hat. Wir haben hier eine bemerkenswerte Sammlung kritischer Werturteile vor uns über die wichtigsten englischen und amerikanischen Autoren, ferner auch über französische Memoiren. Wovon eine Idee ausging, welchen Ursprungs sie war, welchen Zweck sie verfolgte, welcher Schule sie angehörte, welches Verfahren ihr Urheber einschlug, ob heilsam oder gefährlich, alles war deutlich, klar und kurz dargelegt. Wenngleich Poe die Augen aller auf sich zog, so machte er sich doch auch viele Feinde. Tief durchdrungen von seinen Überzeugungen, bekämpfte er unermüdlich falsche Vernunftgründe, läppische Nachäffungen, Vergehen gegen die Syntax oder die Sprache und alle sonstigen literarischen Verfehlungen, wie sie tagaus, tagein in Zeitungen und Büchern begangen werden. Von dieser Seite her war ihm kein Vorwurf zu machen, er predigte in vorbildlicher Weise; sein Stil ist rein, ebenso rein wie seine Ideen, und gibt ihr Gepräge scharf wieder. Poe hält sich stets an die Regeln. Es ist eine äußerst bemerkenswerte Tatsache, daß ein Mann wie er, mit einer so unsteten und hochfliegenden Phantasie, gleichzeitig so auf die Regeln bedacht und so mühseliger Analysen und geduldiger Untersuchungen fähig sein konnte. Ein lebender Widerspruch! Sein Ruhm als Kritiker schadete beträchtlich seinem Glück als Literat. Viele Leute suchten sich an ihm zu rächen. Es gibt wohl kaum einen Vorwurf, den man ihm in späterer Zeit in dem Maße, wie sein Werk wuchs, nicht ins Gesicht geschleudert hätte. Jedermann kennt diese endlose Litanei: Immoralität, Mangel an Zartgefühl, fehlende Schlüssigkeit, Übertreibung, wertlose Literatur. Nie hat die französische Literatur Balzac seinen *Grand Homme de Province à Paris* verziehen.

Als Dichter steht Edgar Poe für sich allein da. Er stellt fast ganz allein die romantische Bewegung der andern Seite des Ozeans vor. Er ist genaugenommen der einzige Amerikaner, der seinen Stil zu einem Werkzeug gemacht hat. Seine Poesie, tief und klagend, ist dennoch ausgefeilt, rein, kunstgerecht und glänzend wie Kristall. Man sieht also, daß Alfred de Musset und Alphonse de Lamartine, trotz ihrer erstaunlichen Vorzüge, die ihnen die Verehrung zarter, weicher Seelen eintrugen, nicht zu seinen Freunden gezählt hätten, wenn er hier unter uns gelebt hätte. Die beiden Genannten besitzen nicht genügend Willen und sind nicht genug Herren ihrer selbst. Edgar Poe liebte die komplizierten Rhythmen, und er verstand es, mochten sie noch so kompliziert sein, in ihnen eine tiefe Harmonie erklingen zu lassen. Es gibt ein kleines Gedicht von ihm, betitelt *Die Glokken,* das eine wahre literarische Kuriosität darstellt; übersetzbar ist es nicht. *Der Rabe* ist ein durchschlagender Erfolg. Longfellow und Emerson geben zu, daß wir es hier mit einem Wunder zu tun haben. Der Vorwurf ist dürftig, es ist ein reines Kunstwerk. In einer stürmischen und regnerischen Nacht hört ein Student an seinem Fenster klopfen, dann an seiner Tür; er öffnet in der Meinung, es handle sich um einen Besucher. Dieser ist ein unglücklicher Rabe, der sich verirrt hat und durch den Schein der Lampe angelockt worden war. Es ist ein zahmer Rabe, der bei einem früheren Herrn sprechen gelernt hat, und das erste Wort, das dem Schnabel des Vogels zufällig entschlüpft, bringt gerade die richtige Saite in der Seele des Studenten zum Klingen und löst eine Reihe von schlummernden traurigen Gedanken aus: Eine tote Frau, tausend betrogene Sehnsüchte, tausend enttäuschte Wünsche, ein zerstörtes Leben; ein Strom von Erinnerungen, der sich in die kalte und einsame Nacht ergießt. Der Ton ist ernst und fast übernatürlich wie die Gedanken einer schlaflosen Nacht; die Verse fallen einzeln wie eintönige Tränentropfen. Im *Traumland, The Dreamland,* versucht er ein Gemälde der sich jagenden Träume und phantastischen Vorstellungen zu entwerfen, welche die Seele bestürmen, wenn die Augen geschlossen sind. Andere Gedichte, wie *Ulalume* und *Annabel Lee* erfreuen sich der gleichen Berühmtheit. Das dichterische Gepäck Edgar Poes ist jedoch spärlich. Seine Poesie kostete ihn, in ihrer knappen und kunstreichen Form, zweifellos viel Mühe, und er war viel zu oft in Geldnöten, um diesem wonnigen und unfruchtbaren Schmerz frönen zu können.

Als Novellist und Romancier ist Edgar Poe in seiner Art einzig dastehend, so wie Maturin, Balzac, Hoffmann es in der ihren sind. Die einzelnen Stücke, die er verstreut in verschiedenen Revuen erscheinen ließ, wurden zu zwei Sammelbänden vereinigt, der eine *Tales of the Grotesque and Arabesque,* der andere *Edgar A. Poe's Tales* im Verlag Wiley & Putnam. Im ganzen sind es an die zweiundsiebzig Erzählungen. Darin kommt wild Possenhaftes und rein Groteskes vor, unbändiges Streben nach dem Unendlichen zeigt sich neben starker Voreingenommenheit für den Magnetismus. Großen Erfolg hatte eine kleine Ausgabe von Erzählungen, sowohl in Paris als in Amerika, weil darin sehr dramatische Stücke enthalten sind, jedoch von einer Dramatik ganz besonderer Art.

Ich würde gern die literarischen Erzeugnisse Poes in sehr kurzer und verläßlicher Form charakterisieren, denn es ist eine ganz neue Art von Literatur. Was ihr besonderen Charakter verleiht und sie von allen andern unterscheidet, ist, man verzeihe mir diese etwas merkwürdigen Ausdrücke, der Konjekturismus und der Probabilismus[2]. Die Richtigkeit meiner Behauptung läßt sich an verschiedenen seiner Sujets nachprüfen.

Der goldene Skarabäus: Untersuchung der folgerichtig anzuwendenden Mittel, um ein Kryptogramm aufzulösen, mit dessen Hilfe ein vergrabener Schatz entdeckt wird. Unwillkürlich berührt es mich schmerzlich, wenn ich daran denke, daß der unglückliche Edgar Poe wohl mehr als einmal von den Mitteln, mit denen ein Schatz entdeckt werden könnte, geträumt haben mag. Wie logisch und einleuchtend doch die Erklärung dieser Methode ist, eine Methode, welche der eigenartigen und literarischen Spezialität gewisser Polizeibeamter gleichkommt! Wie schön die Beschreibung des Schatzes ist, und welch angenehme Empfindung von Wärme und frohem Erstaunen einen dabei überkommt! Nein, das war kein Traum, wie er gewöhnlich in allen jenen Romanen vorkommt, wo man vom Verfasser jäh aufgeweckt wird, nachdem er einem vorher den Mund mit erwartungsvollen Hoffnungen wässerig gemacht hat; diesmal ist es ein wirklicher Schatz, und der Löser des Rätsels hat ihn wohl verdient. Hier die genaue Aufstellung: an Geld vierhundert-

---

[2] *Conjecturisme* von *conjecture* = Vermutung und *probabilisme* von *probabilité* = Wahrscheinlichkeit abgeleitet, sind Neubildungen, die sich einer, der die Sprache so souverän beherrscht wie Baudelaire, erlauben kann, die aber leider unübersetzbar sind. Baudelaire meint, daß Poe die Vermutung und die Wahrscheinlichkeit zur Wissenschaft erhebt.

fünfzigtausend Dollar, nicht ein Stäubchen Silber, alles in Gold und noch dazu sehr alter Prägung; die Goldstücke sind groß und sehr schwer, die Inschriften unleserlich; hundertzehn Diamanten, achtzehn Rubine, dreihundertzehn Smaragde, einundzwanzig Saphire und ein Opal; zweihundert Ringe und schwere goldene Ohrgehänge, einige dreißig Ketten, dreiundachtzig Kruzifixe, fünf Weihrauchfässer, eine riesige Punschterrine aus Gold mit Weinblättern und Bacchantinnen, zwei Degengriffe, hundertundsiebenundneunzig mit Edelsteinen besetzte Uhren. Der Inhalt der Truhe wird zuerst mit einundeinhalb Million Dollar bewertet, doch wird dieser Betrag durch den Verkauf der Geschmeide überschritten. Die Beschreibung des Schatzes versetzt einen in einen Taumel von Größe und erweckt den Wunsch zum Wohltun. Ja, in dieser vom Seeräuber Kidol vergrabenen Truhe gab es genug, um so manchen ungekannten Verzweifelten zu trösten.

Der Maelstrom: Könnte man nicht in einen Schlund hinabsteigen, dessen Boden bisher noch nicht erreicht wurde, und dabei die Gesetze der Schwerkraft auf neue Art erforschen?

Der Mord in der Rue de la Morgue: Ein Lehrbeispiel, von dem mancher Untersuchungsrichter lernen könnte. Ein Mord ist begangen worden. Wie? Von wem? Die Angelegenheit weist unerklärliche und einander widersprechende Züge auf. Die Polizei gibt ihre Bemühungen auf. Da erscheint ein junger Mann, der um der Liebe zur Kunst willen die Untersuchung wieder aufnehmen will.

Durch äußerst konzentriertes Denken und die folgerichtige Erforschung aller seiner Wahrnehmung zugänglichen Erscheinungen ist es ihm gelungen, des Gesetzes von der Reihenfolge der Gedanken Herr zu werden. Zwischen einem Wort und dem andern, zwischen zwei einander scheinbar völlig fremden Gedanken gelingt es ihm, die ganze dazwischenliegende Reihe herzustellen und vor den verblüfften Augen der Zuschauer die Lücke auszufüllen, welche durch nicht zum Ausdruck gelangte und fast unbewußte Vorstellungen gelassen worden war. Er studiert eingehend alle Möglichkeiten und alle wahrscheinlichen Verkettungen der Begebenheiten. Er schwingt sich von Folgerung zu Folgerung und gelangt so schließlich zum schlagenden Beweis, daß das Verbrechen von einem Affen begangen worden war.

Die magnetische Offenbarung: Der Ausgangspunkt des Verfassers ist offensichtlich der folgende: Könnte man nicht mit Hilfe der unbekannten Kraft, magnetisches Fluidum genannt, das Gesetz entdecken, das die Welten des Jenseits regiert? Der Anfang ist erfüllt von Größe und Feierlichkeit. Der Arzt hat seinen Kranken eingeschläfert, nur um ihm Erleichterung zu schaffen. »Was denken Sie von Ihrer Krankheit? – Ich werde daran sterben. – Bereitet Ihnen dies Kummer? – Nein.« Der Kranke beklagt sich, er würde falsch befragt. »Leiten Sie mich«, sagt der Arzt. »Beginnen Sie beim Anfang. – Welches ist der Anfang? – (Mit sehr leiser Stimme): Gott. – Ist Gott ein Geist? – Nein. – Ist er somit Stoff? – Nein.« Es folgt nun eine sehr weitläufige Theorie vom Stoff, den Abstufungen des Stoffes und der Rangordnung der Geschöpfe. Ich habe diese Erzählung in einer Nummer der *Liberté de Penser* im Jahre 1848 veröffentlicht.

Aus einer andern Erzählung stammt der Bericht einer Seele, die auf einem nicht mehr existierenden Planeten gelebt hatte. Der Ausgangspunkt war gewesen: Kann man auf dem Wege der Induktion und der Analyse herausbekommen, welches die physischen und geistigen Erscheinungen bei den Bewohnern einer Welt wären, der sich ein todbringender Komet nähert?

In andern Erzählungen finden wir das rein Fantastische, ohne jede Erklärung in natürliche Form gekleidet, in der Manier von E. T. A. Hoffmann. *Der Mann der Menge* taucht immer wieder in der dichten Menge unter; es ist ihm eine Wonne, im menschlichen Ozean zu schwimmen. Wenn die Dämmerung mit ihren Schatten und zitternden Lichtern herniedersteigt, flieht er die stillen und friedlichen Stadtteile, und seine Sehnsucht treibt ihn in jene, wo das Leben der Masse Mensch brodelt. Je enger der Kreis des Lichtes und des Lebens wird, um so unruhiger sucht er den Mittelpunkt; wie die Menschen der Sintflut klammert er sich verzweifelt an die letzten Stellen, die aus der Unruhe des täglichen Lebens aufragen. Damit hört die Erzählung auf. Ist es ein Verbrecher, der Schauder vor der Einsamkeit empfindet? Oder ein Armer im Geiste, der es bei sich selbst nicht aushält?

Welcher Pariser Autor, der nur halbwegs literarisch gebildet ist, hat nicht *Die schwarze Katze* gelesen? In ihr finden wir Eigenschaften ganz anderer Art. Wie zart und harmlos beginnt dieses fürchterliche Gedicht auf das Verbrechen! »Meine Frau und ich, wir fühlten uns geeint durch unsere gemeinsamen Neigungen und unsere Liebe zu den Tieren; unsere Eltern hatten uns diese Leidenschaft vermacht. So glich denn auch unser Haus einer Menagerie; wir hatten bei uns Tiere aller Art.« Ihre Verhältnisse geraten in Unordnung. Anstatt tätig zu sein, überläßt sich der Mann in der Schenke dunklen Träumereien. Die schwarze Katze, der anhängliche Pluto, die früher so große Freude gezeigt hatte, wenn der Herr heimkehrte, hat jetzt für ihn weniger Aufmerksamkeiten und Schmeicheleien übrig; fast möchte man meinen, daß sie ihn meidet und die Gefahren des Branntweines und Wacholderschnapses wittert. Der Mann fühlt sich gekränkt. Seine Traurigkeit, seine schweigsame und einsiedlerische Laune wächst mit der Gewöhnung an das Gift. Wie gut ist das düstere Leben in der Schenke, wie gut sind die stummen Stunden trüben Rausches beschrieben! Und doch ist es kurz und bündig. Der stumme Vorwurf der Katze reizt ihn mehr und mehr. Eines Abends fängt er, ich weiß nicht aus welchem Antrieb, das Tier, zieht sein Taschenmesser und stich ihm ein Auge aus. Nun wird ihn das einäugige, blutende Tier künftig noch mehr fliehen, was seinen Haß erhöhen muß. Schließlich hängt er es auf und erwürgt es. Diese Stelle verdient zitiert zu werden:

›Inzwischen genas die Katze langsam. Die leere Augenhöhle bot allerdings einen abschreckenden Anblick; immerhin schien sie nicht mehr zu leiden. Sie lief wie gewohnt durchs Haus, aber, und das war nur zu begreiflich, wenn ich mich näherte, brachte sie sich in panischem Schrecken in Sicherheit. Ich hatte noch genug Gefühl, um mich zuerst über diese offenbare Abneigung eines Geschöpfes, das mich so sehr geliebt hatte, zu kränken. Dieses Gefühl wich jedoch bald dem Ärger, und dann kam, um meinen endgültigen und unwiderruflichen Fall herbeizuführen, der Geist der Perversität über mich. Die Philosophie berücksichtigt diese Kraft keineswegs genug. Indessen, so fest ich an die Existenz meiner Seele glaube, so fest glaube ich auch, daß die Perversität einer der Urtriebe des menschlichen Herzens ist, eine der ursprünglichen, unteilbaren Kräfte oder Empfindungen, die ein Teil des menschlichen Charakters sind. – Wer hat noch nicht eine verrückte oder gemeine Tat einzig aus dem Grunde begangen, weil er sich bewußt war, er dürfe sie nicht begehen? Besitzen wir nicht die immerwährende Neigung, entgegen unserem Urteil das, was Gesetz ist, zu verletzen, nur weil wir wissen, daß es Gesetz ist? Dieser Geist der Perversität war, sagte ich, an meinem letzten Sturz schuld. Es war der unergründliche Wunsch, sich selbst Kummer zu bereiten, den die Seele empfindet – Böses zu tun allein um des Bösen willen –, der mich dazu trieb, die Qualen, die ich diesem unschuldigen Tier antat, fortzusetzen und schließlich zu Ende zu bringen. Eines Morgens band ich ihm kaltblütig einen Strick um den Hals und hing es am Ast eines Baumes auf. – Ich hing es auf und vergoß dabei in Strömen Tränen, das Herz erfüllt von bittersten Gewissensbissen; ich hing es auf, *weil* ich wußte, daß es mich geliebt hatte, und *weil* ich fühlte, daß es mir keinen Anlaß zu Zorn gegeben hatte; ich hing es auf, weil ich wußte, daß ich mit dieser Handlung ein Verbrechen beging, eine Todsünde, die meine unsterbliche Seele in Gefahr brächte, so sehr, daß sie diese, wenn dies überhaupt möglich wäre, außerhalb des Bereichs des unendlichen Erbarmens des allerbarmenden und allrächenden Gottes verbannte.‹

Eine Feuersbrunst vollendet den Ruin der Ehegatten, die in einem Armenviertel ihre Zuflucht nehmen. Der Mann setzt das Trinken fort. Seine Krankheit macht erschreckende Fortschritte; denn welche Krankheit ist dem Alkohol vergleichbar? Eines Abends erblickt er auf einem der Fässer der Kneipe eine prachtvolle schwarze Katze, die genau der seinen gleicht. Das Tier duldet seine Annäherung und erwidert seine Zärtlichkeiten. Er nimmt es zu sich nach Hause mit, um seine Frau zu trösten. Am andern Morgen entdeckt man, daß der Katze ein Auge fehlt, und zwar das gleiche Auge. Diesmal ist es die Anhänglichkeit des Tieres, die ihn langsam immer mehr aufbringt; seine ermüdende Freundlichkeit erscheint ihm als Rache, als Ironie, als eine in diesem geheimnisvollen Tiere verkörperte Gewissensmahnung. Es ist ganz klar, daß der Unglückliche nicht mehr ganz richtig im Kopfe ist. Eines Abends, als er mit seiner Frau irgendeiner häuslichen Verrichtung wegen in den Keller hinabsteigt, gerät ihm die treue Katze, die sie beide begleitet, zwischen die Beine und streift ihn. Wütend will er sich auf sie stürzen; seine Frau wirft sich dazwischen; er streckt sie mit einem Hieb der Hacke zu Boden. Wie kann man einen Leichnam verschwinden lassen, ist sein erster Gedanke. Er mauert die Frau ein und verputzt und bewirft die Stelle wieder ordentlich mit Mörtel, den er geschickt schmutzig gefärbt hat.

Die Katze ist davongelaufen. »Sie hat begriffen, daß ich zornig war und hat es für klüger befunden, mir aus dem Wege zu gehen.« Unser guter Mann schläft den Schlaf des Gerechten, und des Morgens beim Sonnenaufgang sind seine Freude und seine Erleichterung ungeheuer groß, weil er sein Erwachen nicht mehr von den verhaßten Zärtlichkeiten des Tieres gemeuchelt fühlt. Indessen hat die Justizbehörde mehrere Hausdurchsuchungen bei ihm vorgenommen, die enttäuschten Beamten wollen eben wieder abziehen, als er plötzlich sagt: »Sie vergessen den Keller, meine Herren.« Man stattete dem Keller einen Besuch ab, und als sie die Treppe wieder hinaufsteigen, ohne daß sie eine anklagende Spur gefunden hätten, »da erfaßte mich eine teuflische Idee, und in einer Aufwallung unverständlichen Stolzes rief ich aus: ›Schöne Mauer! Gut gebaut! Wahrhaftig! Heute macht man nicht mehr solche Keller!‹ Und bei diesen Worten schlug ich mit dem Stock an die Wand, gerade an der Stelle, wo mein Opfer verborgen lag.« Ein herzzerreißender, klagender, entfernter Schrei wird vernehmbar; der Mann fällt in Ohnmacht; die Justizbeamten bleiben stehen, reißen die Mauer ein, der Leichnam fällt heraus, und eine schreckliche Katze, halb Fell, halb Gips, mit einem Auge und blutüberströmt stürzt wie irrsinnig davon.

Es sind nicht nur die Wahrscheinlichkeiten und Möglichkeiten, an denen sich die glühende Fantasie Poes in starkem Maße entzündete, sondern auch die Geisteskrankheiten. *Berenice* ist eine wunderbare Probe dieser Gattung; so unwahrscheinlich und übertrieben meine trockene Analyse sie auch erscheinen lassen mag, so kann ich dem Leser doch versichern, daß nichts logischer und möglicher ist als diese Schauergeschichte. Egoeus und Berenice sind Vetter und Base; Egoeus, ein blasser Mensch, leidenschaftlich der Theosophie ergeben und schwächlich veranlagt, verschwendet seine Geisteskräfte auf das Begreifen abstruser Dinge; Berenice, kindisch und verspielt, immer im Freien, im Wald und im Garten, ist wunderschön, von leuchtender, sinnlicher Schönheit. Berenice wird von einer geheimnisvollen, schrecklichen Krankheit befallen, für die irgendwo die wunderliche Bezeichnung *Verzerrung der Persönlichkeit* steht. Es läßt sich annehmen, daß es sich um Hysterie handelt . . . Sie unterliegt auch mehrmals epileptischen Anfällen, häufig gefolgt von Lethargie, aus denen das Erwachen plötzlich und unvermittelt erfolgt. Diese unvergleichliche Schöheit geht sozusagen ihrer Auflösung entgegen. Was Egoeus betrifft, so ist, um – wie er sagt – die Sprache des Volkes zu sprechen, seine Krankheit noch wunderlicher. Sie besteht in einer zu starken Vergrößerung des Vermögens des beschaulichen Nachdenkens, einer krankhaften Reizung der Fähigkeiten zur Aufmerksamkeit. »Viele Stunden die Augen starr auf eine ganz gewöhnliche Redewendung gerichtet zu verlieren, einen ganzen langen Tag in die Betrachtung irgendeines Schattens auf dem Parkett vertieft zu bleiben, mich eine Nacht lang zu vergessen, um die gerade Flamme einer Lampe oder die Glut im Ofen nicht aus dem Auge zu lassen, irgendein ganz gebräuchliches Wort bis zur Unendlichkeit zu wiederholen, so lange bis sein Klang aufhörte, meinem Geiste eine bestimmte Idee zu geben, jedes Gefühl physischen Daseins in einer beharrlichen Unbeweglichkeit zu verlieren, das waren einige der Begleiterscheinungen, zu denen mich eine Geistesverfassung gebracht hatte, die, wenn auch nicht ohne Beispiel, doch immerhin nach Studium und Analyse rief.« Und er gibt sich größte Mühe, daß wir darauf achten, daß es sich nicht um traumhafte Übertreibungen handelt, wie sie wohl bei allen Menschen vorkommen; denn der Träumer nimmt irgendeinen interessanten Gegenstand zum Ausgangspunkt, er gelangt von einer Deduktion zur andern, und nach einem ganzen langen verträumten Tag ist der ursprüngliche Anlaß in weite Ferne gerückt, das *incitamentum* ist verschwunden. In Egoeus' Falle ist es gerade umgekehrt. Das Objekt ist durchweg immer ein nichtiges; doch wird es infolge der Strahlenbrechung beim Durchgang durch das Medium angestrengter Betrachtung zu etwas Bedeutendem. Wenig Deduktionen, überhaupt keine angenehme Besinnlichkeit; und zum Schluß hat der ursprüngliche Anlaß, weit davon entfernt, aus dem Gesichtsbereich gerückt zu sein, übernatürliches Interesse gewonnen, er hat außergewöhnliche Dimensionen angenommen, und das ist eben das Unterscheidungsmerkmal dieser Krankheit.

Egoeus ist im Begriff, seine Base zu heiraten. Zur Zeit, als sie noch unvergleichlich schön war, hat er nie auch nur ein einziges Wort der Liebe an sie gerichtet, aber er empfindet für sie große Freundschaft und großes Mitleid. Zudem, besitzt sie nicht das ungemein Anziehende eines Problems? Und, wie er selbst eingesteht, infolge der seltsamen Anomalie seines Wesens, sind ihm die Gefühle nie von Herzen gekommen und die Leidenschaften würden ihm immer nur von der Vernunft kommen. Eines Abends in der Bibliothek steht Berenice vor ihm. Sei es, daß sein Geist gestört ist, sei es durch die Wirkung des Dämmerlichtes, er sieht sie größer als gewöhnlich. Er betrachtet lange, ohne ein Wort zu sagen, dieses abgemagerte Phantom, das mit der schmerzlichen Koketterie der Frau, die häßlich geworden ist, ein Lächeln versucht, ein Lächeln, das sagen will: »Ich bin stark verändert, nicht wahr?« Und dabei läßt sie zwischen ihren armen verzerrten Lippen alle ihre Zähne sehen. »Wollte Gott, daß ich sie niemals gesehen hätte oder daß ich anschließend gestorben wäre, nachdem ich sie gesehen hatte!«

Das sind sie, die Zähne, die der Mansch hat. Zwei Tage und eine Nacht rührt er sich nicht vom Fleck, und ständig umschweben ihn die Zähne. Die Zähne haben wie eine Daguerreotypie einen Abdruck in seinem Gehirn hinterlassen, lang, schmal, nicht eine einzige Rille, keine Ecke entgeht ihm. Kalter Schauer überläuft ihn, als ihm zu Bewußtsein kommt, daß es soweit ist, daß er ihnen die Fähigkeit zu fühlen und das Vermögen geistigen Ausdrucks, ein Vermögen, das sogar von den Lippen unabhängig ist, beilegt: »Man sagte von Fräulein Sallé, daß alle ihre Schritte Gefühle waren, und von Berenice glaubte ich in vollem Ernst, daß jeder ihrer Zähne ein Gedanke wäre.«

Gegen Ende des zweiten Tages ist Berenice tot; Egoeus wagt nicht, sich zu weigern, das Sterbezimmer zu betreten und der irdischen Hülle seiner Base ein letztes Lebewohl zu sagen. Sie liegt auf dem Bett aufgebahrt. Die schweren Vorhänge des Bettes, die er aufhebt, fallen ihm auf die Schulter und schließen ihn in engstem Beisammensein mit der Verschiedenen ein. Sonderbarerweise hatte sich eine Binde, die um ihr Wangen gelegt war, gelöst. Ihre Zähne leuchten unerbittlich weiß und lang. Er bringt die Kraft auf, sich vom Bett loszureißen und stürzt entsetzt davon.

Von diesem Augenblick an hat sich die Dunkelheit in seinem Geist verdichtet, und der Bericht wird verwirrt und konfus. Als er zu sich kommt, befindet er sich wieder in der Bibliothek an einem Tisch, darauf steht eine Lampe, und vor ihm liegt ein aufgeschlagenes Buch, und seine vor Schreck zitternden Augen fallen auf die folgende Stelle: *Dicebant mihi sodales, si sepul-*

chrum amicae visitarem, curas meas aliquantulum fore levatas[3].
Daneben eine Schatulle aus Ebenholz. Ist es nicht die des Arztes der Familie? Ein Diener tritt ein, bleich und verstört; er spricht leise und schwer verständlich. Aus seinen stockenden Reden geht indessen hervor, daß es sich um eine Grabesschändung handelt, um laute Schreie, die hörbar gewesen seien, um einen noch warmen und zuckenden Körper, den man blutüberströmt und ganz verstümmelt am Rande der Grube gefunden hätte. Er zeigt auf Egoeus' Kleider, sie sind voll Erde und blutig. Er faßt ihn bei der Hand; sie weist merkwürdige Eindrücke auf, Kratzer von Nägeln. Er wendet seine Aufmerksamkeit einem Werkzeug zu, das an der Wand lehnt. Es ist ein Spaten. Mit einem fürchterlichen Schrei stürzt sich Egoeus auf die Schatulle; in seiner Schwäche und Aufregung läßt er sie jedoch fallen, und der halbgeöffneten Schatulle entfallen zahnärztliche Instrumente, die sich auf dem Parkett mit schrecklichem metallischem Geklirr verstreuen und sich mit den verfluchten Gegenständen seiner Halluzination vermischen. Der Unglückliche hat in einem Anfall von Geistesabwesenheit seine fixe Idee seiner Base aus dem Kiefer herausgerissen, die irrtümlich während einer ihrer Krisen begraben worden war.

Meistens ließ Edgar Poe nebensächliche Umstände fort oder maß ihnen zumindest sehr geringen Wert bei. Dank dieser rücksichtslosen Nüchternheit wird die zeugende Idee deutlicher sichtbar, und das Thema hebt sich scharf vom nackten Hintergrund ab. Was seine Erzählermethode anbelangt, so war sie einfach. Er gebraucht das *Ich* mit zynischer Eintönigkeit bis zum Überdruß. Man hat den Eindruck, als wäre er so sicher, den Leser zu interessieren, daß er sich wenig Sorge um die Mittel macht. Seine Erzählungen sind fast immer mündliche Berichte oder Niederschriften der Hauptfigur. Was die Vorliebe betrifft, die er in seinen Arbeiten für das Schreckliche hat, so habe ich bemerkt, daß diese bei vielen Menschen das Ergebnis ungenützter, sehr großer Lebensenergie ist, bisweilen das beharrlicher Keuschheit und auch verdrängter tiefer Empfindsamkeit. Die unmenschliche Lust, die ein Mensch empfinden kann, wenn er sein eigenes Blut fließen sieht, die plötzlichen und unnötigen

---

[3] Die Priester sagten mir, wenn ich das Grab der Freundin besuchte, würden meine Sorgen ein ganz klein wenig leichter werden.

Bewegungen, die lauten, fast gegen den eigenen Willen ausgestoßenen Schreie sind analoge Erscheinungen. Schmerz ist für den Schmerz eine Erleichterung, die Tätigkeit wirkt wohltuend auf das Ermüdende der Ruhe.

Eine besondere Eigenart seiner Literatur ist, daß sie durchaus antifeminin ist. Die Frauen schreiben, schreiben mit überströmender Geschwindigkeit; ihr Herz plaudert und läßt es sich nicht verdrießen. Sie kennen meistens weder Kunst noch Maß, noch Logik; ihr Stil schleppt und wallt wie ihre Kleider. Selbst eine so große, mit vollem Recht so berühmte Schriftstellerin wie George Sand hat sich, trotz ihrer Überlegenheit, diesem Gesetz, das ihr Temperament ihr vorschreibt, nicht ganz entziehen können; sie wirft ihre Meisterwerke bei der Post ein wie Briefe. Sagt man nicht auch, sie schreibe ihre Bücher auf Briefpapier?

In den Büchern Edgar Poes ist der Stil knapp, *verkettet;* dem bösen Willen oder der Faulheit des Lesers bieten sich keine Maschen, durch die er diesem von der Logik geknüpften Netz entschlüpfen könnte. Alle Gedanken fliegen wie gehorsame Pfeile auf das gleiche Ziel zu.

Ich habe mich durch eine lange Reihe von Erzählungen hindurchgelesen, ohne auf eine Liebesgeschichte gestoßen zu sein. Mir ist dies erst am Schlusse aufgefallen, so berauschend ist dieser Mensch. Ohne dieses asketische System einer ehrgeizigen Seele als das absolut richtige anpreisen zu wollen, glaube ich, daß eine spröde Literatur bei uns zu einem nützlichen Protest gegen die überhandnehmende Eingebildetheit der Frauen werden könnte, die mehr und mehr durch die widerliche Abgötterei der Männer überreizt wird; und ich trage es Voltaire, weiß Gott, nicht nach, daß er in seinem Vorwort zu *Der Tod Cäsars,* einer Tragödie ohne Frauen, es für gut befand, unter erheuchelten Entschuldigungen für seine Impertinenz, auf dieses rühmliche Wagnis eigens hinzuweisen.

Bei Edgar Poe gibt es nirgends jenes auf die Nerven gehende Geflenne, jedoch überall und unaufhörlich einen unstillbaren Drang zum Ideal. Wie Balzac, der sterbend traurig darüber gewesen sein mag, kein reiner Gelehrter zu sein, hat er Anfälle von rasender Sucht nach Wissenschaft. Er hat ein *Handbuch des Konchyliologen* geschrieben, das ich zu erwähnen vergaß. Er besitzt wie die Eroberer und die Philosophen ein mitreißendes Streben nach Einheit; er gleicht das Geistige dem Körperlichen an. Es scheint einem, als suchte er auf die Literatur das Verfahren der Philosophie und auf die Philosophie die Methode der Algebra anzuwenden. In diesem unaufhörlichen Anstieg zum Unendlichen geht einem ein wenig der Atem aus. Die Luft wird dünner in dieser Art von Literatur wie in einem Laboratorium. Man versinkt in einem fort in Betrachtungen der Verherrlichung des Willens, der sich der Induktion und der Analyse bedient. Es scheint, als wollte Poe den Propheten das Wort mit Gewalt entziehen und sich selbst das alleinige Recht auf vernunftmäßige Erklärung anmaßen. So sind denn auch die Landschaften, die seinen fieberigen Erfindungen als Hintergrund dienen, bleich wie Gespenster. Poe, der die Leidenschaften der übrigen Menschen kaum kannte, zeichnet Bäume und Wolken, die Träumen von Wolken und Bäumen ähneln, oder vielmehr, die seinen seltsamen Gestalten ähneln und wie diese von übernatürlichem und galvanischem Schauer geschüttelt werden.

Ein einziges Mal jedoch hat er sich bemüht, ein rein menschliches Buch zu schreiben. *Die Erzählung Arthur Gordon Pyms,* die keinen großen Erfolg hatte, handelt von Seeleuten, die nach schweren Havarien von der Windstille der Südsee überrascht wurden. Das Genie des Verfassers schwelgt in diesen schrecklichen Szenen und in der erstaunlichen Ausmalung von Volksstämmen und Inseln, die auf keiner Karte verzeichnet sind. Die Ausführung dieses Buches ist außerordentlich einfach und sorgfältig. Es ist in Form eines Bordbuches verfaßt. Das Schiff ist steuerlos geworden; Proviant und Trinkwasser sind erschöpft; den Seeleuten bleibt nichts anderes als Kannibalismus übrig. Unterdessen wird eine Brigg gemeldet.

»Wir erblickten niemand an Bord, bis es auf eine Viertelmeile an uns herangekommen war. Dann sahen wir drei Männer, die wir nach ihrer Kleidung für Holländer hielten. Zwei von ihnen lagen auf alten Segeln nahe dem Vorderkastell und der dritte, der uns mit Neugierde zu betrachten schien, stand vorn auf Steuerbord beim Bugspriet. Dieser letztere war ein hoher, kräftiger Mann mit sehr dunkler Hautfarbe. Mit Gebärden schien er uns zu Geduld zu ermahnen und uns zu ermutigen und machte uns Zeichen, die uns als freudig erschienen, die sich dabei aber wunderlich ausnahmen, und dazu lächelte er unentwegt, als wollte er uns eine Reihe sehr weißer, glänzender Zähne zeigen. Das Schiff kam immer näher, wir sahen, wie ihm

214

seine rote Wollmütze vom Kopf ins Wasser fiel; er achtete jedoch nicht darauf, fuhr weiter fort zu lächeln und seine seltsamen Handbewegungen zu machen. Ich berichte alle diese Dinge und Umstände gewissenhaft, und ich berichte sie, wohlverstanden, genauso, wie sie uns erschienen.

Die Brigg kam langsam auf uns zu und hielt jetzt direkten Kurs gegen uns ein, und – ich kann von diesem Abenteuer nicht kalten Blutes sprechen – unsere Herzen hüpften uns wie verrückt im Leibe, und unseren Seelen entströmten Freudenschreie und Dankgebete zu Gott für die völlige, glorreiche und unerhoffte Errettung, die so greifbar vor uns lag. Plötzlich und ganz unvermittelt kam von diesem sonderbaren Schiff – wir lagen jetzt unter seinem Wind – über das Meer ein Geruch, ein Gestank auf uns zu, für den es auf Erden keine Worte gibt, um ihn zu benennen: infernalisch, atemberaubend, unerträglich, unvorstellbar. Ich öffnete den Mund, um Luft zu schöpfen, und als ich mich zu meinen Gefährten umwandte, bemerkte ich, daß sie bleicher als Marmor waren. Wir hatten aber keine Zeit, uns Fragen zu stellen oder nachzudenken, die Brigg war auf fünfzig Fuß an uns herangekommen, und es schien mir, daß sie beabsichtigte, an unserm Hinterschiff anzulegen, damit wir hinübergelangen könnten, ohne ein Boot zu Wasser zu lassen. Wir stürzten nach vorn, als plötzlich eine starke Welle sie um fünf oder sechs Strich aus dem Kurs warf, den sie einhielt, und als sie hinterschiffs an uns vorbeiglitt, konnten wir auf eine Entfernung von zwanzig Fuß ihr ganzes Deck überblicken. Werde ich jemals den dreifachen Schrecken dieses Anblicks vergessen können? Fünfundzwanzig oder dreißig menschliche Körper, darunter einige Frauen, lagen verstreut da und dort zwischen Kombüse und Kajüte, alle im letzten und ekelerregendsten Stadium der Verwesung. Wir sahen deutlich, daß sich auf diesem verdammten Schiffe keine lebende Seele befand! Trotzdem konnten wir uns nicht zurückhalten, die Toten anzuflehen, uns zu retten! Ja, in der Todesqual des Augenblicks haben wir die schweigenden und widerlichen Gestalten lang und inbrünstig gebeten, anzuhalten um unseretwillen, uns nicht einem dem ihren ähnlichen Lose preiszugeben und uns freundlichst in ihrer angenehmen Gesellschaft aufzunehmen! Der Schreck und die Verzweiflung ließen uns außer Rand und Band geraten, die Angst und die Mutlosigkeit hatten uns völlig irr gemacht.

Auf unser erstes Schreckgeheul antwortete uns irgend etwas, das vom Bugspriet des fremden Schiffes kam und das so ganz dem Schrei aus einer menschlichen Kehle glich, daß das empfindlichste Ohr sich hätte überrumpeln und täuschen lassen können. In diesem Moment brachte eine neue plötzliche Welle das Vorderkastell uns vor Augen, und nun konnten wir die Herkunft dieses Geräusches erkennen. Wir sahen die große kräftige Gestalt immer noch am Dollbord lehnen und immer noch den Kopf hierhin, dorthin bewegen, doch drehte sie uns augenblicklich den Rücken zu, und wir konnten ihr Gesicht nicht sehen. Ihre Arme waren auf der Reling der Schanzverkleidung ausgebreitet, und die Hände hingen nach außen herunter. Ihre Knie lagen über einem starken Tau, standen weit auseinander und reichten vom Hinterteil des Bugspriets bis zu einem der Kranbalken. Auf der einen Seite war ein Stück ihres Hemdes herausgerissen und ließ das nackte Fleisch sehen; dort befand sich eine riesige Möwe, die gierig das schauerliche Fleisch verschlang, mit tief eingegrabenem Schnabel und Fängen, das Gefieder ganz mit Blut überspritzt. Als die Brigg beidrehte und eben dabei war, unter dem Winde an uns vorüberzufahren, zog der Vogel mit sichtbarer Schwierigkeit den roten Kopf heraus und, nachdem er uns einen Augenblick, so als wäre er höchst verblüfft, angesehen hatte, löste er sich faul von dem Körper, an dem er sein Festmahl gehalten hatte, dann flog er direkt über unser Deck und blieb eine Zeitlang mit einem Stück der geronnenen und gleichsam lebenden Masse im Schnabel darüber schweben. Schließlich fiel das schauerliche Stück tropfend Parker gerade vor die Füße. Gott möge mir verzeihen, aber damals im ersten Moment zuckte mir ein Gedanke durch den Sinn, den ich nicht niederschreiben werde, und ich fühlte, wie ich unwillkürlich einen Schritt auf das blutige Stück zu machte. Ich blickte auf, und meine Blicke trafen sich mit denen Augusts, die von so intensiver, starker Begierde erfüllt schienen, daß mich dies augenblicklich zu mir selbst brachte. Ich stürzte mich im Nu darauf und warf das schauerliche Zeug mit tiefem Abscheu ins Meer.

Der Leicham, aus dem dieses Stück herausgerissen war, kam, da er nur auf einem Tau ruhte, leise durch die Anstrengungen des gefräßigen Vogels ins Schwanken, und diese Erschütterungen waren es gewesen, die uns zuerst veranlaßt hatten, an ein lebendes Wesen zu glauben.

Als der Vogel ihn um sein Gewicht erleichtert hatte, schwankte er, drehte sich, fiel halb um und wandte uns sein Gesicht voll zu. Nein, noch nie gab es etwas so Schreckliches! Die Augen waren nicht mehr vorhanden, und da das Fleisch um den Mund völlig weggefressen war, traten die Zähne ganz nackt zu Tage. Das war das Lächeln gewesen, das unsere Hoffnungen ermutigt hatte! So war . . ., aber es ist besser, ich unterbreche. Die Brigg, wie ich schon sagte, fuhr an unserem Heck vorbei, ging unter Wind und setzte ihre Fahrt fort. Mit ihr und ihrer schauerlichen Besatzung schwanden langsam alle unsere Träume von Freude und Errettung.«

Eureka war unbedingt das Werk, an dem Edgar Poes Herz am meisten gehangen hat und von dem er lange träumte. Ich kann hier nicht ausführlich darüber schreiben. Es ist ein Buch, das einen Aufsatz für sich verlangt. Jeder, der *Die magnetische Offenbarung* gelesen hat, kennt des Verfassers Neigung zum Metaphysischen. *Eureka* macht sich zum Vorsatz, das Verfahren weiter zu entwickeln und das Gesetz nachzuweisen, demzufolge das All seine heute sichtbaren Formen angenommen und seine gegenwärtige organische Verfassung gefunden hat, jedoch auch, wie eben dieses Gesetz, das der Ursprung der Schöpfung war, das Mittel zur Zerstörung und zum endgültigen Aufgehen der Welt im Nichts sein wird. Man wird wohl mühelos begreifen, warum ich mich nicht so ohne weiteres in die Besprechung eines so weitgesteckten Versuches einlassen will. Ich müßte fürchten, auf Abwege zu kommen und einem Schriftsteller einen üblen Dienst zu erweisen, für den ich die allerhöchste Verehrung hege. Man hat Edgar Poe bereits beschuldigt, ein Pantheist zu sein, und obgleich ich gezwungen bin einzugestehen, daß der äußere Anschein dazu verleitet, ihn für einen solchen zu halten, kann ich doch bestätigen, daß er, wie so mancher andere große Mann, der sein Herz an die Logik verloren hat, sich bisweilen selbst stark widerspricht, etwas, was ihm übrigens nur zum Lobe gereicht; so wird sein Pantheismus stark von seinen Ideen über die Rangordnung der Wesen geschmälert, ferner auch durch viele Stellen, die für das ewige Leben des Individuums klar eintreten.

Edgar Poe war auf dieses Buch sehr stolz, mochte es auch, wie nur natürlich, nicht den gleichen Erfolg wie seine Erzählungen haben. Man muß es mit Vorsicht lesen und seine seltsamen Gedanken durch Nebeneinanderstellung mit analogen oder entgegengesetzten Systemen auf seine Richtigkeit prüfen.

IV

Ich hatte einen Freund, der in seiner Art auch Metaphysiker war, wütend und uneingeschränkt, in manchem an Saint-Just erinnernd. Er sagte oft zu mir, wobei er ein Beispiel aus dem Leben nahm, und sah mich dabei schief an: »Jeder Mystiker besitzt ein verheimlichtes Laster.« Ich pflegte dann bei mir den Gedanken fortzusetzen: Folglich muß man es ausrotten. Dabei lachte ich aber, denn ich verstand ihn nicht. Als ich eines Tages mit einem Buchhändler sprach, der sehr bekannt ist und eine große Kundschaft besitzt und dessen Spezialität es ist, die Gesellschaft von Mystikern und dunklen Anbetern der geheimen Wissenschaften zu bedienen, da sagte er mir, als ich ihn wegen seiner Kundschaft ausfragte: »Denken Sie immer daran, daß jeder Mystiker ein geheimes Laster besitzt, oft ein sehr handgreifliches; dieser die Trunksucht, jener die Schlemmerei, der dritte die Unzucht; der eine ist sehr geizig, der andere sehr grausam und so weiter . . .«

Mein Gott, sagte ich mir, welches ist denn dieses Gesetz des Schicksals, das uns in Ketten hält, uns beherrscht und das sich, wenn man sich gegen seine unerträgliche Herrschsucht vergeht, mit Erniedrigung und moralischer Minderwertigkeit rächt? Die Erleuchteten sind immer die Größten unter den Menschen gewesen. Warum müssen sie für ihre Größe gezüchtigt werden? War ihr Bestreben nicht der edelsten eines? Wird der Mensch ewig so in seine Schranken gebannt bleiben, daß seine Fähigkeit sich nur auf Kosten und zum Nachteil der andern ausweiten kann? Wenn um jeden Preis die Wahrheit wissen wollen ein großes Verbrechen ist oder zumindest zu großen Verfehlungen führen kann, wenn die Dummheit und Gleichgültigkeit Tugenden und die Gewähr für Gleichgewicht sind, dann glaube ich, daß wir gegen diese hochberühmten Schuldigen sehr nachsichtig sein müssen, denn, als Kindern des achtzehnten und neun-

218

zehnten Jahrhunderts, die wir sind, ist dasselbe Laster uns allen vorzuwerfen.

Ich sage es ohne Scham, weil ich fühle, daß es einem tiefen Gefühl von Mitleid und inniger Zuneigung entspringt, daß mir Edgar Poe, der Saufbold, der Arme, der Verfolgte, der Paria, besser gefällt als ein Goethe oder ein Walter Scott mit ihrer Ruhe und Tugendhaftigkeit. Fast möchte ich von ihm und von einer bestimmten Klasse von Menschen das sagen, was der Katechismus von Gott sagt: »Er hat viel für uns gelitten.«

Man könnte auf seinen Grabstein schreiben: »Ihr alle, die ihr glühenden Eifers die Gesetze eures Seins zu entdecken suchtet, die ihr nach dem Unendlichen strebtet und deren zurückgewiesene Gefühle im Weine der Ausschweifung einen schrecklichen Trost suchen mußten, betet für ihn. Jetzt schwebt sein geläutertes körperliches Sein inmitten der Wesen, deren Existenz er ahnte; betet für ihn, der sieht und weiß, er wird sich für euch verwenden.«

Heyne Ex Libris

Die bibliophilen Taschenbücher